电信行业法律合规手册

北京雷腾律师事务所
编　著

北京联合出版公司
Beijing United Publishing Co.,Ltd.

图书在版编目（CIP）数据

电信行业法律合规手册 / 北京雷腾律师事务所编著.
北京：北京联合出版公司, 2025.6.
ISBN 978-7-5596-8405-9

I. D922.296.4

中国国家版本馆 CIP 数据核字第 2025JR4501 号

电信行业法律合规手册

北京雷腾律师事务所　编著

出　品　人：赵红仕
出版监制：刘　凯
策划编辑：李　欣
责任编辑：管　文　周　杨　杨　青
封面设计：聯合書莊
版式设计：聯合書莊
内文排版：黄　琴

关注联合低音

北京联合出版公司出版
（北京市西城区德外大街83号楼9层　100088）
北京联合天畅文化传播公司发行
河北鲁汇荣彩印刷有限公司印刷　新华书店经销
字数345千字　710毫米×1000毫米　1/16　25.25印张
2025年6月第1版　2025年6月第1次印刷
ISBN 978-7-5596-8405-9
定价：98.00元

编 委 会

（以姓氏笔画排序）

CONTENT
目　录

经过数十年的发展，中国电信行业取得了举世瞩目的成就，电信基础设施不断完善，电信服务持续优化，为全面推进网络强国和数字中国建设、促进数字经济和实体经济深度融合发展，发挥了不可替代的重要作用。

　　电信行业发展与法律制度建设密不可分。为满足电信行业监管及服务需求，2000 年，国务院出台了《中华人民共和国电信条例》，为规范电信市场秩序、维护电信用户和电信业务经营者的合法权益发挥了至关重要的作用。随着新技术、新应用、新业务不断涌现，电信主管部门还制定了一系列规范性文件。与此同时，与电信行业相关的网络安全、数据安全、个人信息保护等法律规定也不断出台实施。

　　虽有上述法律法规支持，目前电信行业合规监管仍面临挑战。如电信行业技术更新迅速，现有法律规范难以跟上技术发展的步伐。电信业务范围广泛，通信、数据传输、互联网服务等不同领域都有其特定的法律要求。我国电信法自 1980 年开始酝酿，因为种种原因，至今尚未出台。电信行业数量众多的规范性文件，制定发布主体多样，发布渠道不同，往往难以精准触达电信企业。从业人员不能精准掌握行业监管要求，有的因为违反相关法律规定，承担了民事、行政甚至是刑事责任。

为了满足电信企业合规建设需求，我们邀请了部分来自电信企业的法律专家和学者，与雷腾律所的律师共同编写了本书。本书从电信业务经营许可、电信设施、电信市场、电信资源、网络安全等方面，系统梳理了电信管理规范和要求，期冀能够为电信企业的法律合规工作提供参考和助力。

滕立章

2025 年 1 月

在数字经济蓬勃发展的今天，电信行业作为国民经济的基础性、战略性、先导性产业，是连接社会各领域的核心纽带，在推动社会数字化转型中发挥着不可替代的作用。行业的快速发展也伴随着复杂的法律监管问题，法律合规体系的完善与执行已成为保障行业健康发展的重要基石。从业务准入、市场行为规范，到网络安全、数据保护等新兴领域，电信企业须在合规框架下实现稳健运营。在此背景下，《电信行业法律合规手册》立足于当前法律法规与行业实践，系统梳理电信领域的合规要点，旨在为从业者提供一套系统化、清晰、实用的法律合规指引。

本书以现行法律法规为核心，结合行业实践需求，全面梳理了电信领域的合规要点。全书共分为八章：

第一章"概述"从宏观视角切入，概述电信业务的基本定义与分类，详细阐述电信业务经营许可的申请流程，以及行业监管的主要框架及法律责任的认定标准。通过本章，读者可快速掌握电信行业的基础法律概念与监管逻辑。

第二章与第三章分别聚焦民营资本与外商投资在电信业务中的准入规则与运营要求，可以概览政策开放趋势下的机遇与合规挑战。

第二章"民营资本电信业务"，聚焦民营资本在电信领域的准入与运营，对民营资本开放的基础电信业务与增值电信业务的具体范围，并结合新业务备案制度，探讨政策红利下的机遇与合规风险，为民营企业参与电信市场提供实操指南。

第三章"外商投资电信业务"，针对外资进入中国电信市场的监管要求，深入解读外商投资电信企业的设立程序、业务开放领域，为外资企业在合规前提下高效布局中国市场、在中国从事电信业务提供实操指南。

第四章"港澳投资电信业务"，根据《中华人民共和国电信条例》和国务院《外商投资电信企业管理规定》规定，我国港澳地区的公司、企业在内地投资经营电信业务，比照适用外商投资管理规定，本书将单独对港澳投资企业开放的电信业务相关内容进行阐述，便于读者深入理解我国港澳投资企业在内地开展电信业务的提前开放和差异化监管政策。

第五章至第八章深入电信行业的关键环节，涵盖市场行为管理、基础设施建设、资源分配使用及网络安全管理，系统阐述全流程合规要点。

第五章"电信市场行为管理"，从电信服务规范、电信服务协议、电信业务代理、电信网间互联、网络接入服务到国际通信业务，全面覆盖电信市场行为的核心环节。重点解析电信服务协议的签订要点、代理收费规则、网间互联义务等实务问题，为企业规范市场行为、规避纠纷提供明确的合规路径。

第六章"电信建设管理"，围绕电信基础设施的全生命周期，详述电信设施建设标准、国际与卫星通信设施的特殊要求、设备进网规范及工程质量管理等内容，为通信工程项目的高效推进与合规落地提供支撑。

第七章"电信资源使用管理"，电信资源是国家战略资源，对其合理分配是行业有序发展的关键。本章聚焦电信网码号、卫星网络和无线电频率的管理制度，结合申请流程与使用规范，帮助企业合法高效地利用资源，避免因资源滥用引发的法律风险。

第八章"电信网络安全管理"，以电信网络安全、数据安全及个人信息保护为核心，系统梳理企业须履行的法定义务，结合典型案例提出风险防控策略，为构建安全可信的通信环境提供法律保障。

附录部分。根据电信业务相关性，精选了《中华人民共和国电信条例》《电信业务经营许可管理办法》《外商投资电信企业管理规定》《电信服务规范》《中华人民共和国无线电管理条例》以及《中华人民共和国网络安全法》《中华人民共和国数据安全法》《中华人民共和国个人信息保护法》《中华人民共和国反电信网络诈骗法》等重点法律法规，为读者提供便捷的参考、索引工具。

无论是电信企业管理者、法务合规从业者，还是监管机构与学术研究者，均可通过本书构建系统的法律知识体系，快速掌握合规核心，规避法律风险，提升决策效率。

需要特别说明的是，法律合规是动态演进的过程。我们建议读者在使用本手册时，密切关注电信领域的立法动态、政策更新与司法实践，结合自身业务实际和具体业务场景灵活调整实践策略。希望本书能成为电信行业从业者案头常备的工具书，为电信行业的健康、有序、可持续发展贡献一份力量。

编委会

2025 年 1 月

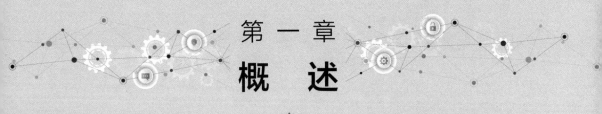

第一章
概　述

第一节 | **电信业务**

根据《中华人民共和国电信条例》的规定，电信是指利用有线、无线的电磁系统或者光电系统，传送、发射或者接收语音、文字、数据、图像以及其他任何形式信息的活动。

电信业务，是指为了满足特定的电信需要，由主管部门许可的经营机构向其客户提供的服务。本书中所指的电信业务仅限于电信服务业务，不包括电信设备制造。

电信业务包括基础电信业务和增值电信业务两大类，具体规定在《中华人民共和国电信条例》所附的《电信业务分类目录》中。国务院信息产业主管部门根据实际情况，可以对目录所列电信业务分类项目作局部调整，重新公布。自 2000 年 9 月第一版《电信业务分类目录》作为《中华人民共和国电信条例》的附件颁布施行以来，先后在 2001 年、2003 年、2015 年、2019 年历经四次调整。

一、基础电信业务

（一）基础电信业务的定义

根据《中华人民共和国电信条例》第八条规定，基础电信业务是指提供公共网络基础设施、公共数据传送和基本话音通信服务的业务。

（二）基础电信业务的分类

1. 第一类基础电信业务

第一类基础电信业务，包括固定通信业务、蜂窝移动通信业务、第一类卫星通信业务、第一类数据通信业务、IP 电话业务，而每一类里面又包含多个小类，具体如下表所示。

（1）A11 固定通信业务

固定通信是指通信终端设备与网络设备之间主要通过有线或无线方式固定连接起来，向用户提供话音、数据、多媒体通信等服务，进而实现的用户间相互通信，其主要特征是终端的不可移动性或有限移动性。固定通信业务在此特指固定通信网通信业务和国际通信设施服务业务。

根据我国现行的电话网编号标准，全国固定通信网分成若干个长途编号区，每个长途编号区为一个本地通信网（又称本地网）。

固定通信业务包括固定网本地通信业务、固定网国内长途通信业务、固定网国际长途通信业务、国际通信设施服务业务。

A11-1 固定网本地通信业务：通过本地网在同一个长途编号区范围内提供的通信业务。

A11-2 固定网国内长途通信业务：通过长途网在不同长途编号区即不同的本地网之间提供的通信业务。

A11-3 固定网国际长途通信业务：国家之间或国家与地区之间，通过国际通信网提供的国际通信业务。

A11-4 国际通信设施服务业务：建设并出租、出售国际通信设施的业务，而其中的国际通信设施是用于实现国际通信业务所需的传输网络和网络元素。

（2）A12 蜂窝移动通信业务

蜂窝移动通信是采用蜂窝无线组网方式，在终端和网络设备之间通过无线

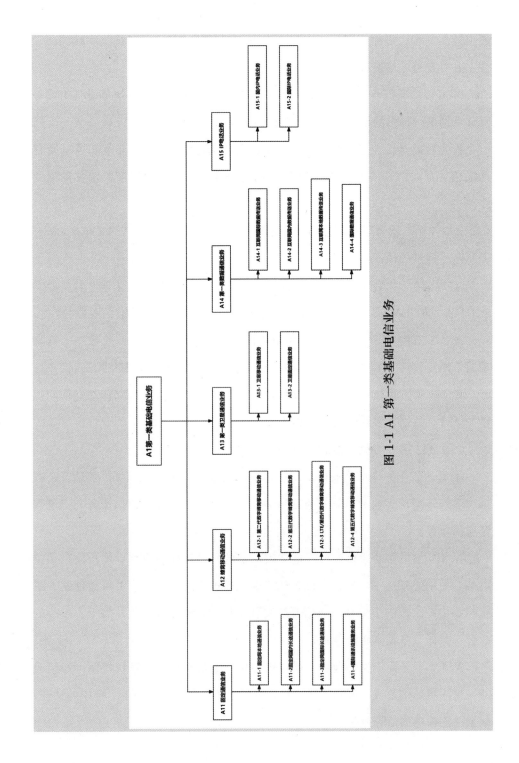

图 1-1 A1 第一类基础电信业务

（图中文字内容）

A1 第一类基础电信业务

A11 固定通信业务
- A11-1 固定网本地通信业务
- A11-2 固定网国内长途通信业务
- A11-3 国际长途电话业务
- A11-4 国际通信设施服务业务

A12 蜂窝移动通信业务
- A12-1 第二代数字蜂窝移动通信业务
- A12-2 第三代数字蜂窝移动通信业务
- A12-3 LTE/第四代数字蜂窝移动通信业务
- A12-4 第五代数字蜂窝移动通信业务

A13 第一类卫星通信业务
- A13-1 卫星移动通信业务
- A13-2 卫星固定通信业务

A14 第一类数据通信业务
- A14-1 互联网国际数据传送业务
- A14-2 互联网国内数据传送业务
- A14-3 卫星单本地数据传送业务
- A14-4 国际数据通信业务

A15 IP电话业务
- A15-1 国内IP电话业务
- A15-2 国际IP电话业务

通道连接起来，进而实现用户在活动中可相互通信。其主要特征是终端的移动性，并具有越区切换和跨本地网自动漫游功能。

蜂窝移动通信业务是指经过由基站子系统和移动交换子系统等设备组成蜂窝移动通信网提供的话音、数据、多媒体通信等业务。

蜂窝移动通信业务包括第二代数字蜂窝移动通信业务、第三代数字蜂窝移动通信业务、LTE/ 第四代数字蜂窝移动通信业务、第五代数字蜂窝移动通信业务。

A12-1 第二代数字蜂窝移动通信业务：利用第二代移动通信网（包括 GSM、CDMA）提供的话音和数据业务。

A12-2 第三代数字蜂窝移动通信业务：利用第三代移动通信网（包括 TD-SCDMA、WCDMA、CDMA2000）提供的话音、数据、多媒体通信等业务。

A12-3 LTE/ 第四代数字蜂窝移动通信业务：利用 LTE/ 第四代数字蜂窝移动通信网（包括 TD-LTE、LTE FDD）提供的话音、数据、多媒体通信等业务。

A12-4 第五代数字蜂窝移动通信业务：利用第五代数字蜂窝移动通信网提供的话音、数据、多媒体通信等业务。

（3）A13 第一类卫星通信业务

卫星通信业务是指经通信卫星和地球站组成的卫星通信网提供的话音、数据、多媒体通信等业务。第一类卫星通信业务包括卫星移动通信业务和卫星固定通信业务。

A13-1 卫星移动通信业务：地球表面上的移动地球站或移动用户使用手持终端、便携终端、车（船、飞机）载终端，通过由通信卫星、关口地球站、系统控制中心组成的卫星移动通信系统实现用户或移动体在陆地、海上、空中的话音、数据、多媒体通信等业务。

A13-2 卫星固定通信业务：通过由卫星、关口地球站、系统控制中心组成的卫星固定通信系统实现固定体（包括可搬运体）在陆地、海上、空中的话音、数据、多媒体通信等业务。

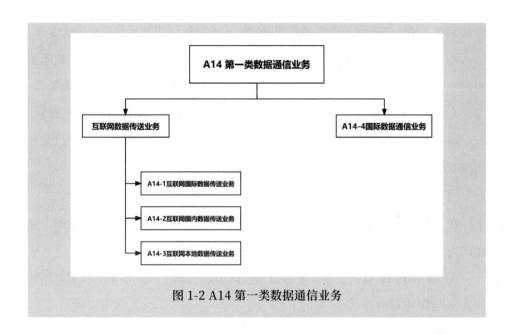

图 1-2 A14 第一类数据通信业务

（4）A14 第一类数据通信业务

数据通信业务是通过互联网、帧中继、异步转换模式（ATM）网、X.25 分组交换网、数字数据网（DDN）等网络提供的各类数据传送业务。根据管理需要，数据通信业务分为第一类数据通信业务和第二类数据通信业务两类。其中第一类数据通信业务包括互联网数据传送业务、国际数据通信业务。

互联网数据传送业务，是指利用 IP（互联网协议）技术，将用户产生的 IP 数据包从源网络或主机向目标网络或主机传送的业务。提供互联网数据传送业务经过的网络可以是同一个运营者的网络，也可以利用不同运营者的网络共同完成。根据组建网络的范围，互联网数据传送业务分为互联网国际数据传送业务、互联网国内数据传送业务、互联网本地数据传送业务。

A14-1 互联网国际数据传送业务：经营者通过组建互联网骨干网、城域网和互联网国际出入口提供的互联网数据传送业务。

A14-2 互联网国内数据传送业务：经营者通过组建互联网骨干网和城域网，

并可利用有相应经营权运营者的互联网国际出入口提供的互联网数据传送业务。

A14-3 互联网本地数据传送业务：指经营者通过组建城域网，并可利用有相应经营权运营者的互联网骨干网和国际出入口提供的互联网数据传送业务。

A14-4 国际数据通信业务：国家之间或国家与地区之间，通过 IP 承载网、帧中继和 ATM 等网络向用户提供虚拟专线、永久虚电路（PVC）连接，以及利用国际线路或国际专线提供的数据或图像传送业务。

（5）A15 IP 电话业务

IP 电话业务在此特指由固定网或移动网和互联网共同提供的电话业务，包括国内 IP 电话业务和国际 IP 电话业务。

A15-1 国内 IP 电话业务：业务范围仅限于国内固定网或移动网和互联网共同提供的 IP 电话业务。

A15-2 国际 IP 电话业务：业务范围包括一端经过国际固定网或移动网或互联网提供的 IP 电话业务。

2. 第二类基础电信业务

第二类基础电信业务，包括集群通信业务、无线寻呼业务、第二类卫星通信业务、第二类数据通信业务、网络接入设施服务业务、国内通信设施服务业务、网络托管业务。

（1）A21 集群通信业务

集群通信业务是指利用具有信道共用和动态分配等技术特点的集群通信系统组成的集群通信共网，为多个部门、单位等集团用户提供的专用指挥调度等通信业务。

根据《电信业务分类目录》，集群通信业务目前仅包含数字集群通信业务。

A21-1 数字集群通信业务：利用数字集群通信系统向集团用户提供的指挥调度等通信业务。数字集群通信系统是指在无线接口采用数字调制方式进行通信的集群通信系统。

数字集群通信业务主要包括调度指挥、数据、电话（含集群网内互通的电

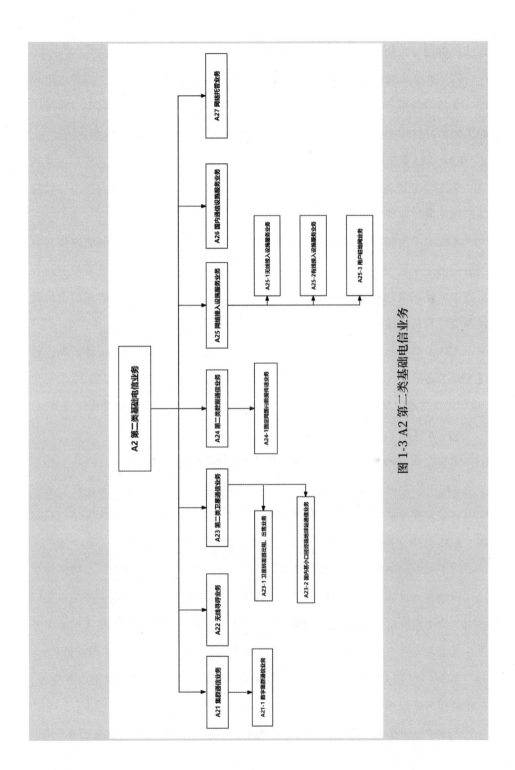

图 1-3 A2 第二类基础电信业务

话或集群网与公用通信网间互通的电话）等业务类型。

（2）A22 无线寻呼业务

无线寻呼业务是指利用大区制无线寻呼系统，在无线寻呼频点上，系统中心（包括寻呼中心和基站）以采用广播方式向终端单向传递信息的业务。

（3）A23 第二类卫星通信业务

第二类卫星通信业务包括：卫星转发器出租、出售业务，国内甚小口径终端地球站通信业务。

A23-1 卫星转发器出租、出售业务：根据使用者需要，在我国境内将自有或租用的卫星转发器资源（包括一个或多个完整转发器、部分转发器带宽及容量等）向使用者出租或出售，以供使用者在境内利用其所租赁或购买的卫星转发器资源为自己或其他单位或个人用户提供服务的业务。

A23-2 国内甚小口径终端地球站（VSAT）通信业务：利用卫星转发器，通过 VSAT 通信系统中心站的管理和控制，在国内实现中心站与 VSAT 终端用户（地球站）之间、VSAT 终端用户之间的话音、数据、多媒体通信等传送业务。

（4）A24 第二类数据通信业务

第二类数据通信业务特指固定网国内数据传送业务。

A24-1 固定网国内数据传送业务：互联网数据传送业务以外的，在固定网中以有线方式提供的国内端到端数据传送业务。主要包括基于 IP 承载网、ATM网、X.25 分组交换网、DDN 网、帧中继网络的数据传送业务等。

（5）A25 网络接入设施服务业务

网络接入设施服务业务是指以有线或无线方式提供的、与网络业务节点接口（SNI）或用户网络接口（UNI）相连接的接入设施服务业务。网络接入设施服务业务包括无线接入设施服务业务、有线接入设施服务业务、用户驻地网业务。

A25-1 无线接入设施服务业务：以无线方式提供的网络接入设施服务业务，在此特指为终端用户提供的无线接入设施服务业务。

A25-2 有线接入设施服务业务：以有线方式提供的网络接入设施服务业务。

A25-3 用户驻地网业务：以有线或无线方式，利用与公用通信网相连的用户驻地网（CPN）相关网络设施提供的网络接入设施服务业务。

（6）A26 国内通信设施服务业务

国内通信设施服务业务是指建设并出租、出售国内通信设施的业务。其中的国内通信设施是指用于实现国内通信业务所需的地面传输网络和网络元素，主要包括光缆、电缆、光纤、金属线、节点设备、线路设备、微波站、国内卫星地球站等物理资源和带宽（包括通道、电路）、波长等功能资源组成的国内通信传输设施。

（7）A27 网络托管业务

网络托管业务是指受用户委托，代管用户自有或租用的国内网络、网络元素或设备，包括为用户提供设备放置、网络管理、运行和维护服务，以及为用户提供互联互通和其他网络应用的管理和维护服务。

二、增值电信业务

（一）增值电信业务的定义

根据《中华人民共和国电信条例》第八条规定，增值电信业务是指利用公共网络基础设施提供的电信与信息服务的业务。具体而言，就是在基础电信网络提供的基本电信业务的基础上用不同的技术、市场策略为客户提供新的电信业务或新的应用。

（二）增值电信业务的分类

根据《电信业务分类目录》的规定，增值电信业务分为第一类增值电信业务和第二类增值电信业务。

1. 第一类增值电信业务

第一类增值电信业务是基于设施和资源类的业务，包括互联网数据中心业

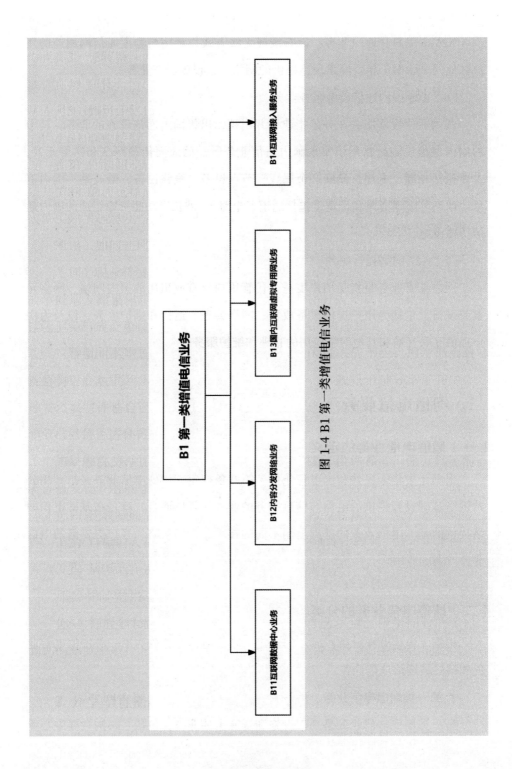

图 1-4 B1 第一类增值电信业务

务、内容分发网络业务、国内互联网虚拟专用网业务、互联网接入服务业务。

（1）B11 互联网数据中心业务

互联网数据中心（IDC）业务是指利用相应的机房设施，以外包出租的方式为用户的服务器等互联网或其他网络相关设备提供放置、代理维护、系统配置及管理服务，以及提供数据库系统或服务器等设备的出租及其存储空间的出租、通信线路和出口带宽的代理租用和其他应用服务。

互联网数据中心业务也包括互联网资源协作服务业务。互联网资源协作服务业务是指利用架设在数据中心之上的设备和资源，通过互联网或其他网络以随时获取、按需使用、随时扩展、协作共享等方式，为用户提供的数据存储、互联网应用开发环境、互联网应用部署和运行管理等服务。

（2）B12 内容分发网络业务

内容分发网络（CDN）业务是指利用分布在不同区域的节点服务器群组成流量分配管理网络平台，为用户提供内容的分散存储和高速缓存，并根据网络动态流量和负载状况，将内容分发到快速、稳定的缓存服务器上，提高用户内容的访问响应速度和服务的可用性服务。

（3）B13 国内互联网虚拟专用网业务

国内互联网虚拟专用网业务（IP-VPN）是指经营者利用自有或租用的互联网网络资源，采用 TCP/IP 协议，为国内用户定制互联网闭合用户群网络的服务。互联网虚拟专用网主要采用 IP 隧道等基于 TCP/IP 的技术组建，并提供一定的安全性和保密性，专网内可实现加密的透明分组传送。

（4）B14 互联网接入服务业务

互联网接入服务业务是指利用接入服务器和相应的软硬件资源建立业务节点，并利用公用通信基础设施将业务节点与互联网骨干网相连接，为各类用户提供接入互联网的服务。用户可以利用公用通信网或其他接入手段连接到其业务节点，并通过该节点接入互联网。

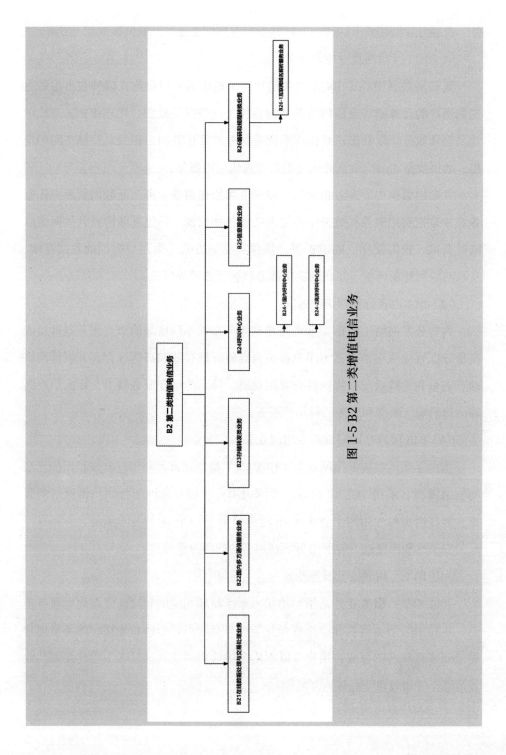

图 1-5 B2 第二类增值电信业务

2. 第二类增值电信业务

第二类增值电信业务是基于公共应用平台类的业务，包括在线数据处理与交易处理业务、国内多方通信服务业务、存储转发类业务、呼叫中心业务、信息服务业务、编码和规程转换业务。

（1）B21 在线数据处理与交易处理业务

在线数据处理与交易处理业务是指利用各种与公用通信网或互联网相连的数据与交易 / 事务处理应用平台，通过公用通信网或互联网为用户提供在线数据处理和交易 / 事务处理的业务。在线数据处理与交易处理业务包括交易处理业务、电子数据交换业务和网络 / 电子设备数据处理业务。

（2）B22 国内多方通信服务业务

国内多方通信服务业务是指通过多方通信平台和公用通信网或互联网实现国内两点或多点之间实时交互式或点播式的话音、图像通信服务。

国内多方通信服务业务包括国内多方电话会议服务业务、国内可视电话会议服务业务和国内互联网会议电视及图像服务业务等。

国内多方电话会议服务业务是指通过多方通信平台和公用通信网把我国境内两点以上的多点电话终端连接起来，实现多点间实时双向话音通信的会议平台服务。

国内可视电话会议服务业务是通过多方通信平台和公用通信网把我国境内两地或多个地点的可视电话会议终端连接起来，以可视方式召开会议，能够实时进行话音、图像和数据的双向通信会议平台服务。

国内互联网会议电视及图像服务业务是为国内用户在互联网上两点或多点之间提供的交互式的多媒体综合应用，如远程诊断、远程教学、协同工作等。

（3）B23 存储转发类业务

存储转发类业务是指利用存储转发机制为用户提供信息发送的业务。存储转发类业务包括语音信箱、电子邮件、传真存储转发等业务。

语音信箱业务是指利用与公用通信网、公用数据传送网、互联网相连接的语音信箱系统向用户提供存储、提取、调用话音留言及其辅助功能的一种业务。

每个语音信箱有一个专用信箱号码，用户可以通过电话或计算机等终端设备进行操作，完成信息投递、接收、存储、删除、转发、通知等功能。

电子邮件业务是指通过互联网采用各种电子邮件传输协议为用户提供一对一或一对多点的电子邮件编辑、发送、传输、存储、转发、接收的电子信箱业务。它通过智能终端、计算机等与公用通信网结合，利用存储转发方式为用户提供多种类型的信息交换。

传真存储转发业务是指在用户的传真机与传真机、传真机与计算机之间设立存储转发系统，用户间的传真经存储转发系统的控制，非实时地传送到对端的业务。

（4）B24 呼叫中心业务

呼叫中心业务是指受企事业等相关单位委托，利用与公用通信网或互联网连接的呼叫中心系统和数据库技术，经过信息采集、加工、存储等建立信息库，通过公用通信网向用户提供有关该单位的业务咨询、信息咨询和数据查询等服务。

呼叫中心业务还包括呼叫中心系统和话务员座席的出租服务。

呼叫中心业务包括国内呼叫中心业务和离岸呼叫中心业务。

B24-1 国内呼叫中心业务：通过在境内设立呼叫中心平台，为境内外单位提供的、主要面向国内用户的呼叫中心业务。

B24-2 离岸呼叫中心业务：通过在境内设立呼叫中心平台，为境外单位提供的、面向境外用户服务的呼叫中心业务。

（5）B25 信息服务业务

信息服务业务是指通过信息采集、开发、处理和信息平台的建设，通过公用通信网或互联网向用户提供信息服务的业务。信息服务的类型按照信息组织、传递等技术服务方式，主要包括信息发布平台和递送服务、信息搜索查询服务、信息社区平台服务、信息即时交互服务、信息保护和处理服务等。

信息发布平台和递送服务是指建立信息平台，为其他单位或个人用户发布文本、图片、音视频、应用软件等信息提供平台的服务。平台提供者可根据单位或个人用户需要向用户指定的终端、电子邮箱等递送、分发文本、图片、音视频、应用软件等信息。

信息搜索查询服务是指通过公用通信网或互联网，采取信息收集与检索、数据组织与存储、分类索引、整理排序等方式，为用户提供网页信息、文本、图片、音视频等信息检索查询服务。

信息社区平台服务是指在公用通信网或互联网上建立具有社会化特征的网络活动平台，可供注册或群聚用户同步或异步进行在线文本、图片、音视频交流的信息交互平台。

信息即时交互服务指利用公用通信网或互联网，并通过运行在计算机、智能终端等的客户端软件、浏览器等，为用户提供即时发送和接收消息（包括文本、图片、音视频）、文件等信息的服务。信息即时交互服务包括即时通信、交互式语音服务（IVR），以及基于互联网的端到端双向实时话音业务（含视频话音业务）。

信息保护和处理服务指利用公用通信网或互联网，通过建设公共服务平台以及运行在计算机、智能终端等的客户端软件，面向用户提供终端病毒查询、删除，终端信息内容保护、加工处理以及垃圾信息拦截、免打扰等服务。

（6）B26 编码和规程转换业务

编码和规程转换业务指为用户提供公用通信网与互联网之间或在互联网上的电话号码、互联网域名资源、互联网业务标识（ID）号之间的用户身份转换服务。编码和规程转换业务在此特指互联网域名解析服务业务。

B26-1 互联网域名解析服务业务：在互联网上通过架设域名解析服务器和相应软件，实现互联网域名和 IP 地址的对应关系转换的服务。

域名解析服务包括权威解析服务和递归解析服务两类。

权威解析是指为根域名、顶级域名和其他各级域名提供域名解析的服务。

递归解析是指通过查询本地缓存或权威解析服务系统实现域名和 IP 地址对应关系的服务。

第二节 | 电信业务经营许可

一、电信业务经营许可制度

根据《中华人民共和国电信条例》第七条规定，国家按照电信业务分类对电信业务经营实行许可制度。经营电信业务，必须依照规定取得国务院信息产业主管部门或者省、自治区、直辖市电信管理机构颁发的电信业务经营许可证。未取得电信业务经营许可证，任何组织或者个人不得从事电信业务经营活动。

为了进一步规范电信业务经营许可管理，国务院信息产业主管部门发布了《电信业务经营许可管理办法》，对电信业务经营许可的申请、发放、使用、废止等条件和程序作了详细规定。

二、电信业务经营许可证的分类

根据《中华人民共和国电信条例》《电信业务经营许可管理办法》的规定，电信业务经营许可证分为基础电信业务经营许可证和增值电信业务经营许可证两大类。根据经营区域，又可以分为跨地区电信业务经营许可证和省、自治区、直辖市范围内的电信业务经营许可证。

三、电信业务经营许可证的申办

（一）申请条件

经营基础电信业务，应当具备下列条件：

1.经营者为依法设立的专门从事基础电信业务的公司，并且公司的国有股权或者股份不少于51%；

2.有业务发展研究报告和组网技术方案；

3.有与从事经营活动相适应的资金和专业人员；

4.有从事经营活动的场地、设施及相应的资源；

5.有为用户提供长期服务的信誉或者能力；

6.在省、自治区、直辖市范围内经营的，注册资本最低限额为1亿元人民币；在全国或者跨省、自治区、直辖市范围经营的，注册资本最低限额为10亿元人民币；

7.公司及其主要投资者和主要经营管理人员未被列入电信业务经营失信名单；

8.国家规定的其他条件。

国务院信息产业主管部门审查经营基础电信业务的申请时，应当考虑国家安全、电信网络安全、电信资源可持续利用、环境保护和电信市场的竞争状况等因素。颁发《基础电信业务经营许可证》，应当按照国家有关规定采用招标方式。

需要指出的是，前述申请基础电信业务经营许可的条件并非充分条件，而是必要条件，亦即不具备这些条件的申请人，肯定不能获得经营许可证。但是，具备了上述条件的申请人，并不一定能够必然获得经营许可证。

经营增值电信业务，应当具备下列条件：

1. 经营者为依法设立的公司；

2. 有与开展经营活动相适应的资金和专业人员；

3. 有为用户提供长期服务的信誉或者能力；

4. 在省、自治区、直辖市范围内经营的，注册资本最低限额为 100 万元人民币；在全国或者跨省、自治区、直辖市范围经营的，注册资本最低限额为 1000 万元人民币；

5. 有必要的场地、设施及技术方案；

6. 公司及其主要投资者和主要经营管理人员未被列入电信业务经营失信名单；

7. 国家规定的其他条件。

通过对上述基础电信业务经营许可证申请条件和增值电信业务经营许可证申请条件的对比，可以发现我国对基础电信业务经营许可所要求的法定条件，要比增值电信业务经营许可严格得多。基础电信业务关系到国家的安全与社会的稳定，技术更加复杂，需要更多的资金投入，需要设置比增值电信业务更高的"准入门槛"。

（二）申请材料

申请办理基础电信业务经营许可证的，应当向工业和信息化部提交下列申请材料：

1. 公司法定代表人签署的经营基础电信业务的书面申请，内容包括：申请经营电信业务的种类、业务覆盖范围、公司名称和联系方式等；

2. 公司营业执照副本及复印件；

3. 公司概况，包括公司基本情况，拟从事电信业务的机构设置和管理情况、技术力量和经营管理人员情况，与从事经营活动相适应的场地、设施等情况；

4. 公司章程、公司股权结构及股东的有关情况；

5. 业务发展研究报告，包括：经营电信业务的业务发展和实施计划、服务项目、业务覆盖范围、收费方案、预期服务质量、效益分析等；

6. 组网技术方案，包括：网络结构、网络规模、网络建设计划、网络互联方案、技术标准、电信设备的配置、电信资源使用方案等；

7. 为用户提供长期服务和质量保障的措施；

8. 网络与信息安全保障措施；

9. 证明公司信誉的有关材料；

10. 公司法定代表人签署的公司依法经营电信业务的承诺书。

申请办理增值电信业务经营许可证的，应当向电信管理机构提交下列申请材料：

1. 公司法定代表人签署的经营增值电信业务的书面申请，内容包括：申请经营电信业务的种类、业务覆盖范围、公司名称和联系方式等；

2. 公司营业执照副本及复印件；

3. 公司概况，包括：公司基本情况，拟从事电信业务的人员、场地和设施等情况；

4. 公司章程、公司股权结构及股东的有关情况；

5. 经营电信业务的业务发展和实施计划及技术方案；

6. 为用户提供长期服务和质量保障的措施；

7. 网络与信息安全保障措施；

8. 证明公司信誉的有关材料；

9. 公司法定代表人签署的公司依法经营电信业务的承诺书。

申请经营的电信业务依照法律、行政法规及国家有关规定须经有关主管部门事先审核同意的，应当提交有关主管部门审核同意的文件。

（三）申请受理、审查期限和程序

1. 申请受理

《基础电信业务经营许可证》和《跨地区增值电信业务经营许可证》由工业和信息化部受理和决定审批。省、自治区、直辖市范围内的《增值电信业务经营许可证》由省、自治区、直辖市通信管理局受理和决定审批。

2. 审查时限

工业和信息化部应当对申请经营基础电信业务的申请材料进行审查。申请材料齐全、符合法定形式的，应当向申请人出具受理申请通知书。申请材料不齐全或者不符合法定形式的，应当当场或者在五日内一次告知申请人需要补正的全部内容。工业和信息化部受理申请之后，应当组织专家对相关申请材料进行评审，形成评审意见。工业和信息化部应当自受理申请之日起 180 日内完成审查工作，作出批准或者不予批准的决定。予以批准的，颁发《基础电信业务经营许可证》。不予批准的，应当书面通知申请人并说明理由。

电信管理机构应当对申请经营增值电信业务的申请材料进行审查。申请材料齐全、符合法定形式的，应当向申请人出具受理申请通知书。申请材料不齐全或者不符合法定形式的，应当当场或者在五日内一次告知申请人需要补正的全部内容。电信管理机构根据管理需要，可以组织专家对相关申请材料进行评审，形成评审意见。电信管理机构应当自收到申请之日起 60 日内审查完毕，作出予以批准或者不予批准的决定。予以批准的，颁发《跨地区增值电信业务经营许可证》或者省、自治区、直辖市范围内的《增值电信业务经营许可证》。不予批准的，应当书面通知申请人并说明理由。

3. 申请流程

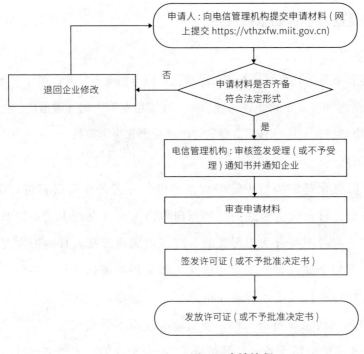

图 1-6 申请流程

四、电信业务经营许可证的续期、变更、终止、撤销与注销

（一）续期

1.《基础电信业务经营许可证》的有效期，根据电信业务种类分为 5 年、10 年。《跨地区增值电信业务经营许可证》和省、自治区、直辖市范围内的《增值电信业务经营许可证》的有效期为 5 年。

电信业务经营许可证有效期届满需要继续经营的，应当提前 90 日向原发证机关提出延续经营许可证的申请；不再继续经营的，应当提前 90 日向原发证机关报告，并做好善后工作。未在此规定期限内提出延续经营许可证申请的，有效期届满不予延续。

2. 提出延续经营许可证申请的，应当提交已开通电信业务的有效证明材料。在经营许可证有效期内未开通电信业务的，有效期届满不予延续。许可证上所载明的各项电信业务种类，有部分业务已开通、部分业务未开通时，已开通的业务有效期届满予以延续，未开通的业务有效期届满不予延续。

3. 企业提交延续经营许可证的申请时，应对其材料真实性负责，包括开通业务的证明材料。企业提供虚假材料申请延续电信业务经营许可的，有效期届满电信管理机构不予延续，给予警告，申请人在一年内不得再次申请电信业务经营许可。

（二）变更

企业是否按要求及时办理相关变更手续或更新相关信息，是监管部门日常监督检查事项之一。电信业务经营者需向原发证机关申请办理电信业务经营许可证变更手续的事项如下：

表 1-1 电信业务经营者须向原发证机关提交的电信业务经营许可证变更手续

序号	变更事项	变更说明
1	公司名称变更	《电信业务经营许可管理办法》第二十九条规定，应当在完成公司的工商变更登记手续之日起 30 日内向原发证机关申请办理许可证变更手续。
2	法定代表人变更	
3	业务覆盖范围变更	《电信业务经营许可管理办法》第二十八条规定，应当自公司作出决定之日起 30 日内向原发证机关提出申请。
4	经营主体变更	
5	服务项目变更	按《互联网信息服务管理办法》第十一条规定办理相关手续。
6	网站（APP）相关事项变更	

电信业务经营者需要自行更新电信业务市场综合管理信息系统"企业基本信息"事项：

表1-2 电信业务经营者须自行在电信业务市场综合管理信息系统更新的企业基本信息

序号	变更事项	变更说明
1	股东股权变更	股东股权变更后，若引入外资股东或外资股东退出，应办理经营主体变更手续，其他情况应在系统中更新维护相关信息。
2	注册资本变更	注册资本变更后，应仍符合《电信业务经营许可管理办法》第六条第四项规定。
3	注册地址变更	应符合《中华人民共和国公司法》第十条、《电信业务经营许可管理办法》第六条第五项规定。
4	人员信息变更	指许可负责人、客服负责人、安全负责人信息变更。应符合《电信业务经营许可管理办法》第六条第二项规定。

（三）终止

在电信业务经营许可证的有效期内，电信业务经营者可以终止经营，但应当依法向原发证机关提交申请材料。电信业务经营者需要终止经营的，应当向原发证机关提交申请材料，包括：

1. 公司法定代表人签署并加盖印章的终止经营电信业务书面申请，内容包括：公司名称、联系方式、经营许可证编号、申请终止经营的电信业务种类、业务覆盖范围等；

2. 公司股东会或者股东大会关于同意终止经营电信业务的决定；

3.公司法定代表人签署的做好用户善后处理工作的承诺书;

4.公司关于解决用户善后问题的情况说明,内容包括:用户处理方案、社会公示情况说明、用户意见汇总、实施计划等;

5.公司的经营许可证原件、营业执照复印件。

原发证机关收到终止经营电信业务的申请后应当向社会公示,公示期为30日。自公示期结束60日内,原发证机关应当完成审查工作,作出予以批准或者不予批准的决定。对于符合终止经营电信业务条件的,原发证机关应当予以批准,收回并注销电信业务经营许可证或者注销相应的电信业务种类、业务覆盖范围;对于不符合终止经营电信业务条件的,原发证机关应当不予批准,并书面通知申请人并说明理由。

(四)撤销与注销

有下列情形之一的,发证机关或者其上级机关可以撤销经营许可证:

1.发证机关工作人员滥用职权、玩忽职守作出准予行政许可决定的;

2.超越法定职权或者违反法定程序作出准予行政许可决定的;

3.对不具备申请资格或者不符合申请条件的申请人准予行政许可的;

4.依法可以撤销经营许可证的其他情形。

有下列情形之一的,发证机关应当注销经营许可证:

1.电信业务经营者依法终止的;

2.经营许可证有效期届满未延续的;

3.电信业务经营者被有关机关依法处罚或者因不可抗力,导致电信业务经营许可事项无法实施的;

4.经营许可证依法被撤销、吊销的;

5.法律法规规定应当注销经营许可证的其他情形。

发证机关吊销、撤销或者注销电信业务经营者的经营许可证后,应当向社会公布。电信业务经营者被吊销、撤销或者注销经营许可证的,应当按照国家有关规定做好善后工作。被吊销、撤销或者注销经营许可证的，应当将经营许可证交回原发证机关。

五、电信业务年报与公示

2017 年 12 月 13 日，工业和信息化部发布《关于建立电信业务经营信息年报和公示制度的通知》，将原"电信业务经营许可证年检制度"调整为"电信业务经营信息年报和公示制度"，要求凡在上年 12 月 31 日前取得电信业务经营许可证的企业，均须在许可证有效期内，按照规定履行年报义务，配合工业和信息化部和省、自治区、直辖市通信管理局的监督检查。

电信业务经营者应当在每年第一季度通过管理平台向发证机关报告下列信息：

1. 上一年度的电信业务经营情况；

2. 网络建设、业务发展、人员及机构变动情况；

3. 服务质量情况；

4. 网络与信息安全保障制度和措施执行情况；

5. 执行国家和电信管理机构有关规定及经营许可证特别事项的情况；

6. 发证机关要求报送的其他信息。

前款第 1 项至第 3 项规定的信息（涉及商业秘密的信息除外）应当向社会公示，第 5 项、第 6 项规定的信息由电信业务经营者选择是否向社会公示。电信业务经营者应当对本条第一款规定的年报信息的真实性负责，不得弄虚作假或者隐瞒真实情况。

电信管理机构建立随机抽查机制，对电信业务经营者的年报信息、日常经营活动、执行国家和电信管理机构有关规定的情况等进行检查。检查的方式包括书面检查、实地核查、网络监测等，并可以委托第三方机构开展有关检查工作。

表 1-3 履行年报义务工作安排

履行年报义务工作安排		
时间	工作安排	具体事项
每年 1—3 月	信息报送	各企业通过"电信业务市场综合管理信息系统",真实准确填报年报信息。
每年 4 月		对未按要求报告年报信息的企业,电信管理机构督促其切实履行年报义务,限期一个月内补正。
每年 5 月	社会公示	电信管理机构将《电信业务经营许可管理办法》规定公示的年报信息(涉及商业秘密的信息除外)以及参报企业选择公示的年报信息,向社会公开。电信管理机构统计汇总相关年报数据,各通信管理局将本行政区的年报情况形成书面总结报告。
每年 5—9 月	年报抽查	电信管理机构按照《工业和信息化部办公厅关于在执法活动中全面推行随机抽查的通知》(工信厅政函〔2016〕606 号)要求,自行组织或委托第三方机构,通过书面检查、实地核查、技术检测等方式,对各企业的年报信息及执行有关规定情况等进行检查;在抽查中发现企业有违规行为的,依法予以处理。
每年 5 月	信用记录	对拒不履行年报义务的企业,电信管理机构应将其列入电信业务经营不良名单。在相关企业补充履行年报义务后,电信管理机构可将其从不良名单中移出。

第三节 | **电信行业监管**

一、电信行业监管部门

《中华人民共和国电信条例》是依法从事电信市场监管工作的主要法律依据。根据《中华人民共和国电信条例》第三条的规定，国务院信息产业主管部门依照条例的规定对全国电信业实施监督管理。省、自治区、直辖市电信管理机构在国务院信息产业主管部门的领导下，依照《中华人民共和国电信条例》的规定对本行政区域内的电信业实施监督管理。

国务院信息产业主管部门为工业和信息化部，工业和信息化部对省级通信管理局实行垂直管理，负责省级通信管理局主要领导的任免、经费预算和业务领导等。全国31个省（自治区、直辖市）建立了省级通信管理局，负责省级区域内的电信市场监管，深圳、厦门、青岛、大连等单列市建立了地市级的通信管理局，由所属省级通信管理局管辖。

二、电信行业监管部门的职责

根据《工业和信息化部主要职责内设机构和人员编制规定》，工业和信息化部与电信业务相关的司局主要有八个 [1]

（一）政策法规司及其职责

研究新型工业化的战略性问题；组织研究工业、通信业、信息化发展的战略，提出政策建议；组织起草工业、通信业和信息化法律法规草案和规章；负责机关有关规范性文件的合法性审核工作；承担相关行政复议、行政应诉工作；承担重要文件起草工作。

（二）规划司及其职责

组织拟订工业、通信业和信息化发展战略、规划；提出工业、通信业和信息化固定资产投资规模和方向（含利用外资和境外投资）、中央财政性建设资金安排的建议；承担固定资产投资审核的相关工作。

（三）通信发展司及其职责

协调公用通信网、互联网、专用通信网的建设，促进网络资源共享；拟订网络技术发展政策；负责重要通信设施建设管理；监督管理通信建设市场；会同有关方面拟订电信业务资费政策和标准并监督实施。

（四）电信管理局及其职责

依法对电信与信息服务实行监管，提出市场监管和开放政策；负责市场准入管理，监管服务质量；保障普遍服务，维护国家和用户利益；拟订电信网间

1　内容引自工业和信息化部网站，网址：https://www.miit.gov.cn/。

互联互通与结算办法并监督执行；负责通信网码号、互联网域名、地址等资源的管理及国际协调；承担管理国家通信出入口局的工作；指挥协调救灾应急通信及其他重要通信，承担战备通信相关工作。

（五）通信保障局及其职责

组织研究国家通信网络及相关信息安全问题并提出政策措施；协调管理电信网、互联网网络信息安全平台；组织开展网络环境和信息治理，配合处理网上有害信息；拟订电信网络安全防护政策并组织实施；负责网络安全应急管理和处置；负责特殊通信管理，拟订通信管制和网络管制政策措施；管理党政专用通信工作。

（六）无线电管理局（国家无线电办公室）及其职责

编制无线电频谱规划；负责无线电频率的划分、分配与指配；依法监督管理无线电台（站）；负责卫星轨道位置协调和管理；协调处理军地间无线电管理相关事宜；负责无线电监测、检测、干扰查处，协调处理电磁干扰事宜，维护空中电波秩序；依法组织实施无线电管制；负责涉外无线电管理工作。

（七）信息化推进司及其职责

指导推进信息化工作，协调信息化建设中的重大问题，协助推进重大信息化工程；指导协调电子政务和电子商务发展，协调推动跨行业、跨部门的互联互通；推动重要信息资源的开发利用、共享；促进电信、广播电视和计算机网络融合；承办国家信息化领导小组的具体工作。

（八）信息安全协调司及其职责

协调国家信息安全保障体系建设；协调推进信息安全等级保护等基础性工作；指导监督政府部门、重点行业的重要信息系统与基础信息网络的安全保障工作；承担信息安全应急协调工作，协调处理重大事件。

第四节 ｜ **法律责任**

        电信业务经营者违反相关法律规定，可能承担刑事责任、行政责任或民事责任，下面仅就部分刑事及行政责任相关法律规定予以介绍。

一、刑事责任

（一）非法经营罪

        依据《最高人民法院关于审理扰乱电信市场管理秩序案件具体应用法律若干问题的解释》，违反国家规定，采取租用国际专线、私设转接设备或者其他方法，擅自经营国际电信业务或者涉港澳台电信业务进行营利活动，扰乱电信市场管理秩序，情节严重的，依照《中华人民共和国刑法》第二百二十五条第（四）项的规定，以非法经营罪定罪处罚。

        依据《中华人民共和国刑法》第二百二十五条的量刑标准，情节严重的，处五年以下有期徒刑或者拘役，并处或者单处违法所得一倍以上五倍以下罚金；情节特别严重的，处五年以上有期徒刑，并处违法所得一倍以上五倍以下罚金或者没收财产。

（二）拒不履行信息网络安全管理义务罪

依据《中华人民共和国刑法》第二百八十六条之一以及《最高人民法院、最高人民检察院关于办理非法利用信息网络、帮助信息网络犯罪活动等刑事案件适用法律若干问题的解释》的规定，网络服务提供者不履行法律、行政法规规定的信息网络安全管理义务，经监管部门责令采取改正措施而拒不改正，有下列情形之一的，处三年以下有期徒刑、拘役或者管制，并处或者单处罚金：

1. 致使违法信息大量传播的；

2. 致使用户信息泄露，造成严重后果的；

3. 致使刑事案件证据灭失，情节严重的；

4. 有其他严重情节的。

单位犯罪的，对单位判处罚金，并对其直接负责的主管人员和其他直接责任人员，依照前款的规定处罚。

（三）侵犯公民个人信息罪

依据《中华人民共和国刑法》第二百五十三条之一以及《最高人民法院、最高人民检察院关于办理侵犯公民个人信息刑事案件适用法律若干问题的解释》的规定，违反国家有关规定，向他人出售或者提供公民个人信息，情节严重的，处三年以下有期徒刑或者拘役，并处或者单处罚金；情节特别严重的，处三年以上七年以下有期徒刑，并处罚金。

违反国家有关规定，将在履行职责或者提供服务过程中获得的公民个人信息，出售或者提供给他人的，依照前款的规定从重处罚。

（四）帮助信息网络犯罪活动罪

依据《中华人民共和国刑法》第二百八十七条之二以及《最高人民法院、最高人民检察院关于办理非法利用信息网络、帮助信息网络犯罪活动等刑事案件适用法律若干问题的解释》，明知他人利用信息网络实施犯罪，为其犯罪提供互联网接入、服务器托管、网络存储、通讯传输等技术支持，或者提供广告推广、支付结算等帮助，情节严重的，处三年以下有期徒刑或者拘役，并处或者单处罚金。

单位犯前款罪（即非法利用信息网络罪）的，对单位判处罚金，并对其直接负责的主管人员和其他直接责任人员，依照第一款的规定（即利用计算机实施犯罪的提示性规定）处罚。

除此之外，电信业务经营者及其工作人员还可能因为传播违法信息、失职、滥用职权等行为构成刑事犯罪。

二、行政责任

（一）违反《中华人民共和国电信条例》第五十六条[1]、第五十七条[2]规定，尚不构成犯罪的，由公安机关、国家安全机关依照有关法律、行政法规的规定

---

1 《中华人民共和国电信条例》第五十六条规定：任何组织或者个人不得利用电信网络制作、复制、发布、传播含有下列内容的信息：

（一）反对宪法所确定的基本原则的；

（二）危害国家安全，泄露国家秘密，颠覆国家政权，破坏国家统一的；

（三）损害国家荣誉和利益的；

（四）煽动民族仇恨、民族歧视，破坏民族团结的；

（五）破坏国家宗教政策，宣扬邪教和封建迷信的；

（六）散布谣言，扰乱社会秩序，破坏社会稳定的；

（七）散布淫秽、色情、赌博、暴力、凶杀、恐怖或者教唆犯罪的；

（八）侮辱或者诽谤他人，侵害他人合法权益的；

（九）含有法律、行政法规禁止的其他内容的。

2 《中华人民共和国电信条例》第五十七条规定：任何组织或者个人不得有下列危害电信网络安全和信息安全的行为：

（一）对电信网的功能或者存储、处理、传输的数据和应用程序进行删除或者修改；

（二）利用电信网从事窃取或者破坏他人信息、损害他人合法权益的活动；

（三）故意制作、复制、传播计算机病毒或者以其他方式攻击他人电信网络等电信设施；

（四）危害电信网络安全和信息安全的其他行为。

予以处罚。

（二）违反《中华人民共和国电信条例》第五十八条[1]第（二）、（三）、（四）项规定，尚不构成犯罪的，由国务院信息产业主管部门或者省、自治区、直辖市电信管理机构依据职权责令改正，没收违法所得，处违法所得 3 倍以上 5 倍以下罚款；没有违法所得或者违法所得不足 1 万元的，处 1 万元以上 10 万元以下罚款。

（三）未取得电信业务经营许可证，擅自经营电信业务的，或者超范围经营电信业务的；违反《中华人民共和国电信条例》第五十八条第一项规定采取租用电信国际专线、私设转接设备或者其他方法，擅自经营国际或者香港特别行政区、澳门特别行政区和台湾地区电信业务的；未通过国务院信息产业主管部门批准，设立国际通信出入口进行国际通信的；擅自使用、转让、出租电信资源或者改变电信资源用途的；擅自中断网间互联互通或者接入服务的；拒不履行普遍服务义务的，由国务院信息产业主管部门或者省、自治区、直辖市电信管理机构依据职权责令改正，没收违法所得，处违法所得 3 倍以上 5 倍以下罚款；没有违法所得或者违法所得不足 5 万元的，处 10 万元以上 100 万元以下罚款；情节严重的，责令停业整顿。

（四）违反《中华人民共和国电信条例》第五十六条、第五十七条和第五十八条的规定，情节严重的，由原发证机关吊销电信业务经营许可证。

（五）电信业务经营者违反《中华人民共和国电信条例》第三十三条第一款、第三十九条第二款的规定，拒绝免费为电信用户提供国内长途通信、国际

1　《中华人民共和国电信条例》第五十八条规定：任何组织或者个人不得有下列扰乱电信市场秩序的行为：

（一）采取租用电信国际专线、私设转接设备或者其他方法，擅自经营国际或者香港特别行政区、澳门特别行政区和台湾地区电信业务；

（二）盗接他人电信线路，复制他人电信码号，使用明知是盗接、复制的电信设施或者码号；

（三）伪造、变造电话卡及其他各种电信服务有价凭证；

（四）以虚假、冒用的身份证件办理入网手续并使用移动电话。

通信、移动通信和信息服务等收费清单，或者电信用户对交纳本地电话费用有异议并提出要求时，拒绝为电信用户免费提供本地电话收费依据的，由省、自治区、直辖市电信管理机构责令改正，并向电信用户赔礼道歉；拒不改正并赔礼道歉的，处以警告，并处 5000 元以上 5 万元以下的罚款。

（六）违反《中华人民共和国电信条例》第四十条的规定，电信业务经营者在电信服务中，以任何方式限定电信用户使用其指定的业务；限定电信用户购买其指定的电信终端设备或者拒绝电信用户使用自备的已经取得入网许可的电信终端设备；无正当理由拒绝、拖延或者中止对电信用户的电信服务；对电信用户不履行公开作出的承诺或者作容易引起误解的虚假宣传；或者以不正当手段刁难电信用户或者对投诉的电信用户打击报复，有上述行为的，由省、自治区、直辖市电信管理机构责令改正，并向电信用户赔礼道歉，赔偿电信用户损失；拒不改正并赔礼道歉、赔偿损失的，处以警告，并处 1 万元以上 10 万元以下的罚款；情节严重的，责令停业整顿。

（七）违反《中华人民共和国电信条例》第四十一条的规定，以任何方式限制电信用户选择其他电信业务经营者依法开办的电信服务；对其经营的不同业务进行不合理的交叉补贴；或者以排挤竞争对手为目的，低于成本提供电信业务或者服务，进行不正当竞争的，由国务院信息产业主管部门或者省、自治区、直辖市电信管理机构依据职权责令改正，处 10 万元以上 100 万元以下罚款；情节严重的，责令停业整顿。

（八）违反《中华人民共和国电信条例》第六十八条的规定，伪造、冒用、转让电信业务经营许可证、电信设备进网许可证或者编造在电信设备上标注的进网许可证编号的，由国务院信息产业主管部门或者省、自治区、直辖市电信管理机构依据职权没收违法所得，处违法所得 3 倍以上 5 倍以下罚款；没有违法所得或者违法所得不足 1 万元的，处 1 万元以上 10 万元以下罚款。

（九）违反《中华人民共和国电信条例》第七十条的规定，在电信网间互联中违反规定加收费用；遇有网间通信技术障碍，不采取有效措施予以消除；擅自向他人提供电信用户使用电信网络所传输信息的内容；或者拒不按照规定缴纳电信资源使用费的，由国务院信息产业主管部门或者省、自治区、直辖市电信管理机构依据职权责令改正，没收违法所得，处违法所得 1 倍以上 3 倍以下罚款；没有违法所得或者违法所得不足 1 万元的，处 1 万元以上 10 万元以下罚款；情节严重的，责令停业整顿。

（十）违反《中华人民共和国电信条例》第七十二条的规定，拒绝其他电信业务经营者提出的互联互通要求的；拒不执行国务院信息产业主管部门或者省、自治区、直辖市电信管理机构依法作出的互联互通决定的；向其他电信业务经营者提供网间互联的服务质量低于本网及其子公司或者分支机构的，由国务院信息产业主管部门或者省、自治区、直辖市电信管理机构依据职权责令改正，处 5 万元以上 50 万元以下罚款；情节严重的，责令停业整顿。

（十一）违反《中华人民共和国电信条例》第七十五条的规定，销售未取得进网许可的电信终端设备的；非法阻止或者妨碍电信业务经营者向电信用户提供公共电信服务的；擅自改动或者迁移他人的电信线路及其他电信设施的，由省、自治区、直辖市电信管理机构责令改正，处 1 万元以上 10 万元以下的罚款。

三、信用监管

为贯彻落实《社会信用体系建设规划纲要（2014—2020 年）》（国发〔2014〕21 号）、《国务院关于"先照后证"改革后加强事中事后监管的意见》（国发〔2015〕62 号）、《国务院关于建立完善守信联合激励和失信联合惩戒制度 加快推进社会诚信建设的指导意见》（国发〔2016〕33 号）等文件精神，工业和信息化部依据《电信业务经营许可管理办法》制定了《关于做好电信业务经营不良名单和失信名单管理工作的通知》（工信部信管〔2018〕54 号），施行电信业务经营不良名单和失信名单管理。

（一）电信业务经营不良名单

电信业务经营者存在以下情形之一的，列入电信业务经营不良名单：

1. 未按规定报告年报信息，且在电信管理机构限期内仍未履行年报义务的；

2. 在电信业务经营许可证载明信息发生变化时，未按规定及时办理变更手续，受到行政处罚的；

3. 在电信管理机构监督检查中，被发现其年报信息、日常经营活动、落实网络与信息安全管理责任、停止经营时的善后工作、执行国家和电信管理机构有关规定等事项存在违法违规行为，受到行政处罚的（需直接列入电信业务经营失信名单的除外）。

电信管理机构应在作出处理（含处罚）后 30 日内，完成不良名单列入工作。录入信息包括经营者名称、统一社会信用代码、许可证编号、处理日期、列入事由、列入单位等。

（二）电信业务经营不良名单的影响

电信管理机构会定期向社会公示电信业务经营不良名单。对列入不良名单的电信业务经营者实施重点监管，加强监督检查。

基础电信业务经营者和相关网络接入服务经营者在提供通信资源、网络接入或其他业务合作时，应当把不良名单作为重要考量因素。

信息通信行业相关企业在招投标活动中，可将不良名单作为考量因素。

相关行业组织开展评优表彰活动时，可将未列入不良名单作为必要条件。

（三）电信业务经营不良名单的移出

相关经营者列入电信业务经营不良名单后，满足以下条件的，由电信管理机构移出不良名单：

1. 因未按规定报告年报信息而被列入电信业务经营不良名单，且在不良名单中至少向社会公示一次，相关经营者按要求补充履行年报义务；

2.因在电信业务经营许可证载明信息发生变化时未按规定及时办理变更手续，受到行政处罚；或者在电信管理机构监督检查中，被发现其年报信息、日常经营活动、落实网络与信息安全管理责任、停止经营时的善后工作、执行国家和电信管理机构有关规定等事项存在违法违规行为，受到行政处罚而被列入电信业务经营不良名单，相关经营者一年内未再次受到行政处罚的。

（四）电信业务经营失信名单

电信业务经营者存在以下情形之一的，列入电信业务经营失信名单：

1.受到吊销经营许可证处罚的；

2.擅自经营电信业务或者超范围经营电信业务，情节严重、受到责令停业整顿处罚的；

3.列入不良名单后，三年内再次受到责令停业整顿处罚的；

4.以欺骗、贿赂等不正当手段取得电信业务经营许可证，被撤销该行政许可的；

5.因未按规定报告年报信息而被列入电信业务经营不良名单，届满三年仍未补充履行相关义务的；

6.无正当理由，逾期不履行行政处罚决定的；

7.按照国家有关规定，属于严重失信需要依法联合惩戒的。

电信管理机构应在作出行政处罚决定或收到相关部门书面意见后 30 日内，完成失信名单列入工作。录入信息包括经营者名称、统一社会信用代码、许可证编号、主要投资者和主要经营管理人员、处罚日期、列入事由、列入单位等。

（五）电信业务经营失信名单的影响

电信管理机构应定期向社会公示电信业务经营失信名单，对列入的电信业务经营者实施重点监管，加强监督检查。

对经营者本身及其主要投资者和主要经营管理人员被列入失信名单的，电信管理机构不得批准其新增电信业务经营许可申请，依法不批准或从严审批其新增从事电信经营活动的资源申请，不得批准其电信业务经营许可证续期。

基础电信业务经营者和相关网络接入服务经营者在提供通信资源、网络接入或其他业务合作时，应当把失信名单作为重要考量因素。

信息通信行业相关企业在招投标活动中，可将失信名单作为重要考量因素。

相关行业组织开展评优表彰活动时，应将未列入失信名单作为必要条件。

（六）电信业务经营失信名单的移出

相关经营者列入电信业务经营失信名单后，三年内未再次受到电信管理机构行政处罚的，由电信管理机构移出失信名单。按照国家有关规定依法联合惩戒的，应按照联合惩戒机制，在收到相关部门的书面意见后，移出失信名单。

第 二 章

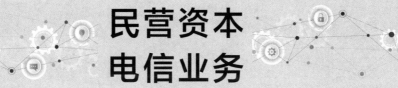

民营资本
电信业务

第一节 ｜ **对民营资本开放的基础电信业务**

基础电信业务中的无线寻呼业务、国内甚小口径终端地球站通信业务、固定网国内数据传送业务、用户驻地网业务、网络托管业务，以及通过转售方式提供的蜂窝移动通信业务、宽带接入网试点业务，比照增值电信业务管理，对民营资本开放。

一、无线寻呼业务

（一）业务定义

无线寻呼业务是指利用大区制无线寻呼系统，在无线寻呼频点上，系统中心（包括寻呼中心和基站）以采用广播方式向终端单向传递信息的业务。无线寻呼业务可采用人工或自动接续方式。在漫游服务范围内，寻呼系统应能够为用户提供不受地域限制的寻呼漫游服务。

根据终端类型和系统发送内容的不同，无线寻呼用户在无线寻呼系统的服务范围内可以收到数字显示信息、汉字显示信息或声音信息。

（二）相关准入要求

无线寻呼业务经营者必须自己组建无线寻呼网络，无国内通信设施服务业务经营权的经营者不得建设国内传输网络设施，必须租用具有相应经营权运营商的传输设施组建业务网络。

二、国内甚小口径终端地球站（VSAT）通信业务

（一）业务定义

国内甚小口径终端地球站（VSAT）通信业务是指利用卫星转发器，通过VSAT通信系统中心站的管理和控制，在国内实现中心站与VSAT终端用户（地球站）之间、VSAT终端用户之间的话音、数据、多媒体通信等传送业务。

由甚小口径天线和卫星发射、接收设备组成的地球站称VSAT地球站。由卫星转发器、中心站和VSAT地球站组成VSAT系统。

国内甚小口径终端地球站通信业务经营者应组建VSAT系统，在国内提供中心站与VSAT终端用户（地球站）之间、VSAT终端用户之间的话音、数据、多媒体通信等传送业务。

（二）相关准入要求

1. 国内甚小口径终端地球站（VSAT）通信业务必须利用国内卫星资源或经工业和信息化部批准落地的境外卫星资源开展业务。

2. 国内甚小口径终端地球站（VSAT）通信业务经营者只是提供卫星传输通道，如经营其他相关电信业务应申办相应的电信业务经营许可证。

3. 国内甚小口径终端地球站（VSAT）通信业务的申请覆盖范围为全国，仅由工业和信息化部直接批准。

4. 国内甚小口径终端地球站（VSAT）通信业务的最终用户应为VSAT小站，不允许非电信业务经营者将VSAT通信终端设备接入公用电信网络，违规提供电信服务。

5. 国内甚小口径终端地球站（VSAT）通信业务经营者不得在香港、澳门、台湾等地区设立 VSAT 主站和小站。

三、固定网国内数据传送业务

（一）业务定义

固定网国内数据传送业务是指互联网数据传送业务以外的，在固定网中以有线方式提供的国内端到端数据传送业务。主要包括基于 IP 承载网、ATM 网、X.25 分组交换网、DDN 网、帧中继网络的数据传送业务等。

固定网国内数据传送业务的业务类型包括：虚拟 IP 专线数据传送业务、PVC 数据传送业务、交换虚电路(SVC)数据传送业务、虚拟专用网(不含IP-VPN)业务等。

固定网国内数据传送业务经营者应组建上述基于不同技术的数据传送网，无国内通信设施服务业务经营权的运营者不得建设国内传输网络设施，应租用具有相应经营权运营者的传输设施组建业务网络。

（二）相关准入要求

固定网国内数据传送业务经营者可组建上述基于不同技术的数据传送网。无国内通信设施服务业务经营权的经营者不得投资建设国内传输网络设施，必须租用具有相应许可的基础业务运营商的传输设施组建业务网络。

四、用户驻地网业务

（一）业务定义

用户驻地网业务是指以有线或无线方式，利用与公用通信网相连的用户驻地网（CPN）相关网络设施提供的网络接入设施服务业务。

用户驻地网是指 UNI 到用户终端之间的相关网络设施。根据管理需要，用户驻地网在此特指从用户驻地业务集中点到用户终端之间的相关网络设施。用户驻地网可以是一个居民小区，也可以是一栋或相邻的多栋楼宇，但不包括城域范围内的接入网。

（二）相关准入要求

用户驻地网业务经营者应建设用户驻地网，并可以开展驻地网内网络元素出租或出售业务。

五、网络托管业务

（一）业务定义

网络托管业务属于第二类基础电信业务，比照增值电信业务管理，是指受用户委托，代管用户自有或租用的国内网络、网络元素或设备，包括为用户提供设备放置、网络管理、运行和维护服务，以及为用户提供互联互通和其他网络应用的管理和维护服务。

（二）相关准入要求

1.网络托管业务经营者应具备相关资质和经验，应提供充分的证明公司信誉的材料，证明公司经营能力。

2.从事网络托管业务经营的，对网络维护管理人员有较高要求，经营者应提供企业相关人员情况以及其获得职业资格认证情况。

六、移动通信转售业务

（一）业务定义

移动通信转售业务是指从拥有移动网络的基础电信业务经营者购买移

动通信服务，重新包装成自有品牌并销售给最终用户的移动通信服务。移动通信转售企业不自建无线网、核心网、传输网等移动通信网络基础设施，必须建立客服系统，可依据需要建立业务管理平台以及计费、营账等业务支撑系统。

移动通信转售业务不包括卫星移动通信业务的转售。

（二）相关准入要求

民营企业申请经营移动通信转售业务，需要遵守《工业和信息化部关于开展移动通信转售业务试点工作的通告》（工信部通〔2013〕191号）及《移动通信转售业务试点方案》《移动通信转售业务试点申请材料及审查说明》的相关规定。

1. 企业申请经营移动通信转售业务的条件

（1）申请者为依法设立的民营公司

申请者为依法设立的公司，其民间资本占公司资本比例不低于50%，且单一最大股东是民间资本的公司（不含外商及台港澳商投资，境内民营企业境外上市的，其外资股权比例应低于10%且单一最大股东为中方投资者）。

（2）有与开展经营活动相适应的专业人员

企业技术负责人应当有8年以上信息技术和通信行业工作经验，并具有信息技术和通信及相关专业高级技术职称或同等专业水平；企业财务负责人应当具有中级以上（含中级）会计职称或同等专业水平；企业管理人员中至少有5人应具有5年以上信息技术和通信行业的工作经验。在省、自治区、直辖市范围内经营的，企业应具有信息技术和通信及管理相关专业初级以上（含初级）职称或者同等专业水平的技术和管理人员不少于30人。在全国或者跨省、自治区、直辖市范围经营的，企业应具有信息技术和通信及管理相关专业初级以上（含初级）职称或者同等专业水平的技术和管理人员不少于50人，并应根据业务发展情况增加相适应的人员。

（3）有为用户提供长期服务的能力

申请者必须设有专门的客服部门和客服人员，建立服务质量管理体系，公布监督电话，受理用户投诉，有服务保证措施和市场退出善后处理方案。

（4）有必要的场地及设施

申请者应有固定的办公地点，有与转售业务相适应的营业场所或营销渠道。申请者应当在试点所在省（市、区）设立至少一个办公场所，并配备管理人员。

申请者必须建立客户服务系统，可依需建立计费管理系统和业务管理系统，能够保障系统运行安全。申请者应建立客户服务呼叫中心，呼叫中心应具有与所开展业务和用户规模相适应的客服座席及工作人员，提供 7×24 小时服务。

（5）具备网络与信息安全保障能力

申请者应成立安全管理部门，明确安全责任人和联系人，建立网络与信息安全管理制度和应急处置机制，按照相关要求和技术标准建立健全网络与信息安全技术保障措施。

●组织机构和制度保障要求

①申请者应当设立专门部门和人员负责本企业网络与信息安全工作以及安全监管配合工作，要求其出示说明企业组织架构、部门划分和职责、安全部门人员的文件，明确部门负责人、企业网络与信息安全联络员；

②申请者应当建立完善的企业内部网络与信息安全管理制度（包括安全责任制、应急处置、事件报告制度等）；

③申请者应当提供落实用户真实身份信息管理的各项措施；

④申请者应当建立用户信息保护制度。

●网络与信息安全技术支撑能力要求

①申请者应当建设必要的网络安全防护技术手段，企业应落实《中华人民共和国电信条例》、《通信网络安全防护管理办法》及通信网络安全防护相关标准、《增值电信业务网络信息安全保障基本要求》（YDN 126-2009）中关于业务

支撑系统、客户服务系统等网络安全防护要求;

②申请者应当建设必要的信息安全技术手段,以满足用户日志留存(如建设自有计费系统等)、用户信息保护等信息安全责任落实的需求;

③申请者应当具备必要的应急处置保障机制。

(6)具备移动通信转售业务商业合同

申请者应与基础电信业务经营者签订移动通信转售业务商业合同。合同中应包括用于转售的移动通信用户号码资源、双方服务质量保障责任划分、用户权益和用户信息安全保护等内容。

①合作范围,包括合作的业务种类、地域、期限等;

②码号资源,包括基础运营商分配给申请者的码号资源及使用方式等;

③批发价格,包括不同地区、不同业务的批发价格,计费关系、结算周期、付款方式等;

④责任划分,包括双方网络或业务平台之间的逻辑关系、网络及用户服务质量保障责任划分、用户权益受损及投诉处理责任划分,用户个人信息保护双方责任划分,紧急服务电话保障责任划分,以及申请者退出经营时的用户承接责任划分等。

2. 审批程序

根据《移动通信转售业务试点方案》的规定,申请经营移动通信转售业务试点的企业,应当向工业和信息化部或者省、自治区、直辖市通信管理局提交《电信业务经营许可管理办法》第八条规定的申请材料以及符合试点方案审批条件的其他证明材料。

电信管理机构依据《中华人民共和国电信条例》、《电信业务经营许可管理办法》及相关规定对申请材料进行审查。申请材料齐全、符合法定形式的,由电信管理机构向申请者出具受理申请通知书。经审查,符合要求的,颁发移动通信转售业务试点批文。不符合要求的,书面通知申请人并说明理由。

七、宽带接入网业务

（一）业务定义

宽带业务是通信公司为用户提供的高速访问互联网的接入业务，用户可以通过 ADSL 或光纤接入宽带网，实现高速上网冲浪。

宽带业务是相对窄带业务而言的，一般来说，对于速率低于 2Mb/s 的通信业务统称窄带业务，如电话网、N-ISDN 所提供的业务。对于高于 2Mb/s 的通信业务，如帧中继业务、视频点播、ATM 业务、TV 会议等称为宽带通信业务。

宽带业务的特点包括：实时性，用户享受无延迟的多媒体等高带宽要求业务；互动性，用户与用户之间、用户与业务平台之间方便快捷的互动；多样性，业务内容与形式丰富多样，设备也不仅仅限于手机终端。目前投入应用的宽带接入技术主要有两种：ADSL 和 FTTX+LAN。

（二）相关准入要求

宽带接入业务需要遵守工业和信息化部《关于向民间资本开放宽带接入市场的通告》及《宽带接入网业务开放试点方案》中的相关规定。

1. 试点经营的业务范围

试点企业按照光纤到户国家标准要求和共建共享的相关原则，可以建设从用户端到网络接入服务器范围内的全部或部分有线通信网络设施，可以开展相应的网络元素出租、出售，其中取得互联网接入服务业务经营许可证的试点企业还可以自有品牌向最终用户提供宽带上网服务。

2. 企业申请经营宽带接入网业务的条件

试点主体为依法设立的民营企业，鼓励有驻地网运营经验的民营企业参加试点。具体条件要求如下：

（1）申请者为依法设立的民营公司；

（2）有与开展经营活动相适应的资金，认缴注册资本最低限额为 2000 万元人民币；

（3）有 3 年以上电信行业从业经验；

（4）有与从事经营活动相适应的专业人员，企业技术负责人应当有 8 年以上宽带网络建设和运营管理经验，并具有信息通信及相关专业高级技术职称或同等专业水平；企业财务负责人应当具备会计师以上专业技术职务资格或者从事会计工作三年以上经历；企业具有信息通信及管理相关专业初级以上（含初级）职称或者同等专业水平的技术和管理人员不少于 20 人；

（5）具备为用户提供长期服务的能力，申请者必须设有专门的客服部门和客服人员，按照服务规范及相关要求建立健全服务质量管理体系，公布用户投诉及服务监督电话，受理用户投诉，有服务保证措施和市场退出善后处理方案；

（6）有必要的场地及设施，申请者应有固定的办公地点，有与宽带接入网业务相适应的营业场所或营销渠道，必须建立客户服务系统、计费管理系统和业务管理系统，能够保障系统运行安全；

（7）具备网络与信息安全保障能力，申请者应成立安全管理部门，明确安全责任人和联系人，建立网络与信息安全管理制度和应急处置机制，按照相关要求和技术标准建立健全网络与信息安全技术保障措施；

（8）《中华人民共和国电信条例》、《电信业务经营许可管理办法》等法律法规规定的其他条件。

3. 试点经营的具体要求

（1）基础电信企业不得与试点企业签订含有排他性条款的协议；

（2）基础电信企业应向试点企业提供不低于自身业务质量的接入网上联城域网带宽资源；

（3）基础电信企业与试点企业应依据公平合理、平等协商的原则，协商确定上联宽带资源的接入价格；

（4）在民营企业参与宽带接入网络的投资并与基础电信企业开展合作的过程中，基础电信企业应积极探索与民营企业互利共赢的合作发展模式，集团公司要加强对其所属公司的管理，切实保障用户合法权益，逐步建立统一规范的制度体系，及时总结经验和问题，定期向电信管理机构报送与民营企业合作的有关情况；

（5）在民营企业提供宽带转售服务的过程中，基础电信企业应积极向民营企业开放宽带接入网存量资源，向社会公开合作接洽部门和合作事项，集团公司要积极探索推进宽带转售工作，逐步建立相应的业务合作流程和管理办法，有序组织实施，对于发现再次转租转售宽带资源的情况，应立即责成合作企业停止转租转售行为，并妥善处理已发展用户的善后工作；

（6）试点企业建设有线通信网络设施时，应当严格遵守《关于贯彻落实光纤到户国家标准的通知》、《住宅区和住宅建筑内光纤到户通信设施工程施工及验收规范》及《住宅区和住宅建筑内光纤到户通信设施工程设计规范》等国家有关通信工程建设的规定，同时应遵守基础设施共建共享、通信设施保护等政策规定，禁止和房地产商、物业管理公司或业主委员会等第三方签署含有排他性条款的协议，保障用户的自由选择权；

（7）开展宽带转售服务的民营企业，要与基础电信企业签订合作协议，明确双方在服务质量保障、用户权益和用户信息安全保护等方面的责任划分，租用的接入网络资源严禁再次转租转售，在开展业务前向电信管理机构报告，并定期报送宽带转售服务发展情况；

（8）试点企业以自有品牌开展用户宽带上网服务的，应设有专门的客服部门和客服人员，按照服务规范及相关要求建立健全服务质量管理体系，在向用户提供服务时，应严格遵守行业相关标准和管理要求，并与用户签订服务协议，协议中要明确约定接入速率、资费以及当企业提前终止经营时预付费返还、争议解决的处理方式，如提前终止试点经营，应按照《中华人民共和国电信条例》、《电信业务经营许可管理办法》、《电信服务规范》等相关要求和用户协议的内容向电信主管部门报告并提前告知用户，妥善处理预付费返还、费用结算、争议解决等善后工作，切实保障已发展用户的合法权益；

（9）试点企业上联互联网骨干网必须经由基础电信企业的城域网接入，不同地市的业务节点不得直连，租用的接入网络资源严禁再次转租转售，其接入网络建设范围和连接（汇聚）节点位置要向所在省（自治区、直辖市）通信管理局报告，并配合相关部门做好网络与信息安全各项工作；

（10）试点企业与用户之间发生的服务质量问题，由试点城市所在省（自治区、直辖市）通信管理局所属申诉受理中心处理。

第二节 | 对民营资本开放的增值电信业务

目前，增值电信业务所有类别全部对民营资本开放。

一、互联网数据中心业务

（一）业务定义

互联网数据中心（IDC）业务是指利用相应的机房设施，以外包出租的方式为用户的服务器等互联网或其他网络相关设备提供放置、代理维护、系统配置及管理服务，以及提供数据库系统或服务器等设备的出租及其存储空间的出租、通信线路和出口带宽的代理租用和其他应用服务。

互联网数据中心业务经营者应提供机房和相应的配套设施，并提供安全保障措施。

互联网数据中心业务包括互联网资源协作服务业务。互联网资源协作服务业务是指利用架设在数据中心之上的设备和资源，通过互联网或其他网络以随时获取、按需使用、随时扩展、协作共享等方式，为用户提供的数据存储、互联网应用开发环境、互联网应用部署和运行管理等服务。

（二）相关准入要求

获得业务许可后，开展业务前，需通过"ICP/IP/域名备案系统"、"IDC/ISP接入资源管理平台"、"IDC机房运行安全和IDC/ISP信息安全管理系统"评测。

该业务类别业务许可地域覆盖范围指机房所在地。

二、内容分发网络业务

（一）业务定义

内容分发网络（CDN）业务是指利用分布在不同区域的节点服务器群组成流量分配管理网络平台，为用户提供内容的分散存储和高速缓存，并根据网络动态流量和负载状况，将内容分发到快速、稳定的缓存服务器上，提高用户内容的访问响应速度和服务的可用性服务。

（二）相关准入要求

1. 拥有一定规模的网络带宽和服务器资源；

2. 具备一定的技术实力，包括专业技术人员和相应的技术支持体系；

3. 提供CDN服务的运营管理规范、安全保障机制、服务可用性保障计划等相关方案。

该业务类别的业务许可地域覆盖范围指业务节点部署地。

三、国内互联网虚拟专用网业务

（一）业务定义

国内互联网虚拟专用网业务（IP-VPN）是指经营者利用自有或租用的互联网网络资源，采用TCP/IP协议，为国内用户定制互联网闭合用户群网络的服务。互联网虚拟专用网主要采用 IP 隧道等基于 TCP/IP 的技术组建，并提供一定的安全性和保密性，专网内可实现加密的透明分组传送。

（二）相关准入要求

1. 无国内通信设施服务业务许可的 IP-VPN 经营者不得建设国内传输网络设施，也不得利用非经营性互联网骨干网络资源和设备开展 IP-VPN 业务，必须租用具有相应经营权运营商的传输设施组建业务网络；

2. 经营者不得经营或变相经营国际 IP-VPN 业务，申请经营许可时应当提供不利用 IP-VPN 网络经营 VOIP 业务和国际 IP-VPN 业务，以及不超范围经营其他电信业务的专项承诺书；

3. 经营者应有确实的技术和监控措施加强对用户管理，禁止用户利用国内 IP-VPN 网络无证经营其他电信业务或进行公共互联网信息浏览；

4. 经营者可以利用 MPLS VPN、IPSec、L2TP、GRE、SSL VPN 等协议，租用基础运营商网络资源组网开展 IP-VPN 业务经营；

5.《电信业务经营许可管理办法》第二十一条规定，"除经营许可证中有特别规定外，电信业务经营者取得经营许可证后，应当在 1 年内按照经营许可证规定的业务种类和业务覆盖范围提供电信服务"，经营者应当根据自身的业务开展能力来申请业务覆盖范围，原则上业务经营者初次申请许可业务覆盖范围不能为全国。经营者提供服务后，有扩大业务覆盖范围需求时，可申请变更许可证的业务覆盖范围。

四、互联网接入服务业务

（一）业务定义

互联网接入服务业务是指利用接入服务器和相应的软硬件资源建立业务节点，并利用公用通信基础设施将业务节点与互联网骨干网相连接，为各类用户提供接入互联网的服务。用户可以利用公用通信网或其他接入手段连接到其业务节点，并通过该节点接入互联网。

（二）相关准入要求

从事 ISP 业务，获得业务许可后，需通过"ICP/IP/ 域名备案系统"、"IDC/ISP 接入资源管理平台"和"IDC/ISP 信息安全管理系统"评测。

ISP 业务申请者如果不直接提供网站服务，可只进行"IDC/ISP 接入资源管理平台"和"ICP/IP/ 域名备案系统"评测。

该业务类别的业务许可地域覆盖范围指用户接入地。

五、在线数据处理与交易处理业务

（一）业务定义

在线数据处理与交易处理业务是指利用各种与公用通信网或互联网相连的数据与交易 / 事务处理应用平台，通过公用通信网或互联网为用户提供在线数据处理和交易 / 事务处理的业务。在线数据处理与交易处理业务包括交易处理业务、电子数据交换业务和网络 / 电子设备数据处理业务。

（二）相关准入要求

1. 在线交易处理业务指利用各种与通信网络（含互联网）相连的交易处理平台，向提供各类金融、证券交易以及与电子商务相关的商品交易处理的用户提供公共平台服务。银行业务、股票买卖等属于金融和证券交易，票务买卖、拍卖商品买卖、费用支付属于电子商务中的交易活动，不是在线交易处理业务；

2. 利用互联网站提供在线数据处理服务的，其数据处理服务是无偿的，同时利用第三方支付方式开展电子商务活动，不属于从事在线数据处理与交易处理业务的经营活动，不需要办理此业务经营许可证，但需要根据《互联网信息服务管理办法》规定，办理从事互联网信息服务的经营许可或备案手续；

3. 经营者仅限租用公用通信网络资源开展在线数据处理与交易处理业务，不得擅自建设专用电信传输网络或利用非经营性网络资源及设施，开展在线数据处理与交易处理业务；

4. 经营者在开展在线数据处理与交易处理业务的过程中，如需要国家其他行业主管部门的批准，应办理相关批准文件。

六、国内多方通信服务业务

国内多方通信服务业务是指通过多方通信平台和公用通信网或互联网实现国内两点或多点之间实时交互式或点播式的话音、图像通信服务。

国内多方通信服务业务包括国内多方电话会议服务业务、国内可视电话会议服务业务和国内互联网会议电视及图像服务业务等。

国内多方电话会议服务业务是指通过多方通信平台和公用通信网把我国境内两点以上的多点电话终端连接起来，实现多点间实时双向话音通信的会议平台服务。

国内可视电话会议服务业务是通过多方通信平台和公用通信网把我国境内两地或多个地点的可视电话会议终端连接起来，以可视方式召开会议，能够实时进行话音、图像和数据的双向通信会议平台服务。

国内互联网会议电视及图像服务业务是为国内用户在互联网上两点或多点之间提供的交互式的多媒体综合应用，如远程诊断、远程教学、协同工作等。

七、存储转发类业务

（一）业务定义

存储转发类业务是指利用存储转发机制为用户提供信息发送的业务。存储转发类业务包括语音信箱、电子邮件、传真存储转发等业务。

语音信箱业务是指利用与公用通信网、公用数据传送网、互联网相连接的语音信箱系统向用户提供存储、提取、调用话音留言及其辅助功能的一种业务。每个语音信箱有一个专用信箱号码，用户可以通过电话或计算机等终端设备进行操作，完成信息投递、接收、存储、删除、转发、通知等功能。

电子邮件业务是指通过互联网采用各种电子邮件传输协议为用户提供一对一或一对多点的电子邮件编辑、发送、传输、存储、转发、接收的电子信箱业务。它通过智能终端、计算机等与公用通信网结合，利用存储转发方式为用户提供多种类型的信息交换。

传真存储转发业务是指在用户的传真机与传真机、传真机与计算机之间设立存储转发系统，用户间的传真经存储转发系统的控制，非实时地传送到对端的业务。

传真存储转发系统主要由传真工作站和传真存储转发信箱组成，两者之间通过分组网、数字专线、互联网连接。传真存储转发业务主要有多址投送、定时投送、传真信箱、指定接收人通信、报文存档及其他辅助功能等。

（二）相关准入条件

1. 语音信箱的准入要求

（1）语音信箱作为存储转发类业务之一，可以单独申请经营许可证；

（2）语音信箱所提供的电信服务应符合存储转发类业务具有的非实时特性，经营者不得以任何方式使业务穿透语音信箱服务平台，利用软硬件系统和相关技术，实现提供点对点、交互、实时的语音服务。

2. 传真存储转发业务的准入要求

（1）传真存储转发业务不同于第一类基础电信业务中固定通信业务的端到端传真业务，具有非实时特性，通过存储转发服务器系统实现点对点、点对多点的传真存储转发业务，提供多址投送、定时投送、传真信箱、指定接收人通信、报文存档及其他辅助功能；

（2）传真存储转发业务的存储转发系统，可以设立在用户的传真机与传真机或传真机与计算机之间。

八、呼叫中心业务

（一）业务定义

呼叫中心业务是指受企事业等相关单位委托，利用与公用通信网或互联网连接的呼叫中心系统和数据库技术，经过信息采集、加工、存储等建立信息库，通过公用通信网向用户提供有关该单位的业务咨询、信息咨询和数据查询等服务。

呼叫中心业务还包括呼叫中心系统和话务员座席的出租服务。

用户可以通过固定电话、传真、移动通信终端和计算机终端等多种方式进入系统，访问系统的数据库，以语音、传真、电子邮件、短消息等方式获取有关该单位的信息咨询服务。

呼叫中心业务包括国内呼叫中心业务和离岸呼叫中心业务。

国内呼叫中心业务是指通过在境内设立呼叫中心平台，为境内外单位提供的、主要面向国内用户的呼叫中心业务。

离岸呼叫中心业务是指通过在境内设立呼叫中心平台，为境外单位提供的、面向境外用户服务的呼叫中心业务。

（二）相关准入条件

1.呼叫中心业务组网方式可以采用集中式、分布式或其他方式，呼叫中心的分支机构管理，依据其采用的组网方式约定，经营者必须在呼叫中心平台的所在地设立分支管理机构；

2.经营者不允许向公众用户收取费用；

3. 因自用客服等应用而设立呼叫中心的，不需申请电信业务经营许可证；

4. 拟通过租用或借用呼叫中心平台、不配备自有设备和不申请专用号码开展呼叫中心服务的，不符合呼叫中心业务经营许可申请条件；

5. 根据码号资源管理规定，经营性呼叫中心不得利用普通号码开展业务；

6. 经营者不允许变相经营基础电话业务，包括利用 PSTN 网络或互联网开展电话和 VOIP 业务。经营者申请许可时应当提供不利用已有（拟建）呼叫中心系统或平台开展电话和 VOIP 业务的书面承诺。

（三）关于组网技术方案选择问题

呼叫中心业务有三种组网方式：集中式，即只设一个系统平台；分布式，即所有申请地均设平台，若业务覆盖范围是全国，则需设 31 个系统平台；其他方式，即设几个系统平台，每个平台分别管辖某些省、市、自治区。

呼叫中心业务经营者可以根据技术、业务、市场等因素，自行决定采用何种组网技术方案经营呼叫中心业务。

呼叫中心业务经营者应当采用其申请材料中提出的组网技术方案开展呼叫中心业务；若拟改变原组网技术方案的，须事先报备原发证机关并变更经营许可证特别规定事项相关内容后方可实施。

九、信息服务业务

（一）业务定义

信息服务业务是指通过信息采集、开发、处理和信息平台的建设，通过公用通信网或互联网向用户提供信息服务的业务。信息服务的类型按照信息组织、传递等技术服务方式，主要包括信息发布平台和递送服务、信息搜索查询服务、信息社区平台服务、信息即时交互服务、信息保护和处理服务等。

信息发布平台和递送服务是指建立信息平台，为其他单位或个人用户发布文本、图片、音视频、应用软件等信息提供平台的服务。平台提供者可根据单位或个人用户需要向用户指定的终端、电子邮箱等递送、分发文本、图片、音视频、应用软件等信息。

信息搜索查询服务是指通过公用通信网或互联网，采取信息收集与检索、数据组织与存储、分类索引、整理排序等方式，为用户提供网页信息、文本、图片、音视频等信息检索查询服务。

信息社区平台服务是指在公用通信网或互联网上建立具有社会化特征的网络活动平台，可供注册或群聚用户同步或异步进行在线文本、图片、音视频交流的信息交互平台。

信息即时交互服务指利用公用通信网或互联网，并通过运行在计算机、智能终端等的客户端软件、浏览器等，为用户提供即时发送和接收消息（包括文本、图片、音视频）、文件等信息的服务。信息即时交互服务包括即时通信、交互式语音服务（IVR），以及基于互联网的端到端双向实时话音业务（含视频话音业务）。

信息保护和处理服务指利用公用通信网或互联网，通过建设公共服务平台以及运行在计算机、智能终端等的客户端软件，面向用户提供终端病毒查询、删除，终端信息内容保护、加工处理以及垃圾信息拦截、免打扰等服务。

（二）相关准入条件

1. 根据原信息产业部《关于整治电话信息服务业务市场的通知》（信部电〔2002〕480号）要求，不新增固定网电话信息服务的增值电信业务经营许可证；

2. 禁止信息服务业务栏目中有封建迷信、色情挑逗栏目及违反《中华人民共和国电信条例》第五十六条规定的"九不准"的信息内容；

3. 申请从事移动短信网址业务、申请在移动信息服务业务中开展移动广告或手机广告业务的，均不属于信息服务业务许可的服务项目；

4. 从事有关流媒体业务或视频点播服务的，应先取得广电部门颁发的视听节目经营许可证；

　　5.经营互联网信息服务的，开展相关服务的网站域名、商标、品牌应为经营者或其股东所有，相关服务器必须设置在批准的业务覆盖范围内。

十、编码和规程转换业务

　　编码和规程转换业务指为用户提供公用通信网与互联网之间或在互联网上的电话号码、互联网域名资源、互联网业务标识（ID）号之间的用户身份转换服务。编码和规程转换业务在此特指互联网域名解析服务业务。

　　互联网域名解析是实现互联网域名和IP地址相互对应关系的过程。

　　互联网域名解析服务业务是指在互联网上通过架设域名解析服务器和相应软件，实现互联网域名和IP地址的对应关系转换的服务。域名解析服务包括权威解析服务和递归解析服务两类。权威解析是指为根域名、顶级域名和其他各级域名提供域名解析的服务。递归解析是指通过查询本地缓存或权威解析服务系统

　　实现域名和IP地址对应关系的服务。

　　互联网域名解析服务在此特指递归解析服务。

第三节 | **新业务备案制度**

根据《中华人民共和国电信条例》第九条第三款的规定，运用新技术试办《电信业务分类目录》未列出的新型电信业务的，应当向省、自治区、直辖市电信管理机构备案。

一、申请条件

申请试办新电信业务的，要满足下列条件：

1. 取得基础电信业务经营许可证的，可以试办提供公共网络基础设施、公共数据传送、基本话音通信服务的新业务；

2. 企业可以试办利用公共网络基础设施提供电信与信息服务的新业务；

3. 外商投资经营电信业务的，按照《外商投资电信企业管理规定》的有关规定执行；

4. 国家对试办新业务另有规定的，从其规定。

二、申请材料

申请试办新电信业务的，需要向省、自治区、直辖市的通信管理局提交如下材料：

1. 试办新业务的基本情况，包括拟备案的新业务名称、新业务试办范围（地域）、试办期限及企业的基本情况；

2. 新业务试办方案，包括新业务简述、试办计划、资金及人员保障措施、服务内容和资费标准等；

3. 新业务技术方案；

4. 网络与信息安全自评估报告；

5. 为用户提供长期服务和质量保障措施。

三、申办审批流程

试办企业于业务开通前 20 个工作日，通过试办新型电信业务备案管理系统，向住所所在地的通信管理局（备案机关）递交电子版申请材料。

试办企业报送的备案材料齐全、属于新业务的，备案机关应当于 20 个工作日内完成备案工作。

备案机关无法判定是否为新业务的，应当自收到全部备案材料之日起 5 个工作日内报工业和信息化部认定。工业和信息化部应当自收到认定申请之日起 10 个工作日内作出认定。经工业和信息化部认定属于新业务的，备案机关应当在 5 个工作日内完成备案工作，并书面告知试办企业。不属于新业务的，备案机关应当在 5 个工作日内告知试办企业。

四、监督检查要求

试办企业应当于每季度的第一周，通过备案管理系统向备案机关报告新业务实施进展、网络信息安全评估、用户投诉处理等情况。

第 三 章

外商投资
电信业务

▲

第一节 | 外商投资电信企业的设立

一、外商投资电信企业

根据《外商投资电信企业管理规定》，外商投资电信企业是指外国投资者依法在中华人民共和国境内设立的经营电信业务的企业。

二、外商投资电信企业设立的许可条件

（一）注册资本符合要求

外商投资电信企业的注册资本应当符合下列规定：

1. 经营全国的或者跨省、自治区、直辖市范围的基础电信业务的，其注册资本最低限额为 10 亿元人民币；经营增值电信业务的，其注册资本最低限额为 1000 万元人民币；

2. 经营省、自治区、直辖市范围内的基础电信业务的，其注册资本最低限额为 1 亿元人民币；经营增值电信业务的，其注册资本最低限额为 100 万元人民币。

经营基础电信业务（无线寻呼业务除外）的外商投资电信

企业的外方投资者在企业中的出资比例，最终不得超过 49%。

经营增值电信业务（包括基础电信业务中的无线寻呼业务）的外商投资电信企业的外方投资者在企业中的出资比例，最终不得超过 50%，国家另有规定的除外。

（二）对中方主要投资者的要求

外商投资电信企业的中方主要投资者，是指在全体中方投资者中出资数额最多且占中方全体投资者出资总额的 30% 以上的出资者。

经营基础电信业务的外商投资电信企业的中方主要投资者应当符合下列条件：

1. 是依法设立的公司；

2. 有与从事经营活动相适应的资金和专业人员；

3. 符合工业和信息化部规定的其他要求。

（三）对外方主要投资者的要求

外商投资电信企业的外方主要投资者，是指在外方全体投资者中出资数额最多且占全体外方投资者出资总额的 30% 以上的出资者。

经营基础电信业务的外商投资电信企业的外方主要投资者应当符合下列条件：

1. 具有企业法人资格；

2. 在注册的国家或者地区取得基础电信业务经营许可证；

3. 有与从事经营活动相适应的资金和专业人员。

三、申请材料及期限

（一）申请材料

1. 业务发展和实施计划及技术方案；

2. 电信业务经营许可证申请表；

3. 公司及人员情况表；

4. 网络与信息安全保障措施；

5. 股东追溯及其相关证明材料；

6. 依法经营电信业务承诺书。

（二）审查受理程序

工业和信息化部应当自收到申请之日起对前款规定的有关文件进行审查。属于基础电信业务的，应当在受理申请之日起 180 日内审查完毕，作出批准或者不予批准的决定；属于增值电信业务的，应当在收到申请之日起 60 日内审查完毕，作出批准或者不予批准的决定。予以批准的，颁发《电信业务经营许可证》；不予批准的，应当书面通知申请人并说明理由。

外商投资电信企业经营跨境电信业务，必须经工业和信息化部批准，并通过工业和信息化部批准设立的国际电信出入口局进行。

四、适用内资审批程序的特殊情形

《商务部、工业和信息化部关于境外直接上市的境内企业申请经营电信业务适用程序有关问题的通知》（商资函〔2009〕第 71 号）规定，境外直接上市的境内企业申请经营电信业务的，如该外资企业外资股份比例超过 10%（含 10%），适用外商投资电信企业的管理规定和审批程序；如该企业外资股份比例低于 10%，且单一最大股东为中方投资者，适用内资企业经营电信业务的管理规定和审批程序。

境外直接上市的境内企业子公司、境内 B 股上市公司及其子公司申请经营电信业务，参照上述办法办理。

外商投资电信企业在申请电信业务经营许可证时，如果符合上述情况，可选择"含外资成分（适用内资审批程序）"，并在线签署《外资股东已完整追溯承诺书》。

第二节 | 对外商投资电信企业开放的电信业务

　　根据《外商投资电信企业管理规定》，外商投资电信企业可以经营基础电信业务、增值电信业务，具体业务分类依照《中华人民共和国电信条例》的规定执行。

　　2001 年 11 月中国正式加入 WTO，并在《服务贸易具体承诺减让表》中，根据《全球基础电信协议》的有关条款对我国电信市场的开放做了承诺。

　　《外商投资准入特别管理措施（负面清单）（2024 年版）》指出，电信行业对外开放，限于中国入世承诺开放的电信业务，增值电信业务的外资股比不超过 50%（电子商务、国内多方通信、存储转发类、呼叫中心除外），基础电信业务须由中方控股。

一、《服务贸易具体承诺减让表》中对外商投资电信企业开放的电信业务

（一）基础电信业务

1. 寻呼服务

　　寻呼服务属于基础电信服务的一种。根据我国服务贸易具

体承诺减让表中电信服务方面的开放承诺，在寻呼服务方面，中国加入 WTO 之际，允许外国服务提供者在上海、广州和北京设立合资企业，并在这些城市内及其之间提供服务，无数量限制，但合资企业中的外资不得超过 30%。

于入世后 1 年内，地域扩大至包括成都、重庆、大连、福州、杭州、南京、宁波、青岛、沈阳、深圳、厦门、西安、太原和武汉市内及这些城市之间的服务，但外资持股比例不得超过 49%。

于入世后 2 年内，取消地域限制，外资持股不得超过 50%。

2. 移动话音及数据服务

在基础电信服务中，移动话音及数据服务移动话音和数据业务属蜂窝移动通信业务。根据减让表中的解释，其包括模拟或者数据服务、蜂窝服务和个人通信服务（PCS）。

根据承诺减让表，中国在入世时，允许外国服务提供者在上海、广州、北京设立外方持股比例不超过 25% 的合资企业，在这些城市内及三者之间提供服务，无数量限制。

于入世后 1 年内，地域扩展至成都、重庆、大连、福州、杭州、南京、宁波、青岛、沈阳、深圳、厦门、西安、太原和武汉市内及这些城市之间的服务。外资持股可增至 35%。

于入世后 3 年内，外资持股可增至 49%。

于入世后 5 年内，取消地域限制。

3. 国内业务

根据入世承诺减让表，国内业务包括话音服务、分组交换数据传输业务、电路交换数据传输业务、传真服务、国内专线电路租用服务。

根据《电信业务分类目录》中的规定，入世承诺减让表中的国内业务中，话音服务、传真服务、电路交换数据传输业务含在固定网本地通信业务和固定网国内长途通信业务中，属于第一类基础电信业务中的固定通信业务；而分组交换数据传输业务属于第二类数据通信业务，属于第二类基础电信业务；国内专线电路租用服务属国内通信设施服务业务，属于第二类基础电信业务。

4. 国际业务

根据入世承诺减让表，国际业务包括话音服务、分组交换数据传输业务、电路交换数据传输业务、传真服务、国际闭合用户群话音和数据服务（允许使用专线电路租用服务）。

根据《电信业务分类目录》，国际业务中，话音服务、传真服务、电路交换数据传输业务、国际闭合用户群话音服务属固定网国际长途通信业务，属于第一类基础电信业务中的固定通信业务；分组交换数据传输业务含在互联网国际数据传送业务和国际数据通信业务中，属于第一类基础电信业务中的第一类数据通信业务；基于互联网的国际闭合用户群数据业务属于互联网国际数据传送业务，利用国际专线的国际闭合用户群数据服务属国际数据通信业务，也是属于第一类基础电信业务中的第一类数据通信业务。

于入世后 3 年内，允许外国服务提供者在上海、广州、北京设立外方持股比例不超过 25% 的合资企业，并在这些城市内和三者之间提供基础电信服务。

于入世后 5 年内，地域扩展至成都、重庆、大连、福州、杭州、南京、宁波、青岛、沈阳、深圳、厦门、西安、太原和武汉市内及这些城市之间，外资持股比例可增至 35%。

于入世后 6 年内，取消地域限制。外资持股比例可增至 49%。

（二）增值电信业务

按照我国加入 WTO 有关电信市场开放的承诺，对非香港、澳门资本开放申请的增值电信业务为在线数据处理和交易处理业务、存储转发类业务（语音信箱、传真存储转发业务）、信息服务业务等 3 类。

该项服务包括如下类别：电子邮件、语音邮件、在线信息和数据检索、电子数据交换、增值传真服务（包括储存和发送、储存和检索）、编码和规程转换、在线信息和 / 或数据处理（包括交易处理）。

根据《电信业务分类目录》，在上述承诺的增值电信服务都对应第二类增值电信业务。其中，在线信息和 / 或数据处理（包括交易处理）、电子数据交换属在线数据处理与交易处理业务；电子邮件、语音邮件、增值传真服务（包括存储与传送、存储与调用）属存储转发类业务；在线信息和数据检索属信息服务业务；编码和规程转换属编码和规程转换业务。

允许外国服务提供者在上海、广州和北京设立合资增值电信企业，并在这些城市内提供服务，无数量限制。合资企业中的外资不得超过 30%。

在入世后 1 年内，地域扩大至包括成都、重庆、大连、福州、杭州、南京、宁波、青岛、沈阳、深圳、厦门、西安、太原和武汉，但外资持股比例不得超过 49%。

入世后 2 年内，将取消地域限制，但外资持股不得超过 50%。

二、特定区域电信业务对外开放试点

（一）北京市服务业扩大开放综合试点示范区

1.《国务院关于同意在北京市暂时调整实施有关行政法规和经国务院批准的部门规章规定的批复》（国函〔2021〕106 号）

根据该批复，在北京市暂时调整实施《外商投资电信企业管理规定》、《外商投资准入特别管理措施（负面清单）》（2020 版）等有关规定，其中包括电信业进一步开放相关措施。

（1）在中关村国家自主创新示范区海淀园，取消信息服务业务（仅限应用商店）外资股比限制；

（2）在北京市服务业扩大开放综合试点示范区和示范园区，取消互联网接入服务业务（仅限为用户提供互联网接入服务）等增值电信业务外资股比限制；

（3）向外资开放国内互联网虚拟专用网业务（外资股比不超过 50%），吸引海外电信运营商通过设立合资公司，为在京外商投资企业提供国内互联网虚拟专用网业务。

2.《国务院关于同意在北京市暂时调整实施有关行政法规和经国务院批准的部门规章规定的批复》（国函〔2025〕4号）

根据该批复，在北京市暂时调整实施《外商投资准入特别管理措施（负面清单）》（2024版）等规定，取消信息服务业务（仅限应用商店，不含禁止外商投资领域）、互联网接入服务业务（仅限为用户提供互联网接入服务）等增值电信业务外资股比限制。

（二）上海自由贸易试验区

1.《工业和信息化部、上海市人民政府关于中国（上海）自由贸易试验区进一步对外开放增值电信业务的意见》

2014年1月6日，工业和信息化部与上海市人民政府联合发布了《关于中国（上海）自由贸易试验区进一步对外开放增值电信业务的意见》（以下简称《意见》），决定在试验区内试点进一步对外开放增值电信业务。根据《意见》，对外资进一步开放的领域主要包括如下方面：

（1）已经对WTO承诺开放，但外资股比不超过50%的信息服务业务、存储转发类业务等两项业务外资股比可试点突破50%。其中信息服务业务仅含应用商店；

（2）新增试点开放四项业务：呼叫中心业务、国内多方通信服务业务、因特网接入服务业务（为上网用户提供因特网接入服务）、国内因特网虚拟专用网业务。其中，呼叫中心业务、国内多方通信服务业务、因特网接入服务业务（为上网用户提供因特网接入服务）外资股比可突破50%；国内因特网虚拟专用网业务外资股比不超过50%；

（3）在线数据处理与交易处理业务（经营类电子商务）外资股比不超过55%；

（4）申请经营上述电信业务的企业注册地和服务设施须设在试验区内。因特网接入服务业务（为上网用户提供因特网接入服务）的服务范围限定在试验区内，其他业务的服务范围可以面向全国。

2.《工业和信息化部关于在中国（上海）自由贸易试验区放开在线数据处理与交易处理业务（经营类电子商务）外资股权比例限制的通告》

2015 年 1 月 13 日，为支持中国（上海）自由贸易试验区（以下简称试验区）实现以开放促发展、促改革、促创新，形成可复制、可推广的经验，根据党的十八届三中全会关于放开电子商务领域外资准入限制的要求和《国务院关于在中国（上海）自由贸易试验区内暂时调整有关行政法规和国务院文件规定的行政审批或者准入特别管理措施的决定》（国发〔2013〕51 号）精神，工业和信息化部决定在试验区内试点放开在线数据处理与交易处理业务（经营类电子商务）的外资股权比例限制，外资股权比例可至 100%。

3.《工业和信息化部关于在中国（上海）自由贸易试验区放宽部分增值电信业务服务设施地域限制的通告》（工信部通〔2015〕164 号）

2015 年 5 月 29 日，为贯彻落实党中央、国务院关于进一步深化中国（上海）自由贸易试验区（以下简称试验区）改革开放的要求，深入推进试验区增值电信业务开放试点工作，结合试验区的实际情况，决定在《工业和信息化部 上海市人民政府关于中国（上海）自由贸易试验区进一步对外开放增值电信业务的意见》和《工业和信息化部关于在中国（上海）自由贸易试验区放开在线数据处理与交易处理业务（经营类电子商务）外资股权比例限制的通告》相关规定的基础上，放宽部分试点开放增值电信业务服务设施设置的地域限制。

（1）将呼叫中心业务座席设置的地域范围由试验区放宽至上海市；

（2）将国内因特网虚拟专用网业务边缘路由器设置的地域范围由试验区放宽至上海市；

（3）允许网站加速服务器节点在全国范围内设置，但仅限于为自身网站提供加速，不得违规开展内容分发业务。

（三）海南自由贸易试验区

1.《国务院关于印发中国（海南）自由贸易试验区总体方案的通知》（国发〔2018〕34号）

将增值电信业务外资准入审批权下放给海南省，取消国内多方通信服务业务、上网用户互联网接入服务业务、存储转发类业务外资股比限制，允许外商投资国内互联网虚拟专用网业务（外资股比不超过50%）。

2. 中共中央、国务院印发《海南自由贸易港建设总体方案》

2020年6月1日，中共中央、国务院印发《海南自由贸易港建设总体方案》，决定有序扩大通信资源和业务开放。开放增值电信业务，逐步取消外资股比等限制。允许实体注册、服务设施在海南自由贸易港内的企业，面向自由贸易港全域及国际开展在线数据处理与交易处理等业务，并在安全可控的前提下逐步面向全国开展业务。安全有序开放基础电信业务。开展国际互联网数据交互试点，建设国际海底光缆及登陆点，设立国际通信出入口局。

3.《海南自由贸易港跨境服务贸易特别管理措施（负面清单）》（2021年版）

（1）中国对电信业务经营实行许可制度。只有在中国境内依法设立的公司，取得电信业务经营许可证后，方可从事电信业务经营活动；

（2）从事国际通信业务，必须通过中国信息产业主管部门批准设立的国际通信出入口局进行。国际通信出入口局应当由国有独资的电信业务经营者申请设置、承担运行维护工作，并经工业和信息化主管部门批准设立；

（3）境外组织或个人不得进行电波参数测试或电波监测；

（4）境外单位向中国境内单位提供通信卫星资源出租服务，应在遵守中国卫星无线电频率管理的规定，并完成与中国申报的卫星无线电频率协调的前提下，将通信卫星资源出租给境内具有相应经营资质的单位，再由境内卫星公司转租给境内使用单位并负责技术支持、市场营销、用户服务和用户监管等，不允许境外卫星公司未经中国政府批准直接向境内用户经营卫星转发器出租业务；

（5）境外服务提供者不得从事互联网新闻信息服务、互联网公众发布信息服务；

（6）未满足设立商业存在和相关股比要求的，境外服务提供者不得提供互联网信息搜索服务。

三、增值电信业务扩大对外开放试点

为贯彻落实党的二十大精神和中央经济工作会议部署，推进高水平对外开放，主动对接国际高标准经贸规则，持续优化外资营商环境，服务构建新发展格局，工业和信息化部于 2024 年 4 月 8 日发布《关于开展增值电信业务扩大对外开放试点工作的通告》（工信部通信函〔2024〕107 号），决定开展增值电信业务扩大对外开放试点工作。

（一）试点城市地区

1. 北京市服务业扩大开放综合示范区；

2. 上海自由贸易试验区临港新片区及社会主义现代化建设引领区；

3. 海南自由贸易港；

4. 深圳中国特色社会主义先行示范区。

（二）试点开放业务

在获批开展试点的地区取消互联网数据中心（IDC）、内容分发网络（CDN）、互联网接入服务（ISP）、在线数据处理与交易处理，以及信息服务中信息发布平台和递送服务（互联网新闻信息、网络出版、网络视听、互联网文化经营除外）、信息保护和处理服务业务的外资股比限制。

（三）业务经营要求

试点开放业务经营主体注册地、服务设施（含租用、购买等设施）放置地须在同一试点区域内，不得购买、租用本试点区域外 CDN 等设施开展加速服务。ISP 业务服务范围仅限本试点区域，且须通过基础电信企业互联网接入设备对用户提供互联网接入服务；其他业务服务范围可面向全国。

第 四 章

港澳投资
电信业务

▲

对港澳投资企业开放的
电信业务

《中华人民共和国电信条例》规定，外国的组织或者个人在中华人民共和国境内投资与经营电信业务和香港特别行政区、澳门特别行政区与台湾地区的组织或者个人在内地投资与经营电信业务的具体办法，由国务院另行制定。国务院《外商投资电信企业管理规定》规定，香港特别行政区、澳门特别行政区和台湾地区的公司、企业在内地投资经营电信业务，比照适用本规定。

根据上述规定，我国港澳地区的公司、企业在内地投资经营电信业务，比照适用外商投资管理规定，因此本书将对港澳投资企业开放的电信业务相关内容置于外商投资电信业务一章中阐述，便于读者深入理解我国港澳投资企业在内地开展电信业务的提前开放和差异化监管政策。

中国香港、澳门企业进入内地电信市场，一般也比照适用于对外资开放的有关规定，但中央政府根据需要对两地资本进入内地电信市场给予一定的提前开放，如中央政府分别与香港及澳门特别行政区签署的《关于建立更紧密经贸关系的安排》（Closer Economic Partnership Arrangement，CEPA）协议中，提前对香港、澳门企业开放，准许其在内地设立合资电信企业，提供互联网接入业务、数据中心业务和存储转发类业务、呼叫中心业务和信息服务业务等增值电信服务。

一、内地在 CEPA 协议中向香港地区开放电信业务

2015 年 11 月 27 日，为推动内地与香港特别行政区基本实现服务贸易自由化，逐步减少或取消双方之间服务贸易实质上所有歧视性措施，进一步提高双方经贸交流与合作的水平，内地与香港特别行政区于香港签署了《〈内地与香港关于建立更紧密经贸关系的安排〉服务贸易协议》，在其三个附件中分别就内地向香港开放服务贸易的具体承诺、香港向内地开放服务贸易的具体承诺、"服务提供者"定义及相关规定进行了具体说明。

（一）开放措施

根据内地与香港签署的协议，内地在电信服务领域向香港开放的措施包括：

1. 语音电话服务；

2. 集束切换（分组交换）数据传输服务；

3. 线路切换（电路交换）数据传输服务；

4. 电传服务；

5. 电报服务；

6. 传真服务；

7. 专线电路租赁服务；

8. 电子邮件服务；

9. 语音邮件服务；

10. 在线信息和数据调用服务；

11. 电子数据交换服务；

12. 增值传真服务，包括储存和发送、储存和调用；

13. 编码和规程转换服务；

14. 在线信息和 / 或数据处理（包括传输处理）；

15. 其他（寻呼、远程电信会议、移动远洋通信及空对地通信等）。

（二）具体承诺

1. 香港服务提供者在内地全境销售只在香港使用的固定 / 移动电话卡（不包括卫星移动电话卡）；

2. 香港服务提供者雇用的合同服务提供者以自然人流动的方式在内地提供下列电信服务：

（1）在线数据处理与交易处理业务（仅限于经营性电子商务网站）；

（2）呼叫中心业务；

（3）互联网接入服务业务。

（三）保留的限制性措施

根据内地与香港签署的 CEPA 协议附件表 1 对商业存在保留的限制性措施（负面清单）：

1. 香港服务提供者在内地设立合资企业，从事基础电信业务须由内地方控股；

2. 香港服务提供者提供下列电信服务，港资股权比例不得超过 50%：

（1）在线数据处理与交易处理业务（经营性电子商务网站除外）；

（2）内地境内互联网虚拟专用网业务；

（3）互联网数据中心业务；

（4）互联网接入服务业务（为上网用户提供互联网接入服务除外）；

（5）信息服务业务（应用商店除外）；

（6）内容分发网络业务；

（7）编码和规程转换业务。

二、内地在 CEPA 协议中向澳门地区开放电信业务

2015 年 11 月 28 日，为推动内地与澳门特别行政区基本实现服务贸易自由化，逐步减少或取消双方之间服务贸易实质上所有歧视性措施，进一步提高双方经贸交流与合作的水平，双方签署了《〈内地与澳门关于建立更紧密经贸关系的安排〉服务贸易协议》，并在其三个附件中，分别就内地向澳门开放服务贸易的具体承诺、澳门向内地开放服务贸易的具体承诺、关于"服务提供者"定义及相关规定作了具体说明。

（一）开放措施

根据内地与澳门签署的协议，内地在电信服务领域对澳门服务提供者开放的措施包括：

1. 语音电话服务；

2. 集束切换（分组交换）数据传输服务；

3. 线路切换（电路交换）数据传输服务；

4. 电传服务；

5. 电报服务；

6. 传真服务；

7. 专线电路租赁服务；

8. 电子邮件服务；

9. 语音邮件服务；

10. 在线信息和数据调用服务；

11. 电子数据交换服务；

12. 增值传真服务，包括储存和发送、储存和调用；

13. 编码和规程转换服务；

14. 在线信息和 / 或数据处理（包括传输处理）；

15. 其他（寻呼、远程电信会议、移动远洋通信及空对地通信等）。

（二）具体承诺

1. 澳门服务提供者在内地全境销售只在澳门使用的固定 / 移动电话卡（不包括卫星移动电话卡）；

2. 澳门服务提供者雇用的合同服务提供者以自然人流动的方式在内地提供下列电信服务：

（1）在线数据处理与交易处理业务（仅限于经营性电子商务网站）；

（2）呼叫中心业务；

（3）互联网接入服务业务。

（三）保留的限制性措施

根据内地与澳门签署的 CEPA 协议附件表 1 对商业存在保留的限制性措施（负面清单）：

1. 澳门服务提供者在内地设立合资企业，从事基础电信业务须由内地方控股；

2. 澳门服务提供者提供下列电信服务，澳门资本股权比例不得超过 50%：

（1）在线数据处理与交易处理业务（经营性电子商务网站除外）；

（2）内地境内互联网虚拟专用网业务；

（3）互联网数据中心业务；

（4）互联网接入服务业务（为上网用户提供互联网接入服务除外）；

（5）信息服务业务（应用商店除外）；

（6）内容分发网络业务；

（7）编码和规程转换业务。

三、工业和信息化部对港澳投资企业的电信业务准入措施

为落实《〈内地与香港关于建立更紧密经贸关系的安排〉服务贸易协议》和《〈内地与澳门关于建立更紧密经贸关系的安排〉服务贸易协议》有关电信领域新增开放措施，根据《国务院关于在内地对香港、澳门服务提供者暂时调整有关行政审批和准入特别管理措施的决定》（国发〔2016〕32号），工业和信息化部制定了《关于港澳服务提供者在内地开展电信业务有关问题的通告》。

（一）允许港澳服务提供者在内地设立合资或者独资企业，提供下列增值电信业务，港澳资股权比例不设限制

1. 在线数据处理与交易处理业务（仅限于经营类电子商务）；

2. 内地境内多方通信服务业务（《电信业务分类目录》下的"国内多方通信服务业务"）；

3. 存储转发类业务；

4. 呼叫中心业务；

5. 互联网接入服务业务（仅限于为上网用户提供互联网接入服务）；

6. 信息服务业务（仅限于应用商店）。

（二）允许港澳服务提供者在内地设立合资企业，提供下列增值电信业务，港澳资股权比例不超过50%

1. 在线数据处理与交易处理业务（经营类电子商务除外）；

2. 内地境内互联网虚拟专用网业务（《电信业务分类目录》下的"国内互联网虚拟专用网业务"）；

3. 互联网数据中心业务；

4. 互联网接入服务业务（为上网用户提供互联网接入服务除外）；

5. 信息服务业务（应用商店除外）。

第 五 章

电信市场
行为管理

▲

第一节 | 电信服务规范

一、电信服务规范概述

电信服务规范，是指电信业务经营者提供电信服务时应当达到的基本质量要求，是电信行业对社会公开的最低承诺。电信业务经营者提供电信服务，应当符合《电信服务规范》规定的服务质量指标和通信质量指标。

服务质量指标，是指反映电信服务固有特性满足要求程度的，主要反映非技术因素的一组参数。

通信质量指标，是指反映通信准确性、有效性和安全性的，主要反映技术因素的一组参数。

电信业务经营者可以制定本企业的企业服务标准，电信业务经营者制定的企业服务标准不得低于《电信服务规范》规定的标准。电信业务经营者提供的电信服务未能达到本规范或者当地通信管理局制定的服务质量指标的，由电信管理机构责令改正。拒不改正的，处以警告，并处一万元以上三万元以下的罚款。

二、电信服务规范要求

（一）建立健全服务质量管理体系

电信业务经营者应建立健全服务质量管理体系，并按规定的时间、内容和方式向电信管理机构报告，同时向社会通报本企业服务质量状况；发生重大通信阻断时，电信业务经营者应当按规定的要求和时限向电信管理机构报告；在事故处理过程中，电信业务经营者应对所有与事故有关的数据进行采集、记录和保存，相关数据和书面记录至少保存六个月；电信业务经营者应当采取各种形式广泛听取电信用户意见，接受社会监督，不断提高电信服务质量。

（二）履行公示、告知义务

电信业务经营者提供电信服务时，应公布其业务种类、服务时限、资费标准和服务范围等内容，并报当地通信管理局备案；由于电信业务经营者检修线路、设备搬迁、工程割接、网络及软件升级等可预见的原因，影响或可能影响用户使用的，应提前七十二小时通告所涉及的用户；影响用户的时间超过二十四小时或影响有特殊需求的用户使用时，应同时向当地通信管理局报告；电信业务经营者停止经营某种业务时，应提前三十日通知所涉及用户，并妥善做好用户善后工作。

（三）执行国家资费管理规定

电信业务经营者应当执行国家电信资费管理的有关规定，明码标价，并采取有效措施，为用户交费和查询费用提供方便。

（四）保障用户的知情权

用户申请办理电信业务时，电信业务经营者应当向用户提供该项业务的说明，该说明应当包括该业务的业务功能、通达范围、业务取消方式、费用收取办法、交费时间、障碍申告电话、咨询服务电话等；电信业务宣传资料应针对业务全过程，通俗易懂，真实准确；对用户暂停或停止服务时，应在二十四小时前通知用户。

（五）保障用户的选择权

电信业务经营者不得以任何方式限定用户使用其指定的业务或购买其指定的电信终端设备；用户要求开通、变更或终止电信业务时，电信业务经营者无正当理由不得拖延、推诿和拒绝，不得胁迫、刁难用户；经营本地电话业务和移动电话业务的电信业务经营者，应当全面建立公开、公平的电话号码用户选择机制。

（六）规范电信服务合同管理

电信业务经营者应以书面形式或其他形式明确经营者与用户双方的权利和义务，其格式合同条款应做到公平合理、准确全面、简单明了；电信业务经营者提供电信卡类业务时，应当向用户提供相应的服务保证，不得发行超出服务能力的电信卡；电信业务经营者应当采取适当的方式明确电信业务经营者与持卡用户双方的权利、义务和违约责任，告知用户使用方法、资费标准、计费方式、有效期限以及其他应当告知用户的事项；电信业务经营者不得做出对持卡用户不公平、不合理的规定，不得单方面免除或者限制电信业务经营者的责任，损害用户的合法权益。

（七）坚持电信服务便民原则

电信业务经营者应合理设置服务网点或代办点，合理安排服务时间或开设多种方式受理业务，方便用户；上门服务人员应遵守预约时间，出示工作证明或佩戴本企业标识，代经销人员应主动明示电信业务代理身份，爱护用户设施，保持环境整洁；电信业务经营者应为残疾人和行动不便的老年用户提供便捷的服务。

（八）加强用户权益保障措施

电信业务经营者应当建立与用户沟通的渠道和制度，听取用户的意见和建议，自觉改善服务工作；电信业务经营者应当向用户提供业务咨询、查询和障碍申告受理等服务，并采取公布监督电话等形式，受理用户投诉；对于用户关于电信服务方面的投诉，电信业务经营者应在接到用户投诉之日起十五日内答复用户；电信业务经营者在电信服务方面与用户发生纠纷的，在纠纷解决前，应当保存相关原始资料。

（九）加强电信服务代理监管

以代理形式开展电信服务的，代理人在提供电信服务活动时，应当执行《电信服务规范》；电信业务经营者应加强对其业务代理商的管理，并负责管理和监督检查代办电信业务单位或个人的服务质量。

三、电信服务规范具体指标要求

《电信服务规范》附录中，针对八个重点电信业务规定了具体的服务质量和通信质量指标。

（一）固定网本地及国内长途电话业务

1. 固定网本地及国内长途电话业务的服务质量指标

1.1 电信业务经营者应免费向用户提供火警、匪警、医疗急救、交通事故报警等公益性电话的接入服务，并保障通信线路畅通。

1.2 电话装机、移机时限

城镇：平均值 ≤15 日，最长为 25 日；

农村：平均值 ≤20 日，最长为 30 日。

电话装机、移机时限指自电信业务经营者受理用户装机、移机交费之日起，至装机、移机后能正常通话所需要的时间。

1.3 电话复话时限

平均值 ≤12 小时，最长为 24 小时。

电话复话时限指自停机用户办理恢复开通手续，归属电信业务经营者收到有关费用时起，至电话恢复开通所需要的时间。

1.4 用户市话业务变更时限

平均值 ≤12 小时，最长为 24 小时。

用户市话业务变更时限指用户办理更名、过户、暂停或停机以及增减各种电话服务项目，自办理登记手续且结清账务时起，至实际完成变更所需要的时间。

1.5 用户长途业务变更时限

平均值 ≤12 小时，最长为 24 小时。

用户长途业务变更时限指用户办理增、减长途直拨功能，自办理登记手续且结清账务时起，至实际完成变更所需要的时间。

1.6 电话障碍修复时限

城镇：平均值 ≤24 小时，最长为 48 小时；

农村：平均值 ≤36 小时，最长为 72 小时。

电话障碍修复时限指自用户提出障碍申告时起，至障碍排除或采取其他方式恢复用户正常通信所需要的时间[1]。

1.7 由于非用户原因需要更改用户电话号码时，电信业务经营者应至少提前 45 日通知用户，至少提前 15 日告知用户新的电话号码。号码更改实施日起，至少应在 45 日内，向所有来话用户连续播放改号提示音。由于用户原因需要更改用户电话号码时，原电信业务经营者应根据用户需要提供改号提示业务。

1.8 电话号码冻结时限最短为 90 日。

电话号码冻结时限指该号码注销后至重新启用所需要的时间。

---

1 各类业务的障碍修复指标要求中均不包含用户自有或自行维护的接入线路和设备的障碍。

1.9 电话服务台、客户服务中心和人工短消息中心的应答时限最长为 15 秒。

话务员（包括电脑话务员）应答时限指用户拨号完毕后，自听到回铃音起，至话务员（包括电脑话务员）应答所需要的时间。

电话服务台或客户服务中心和人工短消息中心人工服务的应答时限最长为 15 秒。人工服务的应答率 ≥85%。

人工服务的应答时限指自用户选择人工服务后，至人工话务员应答所需要的时间。人工服务的应答率是用户在接入电话服务台、客户服务中心和人工短消息中心后，实际得到人工话务员应答服务次数和用户选择人工服务总次数之比。

1.10 电信业务经营者应按照相关规定提供电话号码查询业务，电话查号准确率应达到 95%。

电话查号准确率是指用户的电话号码已在电信业务经营者登记的，电信业务经营者提供正确查号服务的次数与全部查号服务次数之比。

1.11 电信业务经营者应要求公用电话代办点设置规范标志，张贴收费标准，使用符合国家标准的计价工具，按收费标准向用户收取费用，并接受电信管理机构和电信业务经营者的监督和检查。

1.12 电信业务经营者应根据用户的需要，免费向用户提供长途话费详细清单查询。原始话费数据保留期限至少 5 个月。

2. 固定网本地及国内长途电话业务的通信质量指标

2.1 拨号前时延

平均值 ≤0.8 秒，最大值为 1 秒。

拨号前时延指用户摘机后至听到拨号音的时间间隔。

2.2 拨号后时延

同一固定网内电话用户间的本地呼叫的拨号后时延：平均值 ≤1.9 秒，最大值为 5.3 秒（有中国一号信令时，最大值为 10 秒）；

同一固定网内电话用户间的长途呼叫的拨号后时延：平均值 ≤2.2 秒，最大值为 7 秒（有中国一号信令时，最大值为 12 秒）；

当固定电话用户间的呼叫是由多个固定网共同提供时，其本地、长途拨号后时延：平均值 ≤2.3 秒，最大值为 7.2 秒（有中国一号信令时，最大值为 13 秒）。

拨号后时延指从用户拨号终了时起，至接收到回铃音或录音通知等信号止的时间间隔。

2.3 接通率

同一固定网内，本地呼叫的端到端接通率 ≥95％；

同一固定网内，国内长途呼叫的端到端接通率 ≥90％；

当固定电话用户间的呼叫连接由多个电信网共同提供时，其本地、长途呼叫的接通率 ≥85％；

固定网与移动网间呼叫，接通率 ≥80％。

接通率是用户应答、被叫用户忙、被叫用户不应答、终端拒绝和不可用的次数与总有效呼叫次数之比。对接通率的考核在忙时统计。

其中：总有效呼叫次数 = 呼叫次数 —（用户拨号不全 + 用户拨无权号码 + 用户拨空号 + 用户拨错号）次数。

2.4 传输损耗

端到端的传输损耗 ≤21dB。

传输损耗是任意两个用户端到端之间建立的连接的传输损耗。

2.5 振鸣和准振鸣

振鸣的概率 ≤0.1％；

准振鸣的概率 ≤1％。

2.6 发话人回声

呼叫中出现发话人回声的概率 ≤1％。

2.7 可懂串话

同一交换局用户之间出现可懂串话的概率 ≤0.1％；

不同交换局用户之间出现可懂串话的概率 ≤1％。

2.8 单向传输时间

本地电话单向传输时间 ≤13 毫秒；

国内长途连接不含卫星电路时，单向传输时间 ≤85 毫秒；

由于安装 DCME 设备和保护倒换导致的电路过长等特殊情况，允许单向传输时间 ≤150 毫秒。

2.9 网络的通话中断率

通话中断率 ≤2×10 — 4。

通话中断率（掉话）指在用户通话过程中，出现掉话的概率。

2.10 发送方短消息中心的响应时延

固定网短消息中心的响应时延平均值 ≤20 秒，最大值为 45 秒。

发送方短消息中心的响应时延指主叫用户按发送键，至其接收到发送方短消息中心接受或不接受该消息的证实之间的时间间隔。固定网短消息的响应时延包括：呼叫接续时间＋上传时间（取决于信息长度和上行方式）＋处理时间（包括主叫号码认证）＋系统回送时间（回送上传结果）。

2.11 短消息中心系统接通率

固定网短消息中心接通率 ≥95%。

固定网短消息中心系统接通率指主叫用户通过入中继接入到固网短消息中心或人工短消息中心得到有效处理次数与占用入中继总次数之比。

2.12 短消息的存储有效期

固定网短消息的存储有效期 ≥72 小时。

固定网短消息的存储有效期指发送方将短消息成功发出，并得到发送方短消息中心的证实后，在接收方成功接收之前，在固定网短消息中心的有效存储时间段。在该存储时间段内，接收方短消息中心应保存该消息，并进行多次发送尝试，直到被接收方成功接收或超出该时间段为止。

2.13 短消息发送时延

短消息发送时延平均值 ≤10 分钟，最大值为 24 小时；短消息发送及时率 ≥99%。

短消息发送时延指主叫用户收到短消息提交成功的证实后，至被叫用户成功接收到短消息之间的时间间隔。

短消息发送及时率指在规定的发送时延最大值以内发送成功事件数与发送成功总事件数之比。

2.14 计费差错率

计费差错率 ≤10 — 4。

计费差错率指交换设备出现计费差错的概率，采用如下公式计算：

对于集中计费：计费差错率 = 有错误的话单数 / 总话单数；

对于单式或复式计次：计费差错率 = 错误的脉冲次数 / 总的脉冲次数。

（二）数字蜂窝移动通信业务

1. 数字蜂窝移动通信业务的服务质量指标

1.1 电信业务经营者应向社会公布其无线网络覆盖范围及漫游范围。

1.2 电信业务经营者应免费向用户提供火警、匪警、医疗急救、交通事故报警等公益性电话的接入服务，并保障通信线路畅通。

1.3 移动电话复话时限

平均值 ≤1 小时，最长为 24 小时。

移动电话复话时限指停机用户办理恢复开通手续、归属电信业务经营者收到有关费用时起，至移动电话恢复开通所需要的时间。

1.4 移动电话业务变更时限

平均值 ≤1 小时，最长为 24 小时。

移动电话业务变更时限指用户办理更名、过户、暂停或停机等服务项目，自办理登记手续且结清账务起，至实际变更完成所需要的时间。

1.5 移动电话通信障碍修复时限

平均值 ≤24 小时，最长为 48 小时。

移动电话通信障碍修复时限指自用户提出障碍申告时起，至障碍排除或采取其他方式恢复用户正常通信所需要的时间。移动电话通信障碍指非手机原因引起的障碍。

1.6 由于非用户原因需要更改用户电话号码时，电信业务经营者至少提前45日告知用户，至少提前15日告知用户新的电话号码。号码更改实施日起，至少应在45日内，向所有来话用户连续播放改号提示音。由于用户原因需要更改用户电话号码时，原电信业务经营者应根据用户需要提供改号提示业务。

1.7 移动电话号码冻结时限最短为90日。

移动电话号码冻结时限指该号码注销后，至重新启用所需要的时间。

1.8 电话服务台、客户服务中心和人工短消息中心的应答时限最长为15秒。

话务员（包括电脑话务员）应答时限指用户拨号完毕后，自听到回铃音时起，至话务员（包括电脑话务员）应答所需要的时间。

电话服务台或客户服务中心人工服务的应答时限：最长为15秒。人工服务的应答率≥85%。

人工服务的应答时限指自用户选择人工服务后，至人工话务员应答所需要的时间。人工服务的应答率是用户在接入电话服务台、客户服务中心和人工短消息中心后，实际得到人工话务员应答服务次数和用户选择人工服务总次数之比。

1.9 电信业务经营者应根据用户的需要，免费向用户提供移动话费详细清单（含预付费业务）查询。移动电话原始话费数据及点到点短消息业务收费详单原始数据保留期限至少为5个月。

2. 数字蜂窝移动通信业务的通信质量标准

2.1 可接入率

在无线网络覆盖区内的90%位置，99%的时间、在20秒内移动台均可接入网络。

2.2 接通率

同一移动网内的本地呼叫：接通率≥90%；

同一移动网内的国内长途呼叫：接通率≥85%；

两个或多个移动网间呼叫，或移动与固定网间呼叫：接通率 ≥80％。

接通率指用户应答、被叫用户忙、被叫用户不应答、用户不可及（包括被叫不在服务区、被叫呼入限制、拔电池、关机）的次数与总有效呼叫次数之比。对接通率的考核在忙时统计。

2.3 拨号后时延

移动用户拨打固定用户的拨号后时延：平均值 ≤9 秒，最大值为 12.5 秒；

固定用户拨打移动用户的拨号后时延：平均值 ≤9 秒，最大值为 16 秒；

移动用户拨打移动用户的拨号后时延：平均值 ≤10.3 秒，最大值为 19 秒。

拨号后时延指固定用户拨号终了或移动用户按发送键起，至收到回铃音、忙音或其他语音提示等时刻之间的时间间隔。

2.4 通话中断率（掉话率）

掉话率 ≤5％。

掉话率指在用户通话过程中，出现掉话的概率。

2.5 无线信道拥塞率（无线信道呼损）

无线信道拥塞率 ≤3％。

无线信道拥塞率指由于无线信道（包括话音和信令信道）出现拥塞，而导致业务失败的概率。

2.6 移动点对点短消息发送成功率

移动点对点短消息发送成功率 ≥99％。

移动点对点短消息发送成功率指消息发送者发出消息，到消息被接收方（处于正常接收状态下）成功接收的概率。

2.7 移动点对点短消息发送时延

移动点对点短消息发送时延平均值 ≤3 分钟，最大值为 24 小时；移动点对点短消息发送及时率 ≥95％。

移动点对点短消息发送时延指短消息发送者发出消息，到该短消息被接收方（处于正常接收状态下）成功接收的时间间隔。

移动点对点短消息发送及时率指在规定的发送时延最大值以内发送成功事件数与发送成功总事件数之比。

2.8 移动点对点短消息丢失率

移动点对点短消息丢失率 ≤10 — 5。

移动点对点短消息丢失率指消息成功发出，得到短消息中心接收证实，在24 小时内接收方（处于正常接收状态下）没有接收到该消息的概率。

2.9 移动点对点短消息存储有效期

移动点对点短消息存储有效期 ≥72 小时。

移动点对点短消息存储有效期指消息成功发出，得到短消息中心接收证实，在没有被接收方成功接收之前，在短消息中心的有效存储时间段。在该存储时间段内短消息中心应保存该消息，并进行多次尝试发送，直到被接收方成功接收或超出该时间段为止。

2.10 计费差错率

计费差错率 ≤10 — 4。

计费差错率指交换设备出现计费差错的概率，采用如下公式计算：

计费差错率 = 有错误的话单数 / 总话单数。

（三）因特网及其他数据通信业务

1. 因特网拨号接入业务的服务标准

1.1 因特网拨号接入业务的服务质量指标

1.1.1 注册账号方式的拨号接入网络开通时限

平均值 ≤12 小时，最长为 24 小时。

注册账号方式的拨号接入网络开通时限指注册用户办理入网手续，归属电信业务经营者收到有关费用时起，至拨号接入开通所需要的时间。

1.1.2 注册账号方式的拨号接入业务变更时限

平均值 ≤12 小时，最长为 24 小时。

注册账号方式的拨号接入业务变更时限指用户办理更名，过户等服务项目，自办理登记手续且结清账务时起，至实际变更所需要的时间。

1.1.3 记账卡式拨号接入业务在输入卡号和密码后应能按售卡时运营商承诺的条件正常使用，否则应给予更换。

1.1.4 记账卡式拨号接入业务应提供余额查询等功能。

1.1.5 拨号接入设备障碍修复时限

平均值 ≤8 小时，最长为 12 小时。

拨号接入设备障碍修复时限指自用户提出障碍申告时起，至障碍排除或采取其他方式恢复用户正常通信所需要的时间。

1.2 因特网拨号接入业务的通信质量指标

1.2.1 接入服务器忙时接通率

接通率 ≥90%。

接入服务器忙时接通率指接入服务器忙时接通次数与忙时用户拨号总次数之比。

1.2.2 本地用户接入认证响应时间

平均响应时间 ≤8 秒，最大值为 11 秒。

本地用户接入认证平均响应时间是从用户提交完账号和口令起，至本地认证服务器完成认证并返回响应止的时间平均值。

1.2.3 接入认证成功率

接入认证成功率 ≥99%。

接入认证成功率指在用户输入账号、口令无误情况下的认证成功概率。

注：无线接入方式认证成功率与信号覆盖区，空中干扰有关，若低于99%，由电信业务经营者向用户示明附加条件和指标。

2. 因特网数据传送业务的服务标准

2.1 因特网数据传送业务的服务质量指标

2.1.1 电信业务经营者应向用户说明本企业因特网数据传送业务的业务接入

点，网络覆盖的范围以及与其他网络的互联情况。

2.1.2 预受理时限

平均值 ≤3 工作日，最长为 5 工作日。

预受理时限指用户登记后电信业务经营者进行网络资源确认，答复用户能否安装所需要的时间。

2.1.3 入网开通时限

平均值 ≤2 工作日，最长为 4 工作日。

入网开通时限指电信业务经营者自受理之日起，至为用户开通网络，实际使用的时间 [1]。

2.1.4 通信设备障碍修复时限

平均值 ≤8 小时，最长为 12 小时。

通信设备障碍修复时限指自用户提出障碍申告时起，至障碍排除或采取其他方式恢复用户正常通信所需要的时间。

2.2 因特网数据传送业务的通信质量指标

通信质量指标范围限定在两个业务接入点之间，即把公众用户产生的 IP 包，从运营商位于某个城市的业务接入点开始，跨越全国性骨干网，传送到该运营商在另外一个城市的业务接入点止（不含城域网部分）。考核这些业务指标时，两个业务接入点选择在不同省的两个城市，并且空中距离超过 1000 公里。

2.2.1 IP 包传输往返时延

往返时延平均值 ≤200 毫秒。

IP 包传输往返时延指从一个平均包长的 IP 包的最后一个比特进入因特网业务接入点 (A 点)，到达对端的业务接入点 (B 点)，再返回进入时的接入点 (A 点) 止的时间。

2.2.2 IP 包时延变化

1　入网开通时限指标要求中不包括用户自有、自维及接入线路部分。下同。

时延变化平均值 ≤80 毫秒。

IP 包时延变化指在一段测量时间间隔内，IP 包最大传输时延与 IP 包最小传输时延的差值。

2.2.3 IP 包丢失率

包丢失率平均值 ≤2%。

IP 包丢失率指 IP 包在两点间传输时丢失的概率。

2.2.4 IP 业务可用性

IP 业务可用性 ≥99.9%。

IP 业务可用性指用户能够使用 IP 业务的时间与 IP 业务全部工作时间之比。在连续 5 分钟内，如果一个 IP 网络所提供业务的丢包率 ≤75%，则认为该时间段是可用的，否则是不可用的。

3.X.25、DDN、帧中继数据传送业务的服务标准

3.1 X.25、DDN、帧中继数据传送业务的服务质量指标

3.1.1 预受理时限

平均值 ≤4 工作日，最长为 8 工作日。

预受理时限指用户登记后电信业务经营者进行网络资源确认，答复用户能否安装所需要的时间。

3.1.2 入网开通时限

本地网业务：平均值 ≤3 工作日，最长为 5 工作日；

长途网业务：平均值 ≤4 工作日，最长为 7 工作日。

入网开通时限指电信业务经营者自受理之日起，至为用户开通业务，实际使用的时间。

3.1.3 通信设备障碍修复时限

平均值 ≤4 小时，最长为 8 小时。

通信设备障碍修复时限指自用户提出障碍申告时起，至障碍排除或采取其他方式恢复用户正常通信所需要的时间。

3.2 X.25、DDN、帧中继数据传送业务的通信质量指标

3.2.1 X.25 数据传送业务的通信质量指标

3.2.1.1 呼叫建立时延（指标见表 5-1）

虚连接的呼叫建立时延指一个用户自发送"呼叫请求"分组开始，至从网络接收到"呼叫连接"分组结束所经过的时间。表 5-1 给出呼叫建立时延的统计指标值，表 5-1 中的 X 值见表 5-2。

3.2.1.2 数据分组传输时延（指标见表 5-3）

数据分组传输时延指从一个分组的最后一个比特进入网络的源节点开始，

表 5-1 呼叫建立时延的统计指标值

统计值	国内（毫秒）		国际通信国内部分（毫秒）		国际（毫秒）	
	A 类型	B 类型	A 类型	B 类型	A 类型	B 类型
平均值	2000+2X	2600+2X	1000+X	1600+X	250	1600
95%概率值	2700+2X	3100+2X	1500+X	2100+X	250	1800

注：

1. 95% 概率值意味着有 95% 的呼叫建立时延值低于该值；

2. 国内 A 连接类型的特性是陆地连接；

3. 国内 B 连接类型的特性是具有一跳卫星电路的连接，或是经过一个或多个国内转接网络段的连接；

4. 国际 A 连接类型的特性是经过一个直接陆地网间电路的连接；

5. 国际 B 连接类型的特性是经过两跳卫星电路和一个转接网络段，或一跳卫星电路和多个转接网络段的连接；

6. X=400/R，R 为数据信号传送速率，单位是 kbit/s；

7. 表中数据以下列条件为基础：

—基本呼叫，未使用 ITU-TX.25 修改意见规定的任何任选用户设施，而且没有发送任何呼叫用户数据；

—在规定的连接部分外的实体的数据链路层窗口是开放的，流量不受控制；

—传送每个呼叫建立分组通过电路段要涉及传输 25 个八位组。

到该分组的第一比特离开终节点结束经过的时间。表 5-3 给出数据分组传输时延的统计指标值，表 5-3 中的 Y 值见表 5-4。

表 5-2 呼叫建立时延的统计指标值的 X 值

R(kbit/s)	X（毫秒）
2.4	167
4.8	84
9.6	42
48.0	9
64.0	6

表 5-3 数据分组传输时延的统计指标值

统计值	国内（毫秒）		国际通信国内部分（毫秒）		国际（毫秒）	
	A 类型	B 类型	A 类型	B 类型	A 类型	B 类型
平均值	700+2Y	1000+2Y	350+Y	650+Y	215	950
95% 概率值	950+2Y	1250+2Y	525+Y	825+Y	215	1125

注：
1. 平均值是预期的数据分组传送时延分布值，不包括超过规定的最大数据传送时延的数值；
2. 95% 概率值意味着有 95% 的数据分组传送时延值低于该值；
3. A 和 B 连接类型与表 1 相同；
4. 表中数据以下列条件为基础：
—用户数据字段的长度为 128 个八位组，传送一个数据字段，接入电路段要传输 136 个八位组；
—在规定的连接部分的接收 DTE 侧的数据链路和分组层的窗口是开放的。

表 5-4 数据分组传输时延的统计指标值的 Y 值

R(kbit/s)	X(毫秒)
2.4	453
4.8	227
9.6	113
48.0	23
64.0	20

注 :R 为数据信号传送速率单位是 kbit/s。

3.2.1.3 虚连接的吞吐量（指标见表 5-5）

虚连接的吞吐量指单位时间内，在一个方向上，通过一个连接段成功传送（不包括丢失、额外增加和比特差错）用户数据的比特数。表 5-5 给出虚连接吞吐量的统计指标值。

表 5-5 虚连接吞吐量的统计指标值

统计值	国内 （bit/s）		国际 （bit/s）	
	A 类型	B 类型	A 类型	B 类型
平均值	3500	2400	2000	2000
95%概率值	2400	2000	1800	1800

注 :
1. 平均值是预期的吞吐量分布值；
2. 95% 概率值意味着 95% 的吞吐量测量值高于该值；
3. A 和 B 连接类型与表 1 相同；

4. 表中数据以下列条件为基础：
—接入电路段中无其他业务量，接入电路段使用 9600bit/s 传输速率；
—用户数据字段长度为 128 个八位组，请求的吞吐量等级相当；
—接入电路段的分组窗口大小为 2，数据链路层的窗口大小为 7；
—不使用 D 比特，D=0；
—这些数值可用于任何传送方向；
—在测量期间不存在不可用性，设备复原或过早断开；
—吞吐量的取样值为 200 个分组或 2 分钟。

3.2.1.4 呼叫接通率

呼叫接通率 ≥95%。

呼叫接通率指呼叫接通次数与呼叫总次数之比（不考虑被叫终端未开机）。

3.2.1.5 网络可用性

网络可用性 ≥99.99%。

网络可用性指端到端全网能提供无故障服务的时间与全部运行时间之比。

3.2.2 DDN 数据传送业务的通信质量指标

3.2.2.1 端到端数据传输比特差错性能

国际电路连接指用户网络接口（UNI）和 DDN 国际节点的国际电路接口之间的用户数据传输通路。差错性能应符合 M.2100 建议《国际 PDH 通道、段和传输系统的投入业务和维护性能限值》和 M.2101 建议《国际 SDH 通道、复用段投入业务和维护性能限值》的指标要求。

国内电路连接指在用户网络接口（UNI）之间的用户数据传输通路。差错性能应符合 YD/T748-95《PDH 数字通道差错性能的维护限值》和 YDN 026-1997《SDH 传输网技术要求—SDH 数字通道和复用段的投入业务和维护性能限值》的指标要求。

3.2.2.2 国内端到端数据传输时间

64kbit/s 专用电路，端到端数据传输时间 ≤40 毫秒；

2Mbit/s 专用电路，端到端数据传输时间 ≤（0.5N+0.005G）毫秒，其中 N 是电路含交换机和交叉连接设备的数量，G 是电路长度（km）。

若在上述（1）和（2）中每加入一跳卫星电路，需在上列值中另增加传输时间 300 毫秒。

端到端 DDN 数据传输时间是国内端到端单方向的数据传输时间。

3.2.2.3 网络可用性

网络可用性 ≥99.99％。

网络的可用性指端到端全网能提供无故障服务的时间与全部运行时间之比。

3.2.3 帧中继数据传送业务的通信质量指标

3.2.3.1 帧传输时延 (FTD)

帧传输时延 (FTD)<400 毫秒。

帧传输时延指用户终端之间通过帧中继网传送信息所需时间。

帧传输时延计算公式：FTD=t2-t1

式中：t1 为帧地址字段的第 1 比特从用户终端进入网络的时间；

t2 为帧的尾标的最后一个比特从网络进入用户终端的时间。

3.2.3.2 帧丢失率 (FLR)

帧丢失率 (FLR)<3′ 10-5。

帧丢失率是指丢失的用户信息帧占所有发送帧的比率。

帧丢失率计算公式：

FLR=FL/(FL+FS+FE)

式中：FL 为丢失的用户信息帧总数；

FS 为成功传送的帧总数；

FE 为残余错误帧总数。

按照用户信息传送速率是否超过约定的信息速率 (CIR)，帧丢失率分为超过的帧丢失率 (FLRE) 和约定的帧丢失率 (FLRC) 两种。

3.2.3.3 网络可用性

网络的可用性 ≥99.99%。

网络的可用性指端到端全网能提供无故障服务的时间与全部运行时间之比。

（四）国内 IP 电话业务

1. 国内 IP 电话业务的服务质量指标

1.1 电信业务经营者应当向用户说明本企业 IP 电话业务的通达地区及城市。当 IP 业务由两个或两个以上电信业务经营者协作提供时，任一电信业务经营者在进行业务宣传和推广的过程中，应就该项服务的整体收费构成、本业务经营者具体收费情况和服务义务向用户进行说明。

1.2 主叫号码方式的 IP 电话入网开通时限

平均值 ≤24 小时，最长为 48 小时。

主叫号码方式的 IP 电话入网开通时限指用户办理入网手续，归属电信业务经营者收到有关费用时起，至 IP 电话开通所需要的时间。

1.3 主叫号码方式的 IP 电话复话时限

平均值 ≤24 小时，最长为 48 小时。

主叫号码方式的 IP 电话复话时限指停止 IP 电话服务的用户办理恢复开通手续，并交纳有关费用时起，至 IP 电话恢复开通所需要的时间。

1.4 记账卡式 IP 电话业务在输入卡号和密码后应能按售卡时运营商承诺的条件正常使用，否则应给予更换。

1.5 记账卡式 IP 电话业务应至少提供中文和英文两种语种提示、余额查询和尾款转移等功能。

1.6 IP 电话通信设备障碍修复时限

平均值 ≤12 小时，最长为 24 小时。

IP 电话通信设备障碍修复时限指自用户提出障碍申告时起，至障碍排除或采取其他方式恢复用户正常通信所需要的时间。IP 电话通信设备障碍是由经营者本企业原因，而非 IP 电话终端原因造成的设备障碍。

1.7 电信业务经营者应当根据用户的需要，免费向主叫号码方式的 IP 电话用户提供 IP 电话的话费详细清单（可不包括市话费清单）查询，IP 电话原始话费数据保留期限至少为 5 个月。

2. 国内 IP 电话业务的通信质量指标

2.1 拨号后时延

固定拨打固定的拨号后时延平均值 ≤7 秒，最大值为 11 秒；

固定拨打移动的拨号后时延平均值 ≤11 秒，最大值为 21 秒；

移动拨打固定的拨号后时延平均值 ≤11 秒，最大值为 15 秒；

移动拨打移动的拨号后时延平均值 ≤15 秒，最大值为 24 秒。

对于一次拨号系统，拨号后时延是指：用户拨完电话号码最后一位起，至接收到回铃音或录音通知等信号时刻之间的时间间隔。

对于二次拨号系统，拨号后时延是指：自用户输入 IP 电话接入码最后一位至听到提示音的时间间隔，加上自用户输入卡号密码最后一位至听到提示音的时间间隔，再加上自用户输入电话号码最后一位至听到回铃音的时间间隔。

2.2 语音传输时延

语音传输时延平均值 ≤400 毫秒。

语音传输时延指当呼叫通路建立后，语音信号从发端传送到收端的时间间隔。

2.3 时延变化

时延变化平均值 ≤80 毫秒。

时延变化指语音信号经过网关处理后形成的 IP 包，经过 IP 网络传输到达对方网关，在一段测量时间间隔内，IP 包最大传输时延与 IP 包最小传输时延的差值。

2.4 丢包率

丢包率平均值 ≤5%。

丢包率指语音信号经过网关处理后形成的 RTP 包，经过 IP 网络传输到达对方网关后丢失的 RTP 包数（包括网关丢失的 RTP 包）与传输的 RTP 包总数之比。

2.5 接通率

端到端呼叫接通率 ≥72%。

端到端呼叫接通率指被叫用户应答，被叫用户忙和被叫用户久叫不应的次数与发出有效呼叫总次数之比。

2.6 通话中断率

通话中断率 ≤5%。

通话中断率指用户在通话的过程中，出现通话中断（掉话）的概率。

（五）无线寻呼业务

1. 无线寻呼业务的服务质量指标

1.1 无线寻呼业务的经营者应向寻呼用户说明本企业无线发射信号覆盖范围，以及联网服务覆盖范围。

1.2 寻呼机恢复开通时限

平均值 ≤12 小时，最长为 24 小时。

寻呼机恢复开通时限指用户办理恢复开通手续，归属电信业务经营者收到有关费用时起，至寻呼机恢复开通所需要的时间。

1.3 寻呼话务员应答时限最长为 15 秒。

寻呼话务员应答时限指寻呼用户拨号完毕，自听到回铃音时起，至话务员应答所需要的时间。

1.4 寻呼话务员应准确、及时发送寻呼信息。

1.5 寻呼台要向用户说明为寻呼用户保留寻呼信息的方式。采用按条保存寻呼信息的寻呼台要为用户至少保留最新 10 条寻呼信息；采用按时间保存寻呼信息的寻呼台要为用户至少保留最近 10 天的寻呼信息。

1.6 对要求变更业务或者复台查询信息的用户，寻呼话务员应验证其密码或者采取其他安全保密措施。

1.7 寻呼用户号码冻结时限最短为 90 日。

寻呼用户号码冻结时限指该号码被注销时起，至重新启用止的时间间隔。

1.8 寻呼用户提出终止接受寻呼服务时，寻呼业务经营者应退还寻呼用户预缴服务费的剩余部分。

应退金额以月为单位计算，不足一个月时，小于 15 天不计，大于等于 15 天计 1 个月。

2. 无线寻呼业务的通信质量指标

2.1 系统响应时延

当用户位于寻呼接收机的归属寻呼区内时，系统响应时延平均值 ≤6 秒；

当用户位于寻呼接收机的非归属寻呼区内时，系统响应时延平均值 ≤10 秒。

自动寻呼系统的系统响应时延指主叫用户拨号终了或移动用户按发送键发出寻呼消息的最后字符，至其接收到寻呼系统接受或不接受该消息的证实之间的时间间隔。

2.2 系统接通率

系统接通率 ≥95％（适用于人工台和自动台）。

系统接通率是主叫用户通过入中继接入到寻呼系统得到有效处理次数与总次数之比。其呼损部分指寻呼系统的中继呼损。

2.3 消息传输时延

本地呼叫，一级平均值 ≤60 秒，消息长度 ≤400 字符；

本地呼叫，二级平均值 ≤90 秒；

异地呼叫，平均值 ≤7 分钟；

跟踪呼叫，平均值 ≤7 分钟；

漫游呼叫，平均值 ≤10 分钟。

消息传输时延指寻呼系统发给主叫用户寻呼证实消息，至该消息传送到指定的寻呼区的时间间隔。不同的寻呼优先权级别具有不同的消息传输时延。

2.4 无线呼通率

无线呼通率 ≥95%。

无线呼通率指在无线覆盖区内寻呼接收机寻呼成功的次数与全部寻呼次数之比。

（六）信息服务业务

1.信息服务业务经营者进行各种形式的业务宣传时，在宣传业务内容和使用方式的同时应公示相应的收费标准、收费方式和终止服务方法。

2.信息服务业务经营者向用户提供任何有偿信息服务时，应事先征得用户同意。信息服务业务经营者向用户提供无偿信息服务时，用户予以拒绝的，信息服务业务经营者应停止提供。

信息服务业务经营者在提供短信息服务时，包月类、订阅类短信服务，必须事先向用户请求确认，且请求确认消息中必须包括收费标准。若用户未进行确认反馈，视为用户撤消服务要求。

在用户拨打接入码接入信息服务业务经营者的语音信息服务业务平台后，业务平台应免费向用户说明收费标准，并在得到用户确认后开始计信息服务费。

3.信息服务业务经营者应遵照与用户的约定向用户提供信息服务，未得到用户许可，信息服务业务经营者不得擅自改变服务内容和服务频次，不得擅自改变收费方式和降低服务质量。对分条计费的信息，如因传输容量等原因需要回送多条信息内容的，只能收取一条相应信息的信息费。

4.信息服务业务经营者在提供语音信息服务时不得通过故意插播广告性或者宣传性广告信息以延长服务时间，人工信息咨询员不得谈论与用户所提问题无关的话题，不得故意拖延时间。

5.信息服务业务经营者在采集、开发、处理、发布信息时，应对信息的内容进行审查，信息服务业务经营者不得提供国家明令禁止传播的信息。信息准确率应达到 95% 以上。

6. 信息服务业务经营者在提供订制类信息服务业务时，应明示方便用户退订的途径，短信息服务业务经营者应开通方便用户选择退订服务的"0000"、"00000"短信退订功能，并保证退订途径的畅通。

用户提出停止服务时，信息服务业务经营者应及时接受并停止计费。

7. 信息服务业务经营者应保存信息服务计费原始数据，短信息服务系统应当自动记录并保存短信息的发送与接收时间、发送端和接收端的电话号码，保存期限至少 5 个月。在计费原始数据保存期限内，信息服务业务经营者应根据用户需求提供信息服务收费清单。

8. 基础电信业务经营者在向用户提供电话业务收费单据时，若存在为信息服务业务经营者代收的信息费，应同时向用户提供信息服务业务经营者的名称、代码和代收金额，并注明"代收费"字样。

9. 用户对信息费产生异议或对服务质量不满意时，基础电信业务经营者与信息服务业务经营者均应遵循"首问负责"的原则，共同协商处理，不得互相推诿。

10. 信息服务业务经营者应开通客户服务热线电话，并对社会公布。

（七）国内甚小口径终端地球站（VSAT）通信业务

1. 国内甚小口径终端地球站（VSAT）通信业务的服务质量指标

1.1 开通时限

城镇平均值 ≤20 日，最长为 30 日；

农村平均值 ≤25 日，最长为 40 日。

开通时限指自电信业务经营者受理用户开通业务交费之日起，至能正常通信所需要的时间。如果电信业务经营者同时提供了电源设备，则含电源设备在内的开通时限也应符合该指标要求。

1.2 障碍修复时限

城镇平均值 ≤3 日，最长为 7 日；

农村平均值 ≤7 日，最长为 15 日。

障碍修复时限指自用户提出障碍申告时起，至障碍排除或采取其他方式恢复用户正常通信所需要的时间。如果电信业务经营者同时提供了电源设备，则含电源设备在内的障碍修复时限也应符合该指标要求。

1.3 其他指标要求

提供话音业务的 VSAT 系统参照固定电话服务质量指标，提供数据业务的 VSAT 系统参照数据通信服务质量指标。

2. 国内甚小口径终端地球站（VSAT）通信业务的通信质量指标

2.1 系统可用性

系统可用性 ≥99.5%，包含 C 频段系统和 Ku 频段系统。

由于卫星系统的传输受到大气和降雨等传播条件限制，客观存在一定比例的不可用时间。该指标也与 VSAT 系统的网络设计和采用的设备相关。

2.2 话音系统接通率

系统接通率 ≥92%。

话音系统接通率指话音 VSAT 系统内部接通的概率，VSAT 用户地球站之间或 VSAT 到关口地球站之间单跳接通的概率。指标值参考附录 1 固定网指标，并考虑了卫星信道拥塞率和卫星系统的不可用时间。

2.3 话音系统拨号后时延

VSAT 用户拨打固定用户拨号后时延：平均值 ≤8 秒，最大值为 14 秒；

VSAT 用户拨打移动用户拨号后时延：平均值 ≤16 秒，最大值为 25 秒；

移动用户拨打 VSAT 用户拨号后时延：平均值 ≤11 秒，最大值为 18 秒；

VSAT 用户之间单跳拨打，拨号后时延：平均值 ≤4 秒，最大值为 8 秒。

2.4 通信中断率

话音系统通信中断率 $\leq 2 \times 10 - 4$。

数据系统通信中断率在电信业务经营者和用户的协议中约定。

通信中断率指用户通信过程中，在 VSAT 系统内出现通信中断的概率。

2.5 数据系统空间段误码率

数据系统空间段误码率 ≤10 − 7。

数据系统的空间段误码率指在 VSAT 用户地球站之间，或在 VSAT 到关口地球站之间（单跳）单向信道传送数据出现误码的概率。

2.6 计费差错率

计费差错率 ≤10 − 4。

计费差错率指计费设备出现计费差错的概率。

（八）国内通信设施服务业务

1. 国内通信设施服务业务的服务质量指标

1.1 预受理时限

1.1.1 租用话音频带电路预受理时限

平均值 ≤3 工作日，最长为 5 工作日。

1.1.2 租用数字数据电路预受理时限

平均值 ≤4 工作日，最长为 8 工作日。

1.1.3 租用 PDH 系列通道、VC-n 系列通道、光通信波长、光纤、光缆、电缆等资源以及其他网络元素预受理时限不做统一要求，由经营者向社会承诺，或在与用户的协议中约定。

预受理时限指用户登记时起，至经营者查找网络资源，答复用户能否安装所需要的时间。

1.2 开通时限

1.2.1 租用话音频带电路开通时限

平均值 ≤20 日，最长为 30 日。

1.2.2 租用数字数据电路开通时限见（三）因特网及其他数据通信业务中 3.1.2 的要求。

1.2.3 租用 PDH 系列通道、VC-n 系列通道、光通信波长、光纤、光缆、电缆等资源以及其他网络元素开通时限不做统一要求，由经营者向社会承诺，或者在与用户的协议中约定。

开通时限指电信业务经营者受理之日起，至为用户开通租用的通信设施可以投入使用所需要的时间。

1.3 障碍修复时限

1.3.1 租用话音频带电路障碍修复时限

平均值 ≤24 小时，最长为 48 小时。

1.3.2 租用数字数据电路障碍修复时限见（三）因特网及其他数据通信业务中 3.1.3 的要求。

1.3.3 租用 PDH 系列通道、VC-n 系列通道、光通信波长、光纤、光缆、电缆等资源以及其他网络元素障碍修复时限不做统一要求，由经营者向社会承诺，或在与用户签订的协议中约定。

障碍修复时限指自用户提出障碍申告时起，至障碍排除或采取其他方式恢复用户正常通信所需要的时间。

1.4 暂停或停租时限

平均值 ≤24 小时，最长为 48 小时。

暂停或停租时限指自用户提出暂停或终止租用通信设施业务，自办理登记手续且结清账务时起，至实际完成所需要的时间。

2. 国内通信设施服务业务的通信质量指标

2.1 话音频带电路的通信质量指标

话音频带电路适用于电话业务和使用话音频带的非话业务。其通信质量指标包括：标称总衰减、衰减失真、群时延失真、总衰减随时间变化、随机噪声、脉冲噪声、相位抖动、总失真、单音干扰、频率偏差、谐波和交调失真。根据用户对带宽的不同要求应分别满足 GB 11053 "特定带宽特殊质量租用电路特性"和 GB11054 "基本带宽特殊质量租用电路特性"的相关要求。

2.2 数字数据电路的通信质量指标见（三）因特网及其他数据通信业务中 3.2.2 的有关指标。

2.3 PDH 系列通道和 VC-n 系列通道的通信质量指标

PDH 系列通道指 2，8，34，45 和 140Mbit/s 等各种速率的数字通道；

VC-n 系列通道指 VC-12，VC-3，VC-4，VC-4-Xc 等各种速率的同步数字通道。

租用 PDH 系列通道和 VC-n 系列通道可以由一个经营者提供，也可以由多个经营者分段提供，其通信质量指标包括：差错性能、单向传输时间、可用性。

2.3.1 差错性能

PDH 系列通道的差错性能应满足 YD/T748 "PDH 数字通道差错性能的维护限值"的相关要求；

VC-n 系列通道的差错性能应满足 YDN026 "SDH 传输网技术要求——SDH 数字通道和复用段的投入业务和维护性能限值"的指标要求。

2.3.2 单向传输时间

不含卫星的 PDH 系列通道和 VC-n 系列通道的单向传输时间不大于 $(0.5N+0.005G)$ 毫秒，含有 N 个数字交叉连接设备，传输距离为 G 公里。

2.3.3 可用性

根据用户要求，可采用不同的保护或恢复机制，以提供不同等级水平的可用性，可用性等级水平与租用费直接相关，可由经营者向社会承诺，或者在经营者与用户签订的协议中约定。

2.4 光通信波长、光纤、光缆和电缆的通信质量指标

光通信波长、光纤、光缆和电缆可向用户提供基于指定波长、指定光纤或指定光缆和指定电缆的资源指配。

光通信波长、光纤、光缆的通信质量指标包括：工作波长、接口类型、光纤类型、衰减及色散等，应满足 YDN 099 "光同步传送网技术体制"的指标要求。

电缆的通信质量指标包括：工作频带、衰减、串音等，在经营者与用户的协议中约定。

2.5 网络元素出租、出售业务的通信质量指标

其他网络元素包括各种可出租的网络元素的指配，目前经营者的同步网可以向其他经营者或用户提供出租同步端口的服务。同步网出租同步端口的通信质量指标包括：接口速率、定时性能（抖动、漂动），应满足 YD/T1012 "数字同步网节点时钟系列及其定时特性" 的指标要求。

第二节 | **电信服务协议**

一、电信服务协议概述

电信服务协议，是指电信业务经营者与用户之间设立、变更、终止电信服务权利义务关系的合同。

电信业务经营者在开展相关电信业务经营活动时，应本着公平诚信的原则与用户订立电信服务协议，做到用户与电信业务经营者之间权利义务对等。

二、电信服务协议的管理要求

（一）协议的签订形式

电信业务经营者与用户订立服务协议，可以采用书面形式或其他形式。需要注意的是：电信业务经营者与用户订立入网协议的，应当采用书面形式。书面形式是指合同书、信件和数据电文（包括但不限于传真、电子数据交换、短信、电子邮件、网页、客户端）等可以有形地表现所载内容的形式。

（二）协议的保存

在电信服务协议有效期间，电信业务经营者有义务保存所订立的服务协议。电信业务经营者与用户约定以非书面形式订立服务协议的，电信业务经营者应当留存能够证明双方订立服务协议或者成立服务协议关系的凭证。

（三）用户身份查验

电信业务经营者与用户订立入网协议时，电信业务经营者应当要求用户出示有效身份证件、提供真实身份信息并进行查验，对身份不明或拒绝身份查验的，不得提供服务。用户委托他人代办电信业务手续的，电信业务经营者应当要求受托人出示用户和受托人的有效身份证件、提供真实身份信息进行查验。

（四）协议的重点条款

电信服务协议一般应包括以下内容：

1. 电信业务经营者的名称、地址、联系方式；

2. 用户身份证件类别及证件上所记载的姓名（名称）、号码、住址信息；

3. 用户选定的服务项目；

4. 资费标准；

5. 电信业务经营者做出的服务质量承诺；

6. 咨询投诉渠道；

7. 双方的违约责任；

8. 解决争议的方法；

9. 订立协议的日期；

10. 协议的有效期；

11. 双方的签字、盖章等确认信息。

（五）协议的禁止性条款

在电信业务经营者与用户订立的电信服务协议中，不得含有涉及以下内容的条款：

1. 限制用户使用其他电信业务经营者依法开办的电信业务或限制用户依法享有的其他选择权；

2. 规定电信业务经营者违约时，免除或限制其因此应当承担的违约责任；

3. 规定当发生紧急情况对用户不利时，电信业务经营者可以不对用户负通知义务；

4. 规定只有电信业务经营者单方享有对电信服务协议的解释权；

5. 规定用户因电信业务经营者提供的电信服务受到损害，不享有请求赔偿的权利；

6. 违反《中华人民共和国民法典》等法律法规相关规定。

（六）用户权益保护的特别要求

1. 电信业务经营者在合同外通过书面形式或大众媒体方式公开做出的服务承诺，自动成为电信服务协议的组成部分，但不得作出对用户不公平、不合理的规定，或者减轻、免除其损害用户合法权益应当承担的民事责任；

2. 电信业务经营者在为用户开通包月付费或需要用户支付功能费的服务项目时，应征得用户的同意，征得用户同意的凭证作为电信服务协议的补充协议，与电信服务协议具有同等的效力；

3. 在电信服务协议有效期间，电信业务经营者不得擅自终止提供服务，未经与用户变更协议，不得擅自撤消任何服务功能或降低服务质量，不得擅自增加收费项目或提高资费标准，不得擅自改变与用户约定的电信业务收费方式，用户因违反相关法律法规的除外；

4. 用户与电信业务经营者发生争议时，可以依据《中华人民共和国民法典》等有关法律规定追究对方民事责任，根据《中华人民共和国电信条例》及《电信用户申诉处理办法》的规定，属于申诉受理范围的，用户可以依法向电信用户申诉受理机构提起申诉；

5. 电信业务经营者在服务协议格式条款拟定过程中应当广泛听取消费者组织、用户代表及相关部门的意见和建议；

6. 电信业务经营者不得拒绝与符合条件的电信用户订立服务协议；

7. 电信业务经营者因不可抗力或国家政策调整等原因导致电信服务协议部分或全部条款无法执行时，应当告知用户，并做好用户善后工作；

8. 电信业务经营者在订立、保存电信服务协议等环节，应当遵守《中华人民共和国网络安全法》《全国人民代表大会常务委员会关于加强网络信息保护的决定》《电信和互联网用户个人信息保护规定》等法律规定，做好用户信息保护工作。

第三节 ｜ 电信业务代理

一、电信业务代理概述

电信业务经营者根据业务发展需要，可以委托其他组织和个人代理其实施电信业务市场销售、技术服务等直接面向用户的服务性工作。代理商不是独立的电信业务经营主体，其代理行为的法律责任由委托代理的电信业务经营者依法承担。

二、电信业务代理的管理要求

（一）代理商必须以委托其代理的电信业务经营者的名义、业务品牌提供服务或收取通信费用；不得超出电信业务经营者委托其代理的业务范围提供电信服务；代理商代理基础电信业务的，经委托其代理的基础电信业务经营者同意后，可以根据代理业务的需要自建业务计费系统等支撑平台，但不得建设与代理业务相关的交换设备等基础网络设施。

（二）代理商必须使用委托其代理的电信业务经营者的电信网码号等电信资源；开展代理电信业务涉及的电信网码号资

源应使用已统一分配给委托代理的电信业务经营者的号码，由各委托代理的电信业务经营者负责规划、分配给代理商使用；电信主管部门不单独为代理商分配电信网码号资源。

（三）代理商的选择和资质要求由委托代理的电信业务经营者负责审查和确定；委托代理的电信业务经营者和代理商双方协商决定代理业务的利益分配方式；代理商在经营中不能自行改变服务内容和资费标准。

（四）代理商在以代理方式提供电信服务时，应严格遵守国家的通信政策、法律法规、规章及通信行业管理的各项规定，接受电信主管部门的行业管理和监督检查；规范市场经营行为，不得影响或干扰正常的电信市场经营秩序；保证服务质量，维护用户的合法权益。委托代理的电信业务经营者应就此向代理商提出明确要求。代理商经营行为的日常规范和管理由委托代理的电信业务经营者负责，委托代理的电信业务经营者应制定相应的管理办法并承担相应的法律责任。

（五）代理商所代理电信业务的服务质量应符合国家关于电信服务标准的有关要求；委托代理的电信业务出现服务质量问题时，由委托代理的电信业务经营者负责解决并承担相关责任。

第四节 | 增值电信业务代理收费

一、增值电信业务代理收费概述

增值电信业务代理收费行为是指电信业务经营者（被代理方）在向用户提供增值电信业务时，委托与其有业务上下游关系的其他基础电信业务经营者或增值电信业务经营者（代理方）利用自身的营业系统、业务充值卡或其他收费渠道，代理其向用户收取全部或部分业务使用费用的行为。

代理方和被代理方必须是合法的电信业务经营者，都应具有所代理收费的增值电信业务必需的相应电信业务经营许可证。

二、增值电信业务代理收费的管理要求

（一）代理双方应本着公平、自愿的原则签订责权清晰的代理收费协议。对代理收费的增值电信业务的项目及概要内容、计费标准、计费纠纷处理原则和程序、客户服务办法、信息安全保障方案、暂停或终止代理收费的条件和后续处理流

程、违约责任等内容做出明确的约定。代理方不得利用优势地位与被代理方签订不合理协议或强迫被代理方签订排他性代理收费协议。

（二）代理方在为被代理方提供的增值电信业务开展代理收费前，应对代理收费的项目及概要内容进行逐项审核；被代理方有义务积极配合。审核时代理方应重点检查的主要内容包括（但不限于）：该项业务的内容是否违反《中华人民共和国电信条例》第五十七条、第五十八条及其他有关法律、法规、政策的具体规定；被代理方是否具有相应有效的增值电信业务经营许可证及工商营业执照等。代理双方有义务保留被代理方委托代理收费的增值电信业务的项目及概要内容已经代理方审核同意的有效凭证。

（三）被代理方应在用户申请使用或变更增值电信业务时，在其网站、协议书上或以短信等形式明确告知用户代理收费的方式、标准、周期、客服电话等事项；必要时，代理方对此应予以配合。当有关用户投诉是由该项代理收费业务的服务质量达不到宣传承诺而引起时，由做出宣传承诺的业务经营者负责解决并答复用户，相关业务经营者应予以配合。

（四）代理双方应在技术、管理等方面采取有效措施切实保证收费的准确性、真实性和一致性。代理方在向用户代理收取费用前，被代理方应提供相关资料证明该用户是在知情、自愿的情况下使用该业务，所收取的费用应以用户开始真实使用为计费起点（包月制的情况下以用户开始定制为计费起点）；代理双方应将用户订制、使用业务的记录保存至少 5 个月。

（五）代理方在向用户出具收费单据时，应向用户提供代理收费的被代理方名称、代理收费金额，并就其中代理收费部分明确注明"代收费"字样。用户要求提供代理收费清单的，代理双方应免费提供。用户对代理收取的费用产生异议并拒绝交付，代理方又无法当场提供证据证明其收费无差错的，代理方可先只收取该部分争议费用以外的其他费用，并应及时将有关情况通知被代理方，代理双方依据代理收费协议中约定的相关原则和处理程序及时与用户协商解决相关争议；有争议的代理收取的费用需待争议解决后方可向用户收取，在此之前代理双方都不得强行向用户收取该部分费用。已付费用户对代收费用产生异议时，代理双方在 15 日内无法提供证据证明收费无差错的，代理方应先行向用户做暂退费处理。

（六）被代理方因经营不善或其他自身原因不能继续提供委托收费的相关增值电信业务的，该被代理方应直接负责做好对用户的解释说明和善后处理工作，并应提前三个月将有关情况告知其代理方；代理方应及时终止继续为其代理收取该项业务的费用，并主动协助被代理方做好对用户的解释说明和善后处理工作。代理方因经营不善或其他自身原因不能继续为被代理方代理收费的，应提前三个月将有关情况告知被代理方，并主动协助被代理方做好用户的解释说明和善后处理工作。

（七）被代理方在经营过程中出现下列情况之一时，代理方应主动或按相关电信主管部门要求终止为被代理方代理收费：

1. 提供的业务内容中有被相关主管部门认定为违反《中华人民共和国电信条例》第五十七条规定的；

2. 经营行为中有被相关电信主管部门认定为违反《中华人民共和国电信条例》第五十八条规定的；

3. 未办理工商营业执照或电信业务经营许可证年检手续或未通过年检的；

4. 被相关电信主管部门依法裁定应立即终止经营的。

被代理方在经营过程中出现下列情况之一时，代理方应主动或按相关电信主管部门要求暂停为被代理方代理收费：

1. 引起大量用户投诉的（如一周内或一个月内累计接到一定数量投诉的，具体数量视业务性质不同，由代理双方在协议中约定）；

2. 被相关电信主管部门依法处罚且违规性质严重、但尚未达到终止代理收费的程度，电信主管部门明确要求代理方予以暂停代理收费的。

代理双方合作过程中，被代理方被暂停代理收费次数超过代理双方代理收费协议规定的次数，代理方应根据相关程序终止为该被代理方代理收费。

第五节 | **电信网间互联**

一、电信网间互联概述

电信网间互联是指经营基础电信业务的经营者在固定本地电话网、国内长途电话网、国际电话网、IP 电话网、陆地蜂窝移动通信网、卫星移动通信网、互联网骨干网以及工业和信息化部规定的其他电信网之间的有效通信连接，以使一个电信业务经营者的用户能够与另一个电信业务经营者的用户相互通信或者能够使用另一个电信业务经营者的各种电信业务。互联包括两个电信网网间直接相联实现业务互通的方式，以及两个电信网通过第三方的网络转接实现业务互通的方式。

为了维护国家利益和电信用户的合法权益，保护电信业务经营者之间公平、有效竞争，保障公用电信网间及时、合理地互联，工业和信息化部制定了《公用电信网间互联管理规定》，明确要求电信网之间应当按照技术可行、经济合理、公平公正、相互配合的原则实现互联。

在互联实施中，电信业务经营者发生下列争议，致使互联不能继续进行，或者互联后电信业务经营者发生下列争议影响网间业务互通时，任何一方均可以向电信主管部门申请协调：

1. 互联技术方案；

2. 与互联有关的网络功能及通信设施的提供；

3. 互联时限；

4. 电信业务的提供；

5. 网间通信质量；

6. 与互联有关的费用；

7. 其他需要协调的问题。

电信主管部门组织相关人员对电信业务经营者的互联争议进行协调。协调结束后，争议双方不能达成一致意见的，电信主管部门应当随机邀请电信技术、经济、法律方面的专家进行公开论证。电信主管部门根据论证意见或建议对互联争议作出决定，强制争议双方执行。

二、电信网间互联的管理要求

（一）电信业务经营者应当设立互联工作机构负责互联工作。互联工作机构应当建立正常的工作联系制度，保证电信业务经营者与电信主管部门之间以及电信业务经营者之间工作渠道的畅通。电信业务经营者不得拒绝其他电信业务经营者提出的互联要求，不得违反国家有关规定擅自限制用户选择其他电信业务经营者依法开办的电信业务。

（二）主导的电信业务经营者应当制定包括网间互联的程序、时限、互联点的数量、用于网间互联的交换机局址、非捆绑网络元素提供或出租的目录及费用等内容的互联规程。互联规程报工业和信息化部批准后执行。互联规程对主导的电信业务经营者的互联互通活动具有约束力。

（三）主导的电信业务经营者有义务向非主导的电信业务经营者提供与互联有关的网络功能（含网络组织、信令方式、计费方式、同步方式等）、设备配置

（光端机、交换机等）的信息，以及与互联有关的管道（孔）、杆路、线缆引入口及槽道、光缆（纤）、带宽、电路等通信设施的使用信息。非主导的电信业务经营者有义务向主导的电信业务经营者提供与互联有关的网络功能、设备配置的计划和规划信息。

（四）非主导的电信业务经营者的电信网与主导的电信业务经营者的电信网网间互联，互联传输线路必须经由主导的电信业务经营者的管道（孔）、杆路、线缆引入口及槽道等通信设施的，主导的电信业务经营者应当予以配合提供使用，并不得附加任何不合理的条件。两个非主导的电信业务经营者的电信网网间直接相联，互联传输线路必须经由主导的电信业务经营者的楼层院落、管道（孔）、杆路、线缆引入口及槽道等通信设施的，主导的电信业务经营者应当予以配合提供使用，并不得附加任何不合理的条件。

（五）主导的电信业务经营者应当在规定的互联时限内提供互联，非主导的电信业务经营者应当在规定的互联时限内实施互联。双方均不得无故拖延互联时间。两个非主导的电信业务经营者的电信网网间直接相联，由双方协商解决。两个非主导的电信业务经营者的电信网网间未直接相联的，其网间业务应当经第三方的固定本地电话网或工业和信息化部指定的机构的网络转接实现互通。非主导电信业务经营者选择主导的电信业务经营者的固定本地电话网作为第三方的网络时，主导的电信业务经营者不得拒绝提供转接，并应当保证转接的通信质量。

（六）非主导的电信业务经营者的电信网与主导的电信业务经营者的电信网网间互联的，互联传输线路及管道由双方各自承担一半。两个非主导的电信业务经营者的电信网网间直接相联的，互联传输线路的费用分摊由双方协商确定。互联传输线路经由主导的电信业务经营者的管道（孔）、杆路、线缆引入口及槽道等通信设施的，主导的电信业务经营者应当按规定标准收取租用费。暂无规定标准的，相关费用以建设成本为基础由双方协商解决。

（七）互联协议应当由电信业务经营者省级以上（含省级）机构之间签订

（含修订）。互联协商的主要内容包括：签订协议的依据、互联工程进度时间表、互通的业务、互联技术方案（包括互联点的设置、互联点两侧的设备设置、拨号方式、路由组织、中继容量，以及信令、计费、同步、传输质量等）、与互联有关的网络功能及通信设施的提供、与互联有关的设备配置、互联费用的分摊、互联后的网络管理（包括互联双方维护范围、网间通信质量相互通报制度、网间通信障碍处理制度、网间通信重大障碍报告制度、网间通信应急方案等）、网间结算、违约责任等。

第六节 | 网络接入服务

一、网络接入服务概述

为进一步规范市场秩序，强化网络信息安全管理，促进互联网行业健康有序发展，工业和信息化部在 2017 年发布《关于清理规范互联网网络接入服务市场的通知》（工信部信管函〔2017〕32 号），在全国范围内对互联网网络接入服务市场开展清理规范工作，依法查处互联网数据中心（IDC）业务、互联网接入服务（ISP）业务和内容分发网络（CDN）业务市场存在的无证经营、超范围经营、"层层转租"等违法行为。

二、网络接入服务管理要求

（一）基础电信企业网络接入资源管理

基础电信企业应加强线路资源管理，严格审核租用方资质和用途，不得向无相应电信业务经营许可的企业和个人提供用于经营 IDC、ISP、CDN 等业务的网络基础设施和 IP 地址、带宽等网络接入资源。

（二）不得违规自建或使用非法资源

IDC、ISP、CDN 企业不得私自建设通信传输设施，不得使用无相应电信业务经营许可资质的单位或个人提供的网络基础设施和 IP 地址、带宽等网络接入资源。

（三）不得转租网络接入资源

IDC、ISP 企业不得将其获取的 IP 地址、带宽等网络接入资源转租给其他企业，用于经营 IDC、ISP 等业务。

第七节 | **国际通信业务**

一、国际通信业务概述

国际通信业务，是指国家之间或国家与地区之间的固定通信、卫星通信、数据通信及通信设施服务等电信业务。

在中华人民共和国境内从事国际通信业务，必须通过工业和信息化部批准设立的国际通信出入口局[1]进行。进行国际传输网和国际通信信道出入口建设，必须拥有国际通信基础设施经营权。进行国际通信业务出入口和边境地区国际通信出入口建设，必须拥有国际通信业务经营权。

二、国际通信业务管理要求

1.设置国际通信出入口的电信业务经营者，应当按有关规定同步建设相应的信息安全配套设施，经工业和信息化部审查验收合格后方可开通运行。

2.设置国际通信信道出入口的电信业务经营者，必须加强

---

1 国际通信出入口局建设管理要求详见第五章第二节内容。

对国际通信传输信道的管理，不得利用国际通信传输信道从事非法活动；发现他人利用国际通信传输信道从事非法活动的，应当根据国家有关规定及时协助有关部门采取制止措施。

3. 获准设置国际通信信道出入口的电信业务经营者，有义务向获准设立国际通信业务出入口的电信业务经营者提供国际通信传输信道，不得对其采取歧视性措施；不得向未获准设置国际通信业务出入口的电信业务经营者提供国际通信传输信道。

4. 设置国际通信信道出入口的电信业务经营者，可以向用户出租国际通信传输信道专线，并集中建立用户档案；该国际通信传输信道专线只能在规定的业务范围内用于点对点的通信，并仅供用户内部使用，不得用于经营电信业务。经营甚小地球站（VSAT）通信业务出租国际通信传输信道专线的，按前述规定执行。

5. 未获得国际通信基础设施经营权的电信业务经营者，不得直接租用境外的国际通信传输信道，不得购买、自建或参与建设国际通信传输信道。

6. 设置国际通信业务出入口的电信业务经营者，应当建立健全安全管理制度，落实技术防范措施，保证网络运行安全、可靠。国际通信业务出入口出现重大故障或重大安全问题，应及时通知相关的电信业务经营者，采取紧急措施恢复正常运行，并于事件发生后 24 小时内将情况报告工业和信息化部。

7. 以经营电信业务为目的，通过互联网国际出入口设置虚拟网络的，应当报工业和信息化部批准。以内部使用为目的，通过互联网国际出入口设置虚拟专用网的，应当报工业和信息化部备案。

未经电信主管部门批准，不得自行建立或租用专线（含虚拟专用网络 VPN）等其他信道开展跨境经营活动。基础电信企业向用户出租的国际专线，应集中建立用户档案，向用户明确使用用途仅供其内部办公专用，不得用于连接境内外的数据中心或业务平台开展电信业务经营活动。

第 六 章

电信建设管理

▲

第一节 | **电信设施建设**

一、电信设施建设概述

本节中所指的电信设施建设包含公用电信网、专用电信网、广播电视传输网的建设。

工业和信息化部依法对全国公用电信网、专用电信网和广播电视传输网的建设实施监督管理。各省、自治区、直辖市通信管理局，在工业和信息化部领导下，依法对本行政区域内的公用电信网、专用电信网和广播电视传输网的建设实施监督管理。

二、电信设施建设管理要求

（一）基础电信设施建设

基础电信业务经营者可以在电信业务经营许可证规定的范围内投资建设和经营电信设施。任何企业（或单位）不得从无网络元素出租、出售业务许可证的企业（或单位）购买、租用网络资源。

根据《国务院关于取消和下放一批行政许可事项的决定》(国发〔2019〕6号),国内干线传输网(含广播电视网)建设项目核准事项已经取消。工业和信息化部不再核准国内干线传输网(含广播电视网)建设项目;各省、自治区、直辖市通信管理局不再核准省内干线传输网(含广播电视网)建设项目。各基础电信企业应该依据《中华人民共和国电信条例》第四十四条第一款之规定,每年编制综合滚动规划、干线传输网规划、国际通信设施规划,报工业和信息化部。在干线传输网规划中,需详细列明上一年度干线传输网建设项目实施情况、当年项目建设计划及项目建设中存在的问题。工业和信息化部将会同国务院国有资产监督管理委员会等有关部门,协调推进电信基础设施共建共享。上述规划将作为开展共建共享工作的重要依据。

(二)电信管道建设

省、自治区、直辖市通信管理局负责本行政区内电信管道建设的统筹规划和协调。地方各级人民政府应将电信管道建设规划纳入城镇建设总体规划,电信管道的建设规模、容量应当满足电信业务发展的需要。

(三)公共场所经营者或管理者的协助义务

公共场所的经营者或管理者有义务协助基础电信业务经营者依法在该场所内从事电信设施建设,不得阻止或者妨碍基础电信业务经营者向电信用户提供公共电信服务。

(四)民用建筑物上的公用电信设施

基础电信业务经营者可以在民用建筑物上附挂电信线路或者设置小型天线、移动通信基站等公用电信设施,但是应当事先通知建筑物产权人或者使用人,并按照省、自治区、直辖市人民政府规定的标准向该建筑物的产权人或者其他权利人支付使用费。在民用建筑物上设置小型天线、移动通信基站等公用电信设施时，必须满足建筑物荷载等条件，不得破坏建筑物的安全性。

（五）隐蔽电信设施的标志设置

建设地下、水底等隐蔽电信设施，应当设置标志并注明产权人。其中光缆线路建设应当按照通信工程建设标准的有关规定设置光缆线路标石和水线标志牌；海缆登陆点处应设置明显的海缆登陆标志，海缆路由应向国家海洋管理部门和港监部门备案。产权人发现标志受损或丢失的，应及时修复、补齐，并有权依法追究破坏电信设施标志的单位或个人的责任。在已设置标志或备案的情况下电信设施损坏所造成的损失由责任方承担；因无标志或未备案而发生的电信设施损坏造成的损失由产权人自行承担。

（六）电信线路和电信设施的改动或者迁移

任何单位或者个人不得擅自改动或者迁移他人的电信线路及其他电信设施；遇有特殊情况必须迁改的，应当征得该电信设施产权人的同意，并签订协议。在迁改过程中，双方应采取措施尽量保证通信不中断。迁改费用、保证通信不中断所发生的费用以及中断通信造成的损失，由提出迁改要求的单位或者个人承担或赔偿，割接期间的中断除外。

（七）电信线路建设的路由选择

从事电信线路建设，在路由选择时应尽量避开已建电信线路，并根据通信工程建设标准的有关规定与已建的电信线路保持必要的安全距离，避免同路由、近距离敷设。受地形限制必须近距离甚至同沟敷设或者线路必须交越的，电信线路建设项目的建设单位应当与已建电信线路的产权人协商并签订协议，制定安全措施，在双方监督下进行施工，确保已建电信线路的畅通。经协商不能达成协议的，根据电信线路建设情况，跨省线路由工业和信息化部协调解决，省内线路由相关省、自治区、直辖市通信管理局协调解决。

（八）微波通信建设

从事微波通信建设，应按国家无线电管理的有关规定到当地无线电管理机构办理设台手续，其微波传输通道应向当地城市规划部门备案。建设微波通信设施、移动通信基站等无线通信设施不得妨碍已建通信设施的通信畅通。妨碍已建无线通信设施的通信畅通的，由当地省、自治区、直辖市无线电管理机构责令其改正。

三、破坏电信设施的刑事法律责任

破坏电信设施，依法应当承担相应的法律责任，情形严重的，可能构成刑事犯罪。

（一）破坏公用电信设施罪

采用截断通信线路、损毁通信设备或者删除、修改、增加电信网计算机信息系统中存储、处理或者传输的数据和应用程序等手段，故意破坏正在使用的公用电信设施，具有下列情形之一的，属于《中华人民共和国刑法》第一百二十四条规定的"危害公共安全"，依照《中华人民共和国刑法》第一百二十四条之规定，以破坏公用电信设施罪处三年以上七年以下有期徒刑：

1.造成火警、匪警、医疗急救、交通事故报警、救灾、抢险、防汛等通信中断或者严重障碍，并因此贻误救助、救治、救灾、抢险等，致使人员死亡一人、重伤三人以上或者造成财产损失三十万元以上的；

2.造成两千以上不满一万用户通信中断一小时以上，或者一万以上用户通信中断不满一小时的；

3.在一个本地网范围内，网间通信全阻、关口局至某一局向全部中断或网间某一业务全部中断不满两小时或者直接影响范围不满五万（用户×小时）的；

4. 造成网间通信严重障碍，一日内累计两小时以上不满十二小时的；

5. 其他危害公共安全的情形。

具有下列情形之一的，属于《中华人民共和国刑法》第一百二十四条第一款规定的"严重后果"，以破坏公用电信设施罪处七年以上有期徒刑：

1. 造成火警、匪警、医疗急救、交通事故报警、救灾、抢险、防汛等通信中断或者严重障碍，并因此贻误救助、救治、救灾、抢险等，致使人员死亡二人以上、重伤六人以上或者造成财产损失六十万元以上的；

2. 造成一万以上用户通信中断一小时以上的；

3. 在一个本地网范围内，网间通信全阻、关口局至某一局向全部中断或网间某一业务全部中断两小时以上或者直接影响范围五万（用户 × 小时）以上的；

4. 造成网间通信严重障碍，一日内累计十二小时以上的；

5. 造成其他严重后果的。

（二）故意毁坏财物罪

故意破坏正在使用的公用电信设施尚未危害公共安全，或者故意毁坏尚未投入使用的公用电信设施，造成财物损失，构成犯罪的，依照《中华人民共和国刑法》第二百七十五条规定，以故意毁坏财物罪定罪处罚。

（三）盗窃罪

盗窃公用电信设施价值数额不大，但是构成危害公共安全犯罪的，依照《中华人民共和国刑法》第一百二十四条的规定定罪处罚；盗窃公用电信设施同时构成盗窃罪和破坏公用电信设施罪的，依照处罚较重的规定定罪处罚。

第二节 | **国际通信设施建设**

一、国际通信设施概述

国际通信设施包括国际通信出入口和国际传输网等电信设施。

国际通信出入口局（以下简称"国际通信出入口"）分为国际通信信道出入口、国际通信业务出入口和边境地区国际通信出入口。

国际通信信道出入口，是指国内通信传输信道与国际通信传输信道之间的转接点。包括：

1.国际通信光缆、电缆、微波等在国内的登陆或入境站；

2.国际通信光缆、电缆、微波等在国内的登陆或入境延伸终端站；

3.国际卫星通信系统设在我国的关口站、地球站等；

4.其他国内通信传输信道与国际通信传输信道相互链接的转接点。

国际通信业务出入口，是指国内通信业务网络与国际通信业务网络之间的业务转接点。包括：

1. 电话业务网国际交换局（含国际电话业务网信令转接点）；

2. 帧中继、数字数据网（DDN）、ATM业务网国际交换局；

3. 互联网国际出入口路由器；

4. 其他国内通信业务网与国际通信业务网之间的业务转接点。

边境地区国际通信出入口，是指利用国内交换机与境外接壤地区的通信网络开通的国际直达电路。

国际传输网是指从境内的国际通信信道出入口至境外国家和地区间进行通信的所有有线、无线和卫星等电信设施。

在中华人民共和国境内从事国际通信设施建设（含新建、改建、扩建和产权变更）活动，必须遵守《国际通信设施建设管理规定》《国际通信出入口局管理办法》等相关规定。

工业和信息化部依法对国际通信设施建设实施监督管理。省、自治区、直辖市通信管理局在工业和信息化部领导下，依法对本行政区域内的国际通信设施建设实施监督管理。

二、国际通信设施建设管理要求

（一）遵守国家法律，维护国家安全

1. 国际通信设施建设必须遵守我国的有关法律、法规，维护我国国家权益。

2. 国际通信设施建设必须符合国家国际通信发展规划的要求。

3. 国际通信设施建设必须符合国家安全的有关规定，配置国家有关部门要求的安全设施。

（二）国际通信设施建设及合作审批

1. 进行国际通信设施建设必须经工业和信息化部初审或审批同意。

2. 国际通信设施建设单位与外国的组织或个人或者我国香港特别行政区、

澳门特别行政区、台湾地区的组织或个人签署国际传输网建设谅解备忘录和建设维护协议，应在签署前报工业和信息化部审批，经批准后方可签署。

（三）国际通信出入口局管理

1. 工业和信息化部负责国际通信出入口的设置审批和监督管理。

2. 国际通信出入口的设置数量、地点，由工业和信息化部根据我国国际通信网发展总体规划、电信业务经营者的申请和国际电信业务发展的需要确定。

3. 国际通信信道出入口应当设置在国际海光缆或陆地光缆易于登陆或者入境的地点，并应考虑网络的安全可靠及方便向国内网络延伸等因素。国际通信业务出入口应当设置在国际通信业务集中的中心城市。

4. 边境地区国际通信出入口应当设置在与境外接壤的地市级以上（含地市级）城市，并应考虑该城市的未来发展，及与其接壤的境外地区之间通信业务量水平等因素。边境地区国际通信出入口只能用于所在区域与境外相应的区域之间点对点的通信，不得用于转接此范围之外的电信业务。

第三节 | **卫星通信设施建设**

一、卫星通信设施概述

卫星通信设施，主要包括卫星通信网和地球站。

卫星通信网，是指利用卫星空间电台进行通信的地球站组成的通信网。

地球站，是指设置在地球表面或者地球大气层主要部分以内的、与空间电台通信或者通过空间电台与同类电台进行通信的电台。

建立卫星通信网的，应当经工业和信息化部批准；未经批准，任何单位或者个人不得建立卫星通信网。

设置使用地球站，应当办理审批手续，取得工业和信息化部或者省、自治区、直辖市无线电管理机构颁发的无线电台执照。

设置使用单收地球站，不需要无线电管理机构对其信息接收提供电磁环境保护的，可以不办理审批手续；要求无线电管理机构保护其信息接收免受有害无线电干扰的，应当办理审批手续并取得无线电台执照。

二、卫星通信设施建设管理要求

（一）卫星通信网建设

建立卫星通信网的，应当符合国家通信网建设的统筹规划，遵守国家建设管理规定，具备下列条件：

1.具有法人资格；

2.拟使用的国内空间电台经工业和信息化部批准，并取得无线电台执照；

3.拟使用的国外空间电台已完成与我国相关卫星网络空间电台和地面电台的频率协调，其技术特性符合双方主管部门之间达成的协议的要求；

4.无线电频率的使用符合国家无线电频率划分、规划和有关管理规定；

5.有合理可行的技术方案；

6.有与卫星通信网建设、运营相适应的资金和专业人员；

7.有可利用的、由合法经营者提供的卫星频率资源；

8.法律、行政法规规定的开展有关业务应当具备的其他条件。

建立涉及电信业务经营的卫星通信网的，还应当持有相应的电信业务经营许可证。

（二）卫星通信网的运行

1.工业和信息化部批准建立卫星通信网时，应当确定其频率使用期限，该期限最长不超过 10 年。频率使用期限届满需要继续使用的，应当在期限届满 30 日前向工业和信息化部提出书面申请。

2.获准建立卫星通信网的，应当自批准之日起一年内将该卫星通信网投入使用。不能在规定的期限内启用的，应当在该期限届满 30 日前书面告知工业和信息化部，说明理由和启用日期。

3.终止运行卫星通信网的，应当提前 30 日向工业和信息化部申请办理注销手续。

4.获准建立卫星通信网的单位与卫星转发器经营者签署的转发器租赁协议，以及涉及租赁卫星、频率、极化、带宽和有效期变更的补充修改协议，应当自签署之日起 30 日内向工业和信息化部备案。

（三）地球站的设置

1.获准建立卫星通信网的单位设置网内地球站，应当办理地球站设置审批手续并领取无线电台执照；由用户设置网内地球站的，获准建立卫星通信网的单位应当协助用户办理地球站设置审批手续。

2.设置国际通信地球站的，应当按照有关规定向工业和信息化部申请办理国际通信出入口审批手续。

3.获准建立卫星通信网的单位不得向未办理地球站设置审批手续的用户提供卫星信道，但是根据有关规定可以不办理审批手续的单收地球站除外。

4.地球站的技术特性、站址选择应当符合国家规定的标准和有关规定。在城市市区的限制区域内设置使用的发射地球站，其天线直径不应超过 4.5 米，实际发射功率不应超过 20 瓦。设置地球站所使用的发射设备，应当通过国家无线电发射设备型号核准。

（四）地球站的使用

1.地球站应当按照核定的项目进行工作。变更地球站站址、频率、极化、发射功率、天线特性或所使用的卫星的，应当提前 30 日向原审批机构提出书面申请。未经批准，不得改变地球站的站址、频率、极化、发射特性或所使用的卫星。

2.停止使用地球站的，应当在停止使用后 30 日内向原审批机构申请办理注销手续，交回无线电台执照，并采取拆除、封存或者销毁措施保证已停止使用的地球站终止发射信号。

未经批准，任何单位和个人不得重新启用已办理注销手续的地球站。

3.地球站的无线电台执照持照者应当按规定在指定期限内缴纳年度频率占用费，接受无线电管理机构对其无线电台执照的核验。

第四节 | **电信设备进网**

一、电信设备进网概述

电信设备是指电信终端设备、无线电通信设备和涉及网间互联的设备。电信终端设备是指连接在公用电信网末端，为用户提供发送和接收信息功能的电信设备。无线电通信设备是指连接在公用电信网上，以无线电为通信手段的电信设备。涉及网间互联的设备是指涉及不同电信业务经营者的网络之间或者不同电信业务的网络之间互联互通的电信设备。

国家对接入公用电信网的电信终端设备、无线电通信设备和涉及网间互联的电信设备实行进网许可制度。实行进网许可制度的电信设备必须获得工业和信息化部颁发的进网许可证；未获得进网许可证的，不得接入公用电信网使用和在国内销售。实行进网许可制度的电信设备目录由工业和信息化部会同国务院产品质量监督部门制定和公布。

工业和信息化部电信管理局具体负责全国电信设备进网管理和监督检查工作。省、自治区、直辖市通信管理局负责本行政区域内电信设备进网管理和监督检查工作。经工业和信息化部授权的受理机构承担电信设备进网许可申请的具体受理事宜。

二、电信设备进网管理

（一）进网许可程序

生产企业申请电信设备进网许可，应当向工业和信息化部授权的受理机构提交下列申请材料：

1. 电信设备进网许可申请表，申请表应当由生产企业法定代表人或其授权人签字并加盖公章。境外生产企业应当委托中国境内的代理机构提交申请表，并出具委托书；

2. 企业法人营业执照，境内生产企业应当提供企业法人营业执照，受境外生产企业委托代理申请电信设备进网许可的代理机构，应当提供代理机构有效执照；

3. 企业情况介绍，包括企业概况、生产条件、仪表配备、质量保证体系和售后服务措施等内容，对国家规定包修、包换和包退的产品，还应提供履行有关责任的文件；

4. 质量体系认证证书或审核报告，通过质量体系认证的，提供认证证书；未通过质量体系认证的，提供满足相关要求的质量体系审核机构出具的质量体系审核报告；

5. 电信设备介绍，包括设备功能、性能指标、原理框图、内外观照片和使用说明等内容；

6. 检测报告或产品认证证书，应当是国务院产品质量监督部门认可的电信设备检测机构出具的检测报告或者认证机构出具的产品认证证书。

申请进网许可的无线电发射设备，应当提供工业和信息化部颁发的"无线电发射设备型号核准证"。无线电通信设备、涉及网间互联的设备或新产品应当提供总体技术方案和试验报告。

自受理机构收到完备的申请材料之日起 60 日内，工业和信息化部电信管理局对生产企业提交的申请材料进行审查，经审查符合条件的，颁发进网许可证并核发进网许可标志；不符合条件的，书面答复生产企业。

（二）进网许可证和进网许可标志

1. 进网许可证的有效期为 3 年。生产企业需要继续生产和销售已获得进网许可的电信设备的，在进网许可证有效期届满前三个月，应当重新申请办理进网许可证，并附送一年内的送样检测报告或产品质量监督抽查报告，原证交回。电信设备进网许可证中规定的内容发生变化的，生产企业应当重新办理进网许可证。

2. 生产企业应当在其获得进网许可的电信设备上粘贴进网许可标志。进网许可标志由工业和信息化部统一印制和核发。进网许可标志属于质量标志。未获得进网许可和进网许可证失效的电信设备上不得加贴进网许可标志。

3. 获得进网许可证的生产企业应当向其经销商以及需要进网许可证复印件的用户提供复印件，复印件应当由生产企业负责人签字并加盖公章。生产企业应当对复印件编号登记。

4. 生产企业应当在获得进网许可的电信设备包装上和刊登的广告中标明进网许可证编号。

5. 获得电信设备进网许可证的生产企业应当保证电信设备获得进网许可证前后的一致性，保证产品质量稳定、可靠，不得降低产品质量和性能。

6. 实行进网许可制度的电信设备未获得进网许可的，电信业务经营者不得使用。

7. 用户有权自主选择电信终端设备，电信业务经营者不得拒绝用户使用自备的已经取得进网许可的电信终端设备。

（三）进网许可相关法律责任

违反《电信设备进网管理办法》，伪造、冒用、转让进网许可证，或者编造进网许可证编号的，由工业和信息化部或者省、自治区、直辖市通信管理局没收违法所得，并处违法所得 3 倍以上 5 倍以下罚款；没有违法所得或者违法所得不足 1 万元的，处 1 万元以上 10 万元以下罚款。违反《电信设备进网管理办法》规定，粘贴伪造的进网许可标志的，由工业和信息化部或者省、自治区、直辖市通信管理局责令限期改正。

第五节 | **通信工程建设项目招投标**

一、通信工程建设项目招投标概述

在中华人民共和国境内进行通信工程建设项目招标投标，应当按照《通信工程建设项目招标投标管理办法》开展活动。

通信工程建设项目，是指通信工程以及与通信工程建设有关的货物、服务。其中，通信工程包括通信设施或者通信网络的新建、改建、扩建、拆除等施工；与通信工程建设有关的货物，是指构成通信工程不可分割的组成部分，且为实现通信工程基本功能所必需的设备、材料等；与通信工程建设有关的服务，是指为完成通信工程所需的勘察、设计、监理等服务。

工业和信息化部建立"通信工程建设项目招标投标管理信息平台"，实行通信工程建设项目招标投标活动信息化管理。

二、通信工程建设项目招投标管理要求

（一）招标范围

国有资金占控股或者主导地位的依法必须进行招标的通信

工程建设项目，应当公开招标；但有下列情形之一的，可以邀请招标：

1. 技术复杂、有特殊要求或者受自然环境限制，只有少量潜在投标人可供选择；

2. 采用公开招标方式的费用占项目合同金额的比例过大。

有前述第 1 项所列情形，招标人邀请招标的，应当向其知道或者应当知道的全部潜在投标人发出投标邀请书。

采用公开招标方式的费用占项目合同金额的比例超过 1.5%，且采用邀请招标方式的费用明显低于公开招标方式的费用的，方可被认定为有前述第 2 项所列情形。

（二）招标备案

招标人及招标代理机构应当自发布招标公告或者发出投标邀请书之日起 2 日内通过"管理平台"向通信行政监督部门提交《通信工程建设项目自行招标备案表》。

（三）招标公告

依法必须进行招标的通信工程建设项目的资格预审公告和招标公告，除在国家发展和改革委员会依法指定的媒介发布外，还应当在"管理平台"发布。在不同媒介发布的同一招标项目的资格预审公告或者招标公告的内容应当一致。

资格预审公告、招标公告或者投标邀请书应当载明下列内容：

1. 招标人的名称和地址；

2. 招标项目的性质、内容、规模、技术要求和资金来源；

3. 招标项目的实施或者交货时间和地点要求；

4. 获取招标文件或者资格预审文件的时间、地点和方法；

5. 对招标文件或者资格预审文件收取的费用；

6. 提交资格预审申请文件或者投标文件的地点和截止时间。

招标人对投标人的资格要求，应当在资格预审公告、招标公告或者投标邀请书中载明。

（四）资格预审文件

资格预审文件一般包括下列内容：

1.资格预审公告；

2.申请人须知；

3.资格要求；

4.业绩要求；

5.资格审查标准和方法；

6.资格预审结果的通知方式；

7.资格预审申请文件格式。

资格预审应当按照资格预审文件载明的标准和方法进行，资格预审文件没有规定的标准和方法不得作为资格预审的依据。

（五）招标文件

招标人应当根据招标项目的特点和需要编制招标文件。招标文件一般包括下列内容：

1.招标公告或者投标邀请书；

2.投标人须知；

3.投标文件格式；

4.项目的技术要求；

5.投标报价要求；

6.评标标准、方法和条件；

7.网络与信息安全有关要求；

8.合同主要条款。

招标文件应当载明所有评标标准、方法和条件，并能够指导评标工作，在评标过程中不得作任何改变。

招标人应当在招标文件中以显著的方式标明实质性要求、条件以及不满足实质性要求和条件的投标将被否决的提示；对于非实质性要求和条件，应当规定允许偏差的最大范围、最高项数和调整偏差的方法。

编制依法必须进行招标的通信工程建设项目资格预审文件和招标文件，应当使用国家发展和改革委员会会同有关行政监督部门制定的标准文本及工业和信息化部制定的范本。

（六）评标标准及评标方法

勘察设计招标项目的评标标准一般包括下列内容：

1. 投标人的资质、业绩、财务状况和履约表现；

2. 项目负责人的资格和业绩；

3. 勘察设计团队人员；

4. 技术方案和技术创新；

5. 质量标准及质量管理措施；

6. 技术支持与保障；

7. 投标价格；

8. 组织实施方案及进度安排。

监理招标项目的评标标准一般包括下列内容：

1. 投标人的资质、业绩、财务状况和履约表现；

2. 项目总监理工程师的资格和业绩；

3. 主要监理人员及安全监理人员；

4. 监理大纲；

5. 质量和安全管理措施；

6. 投标价格。

施工招标项目的评标标准一般包括下列内容：

1. 投标人的资质、业绩、财务状况和履约表现；

2. 项目负责人的资格和业绩；

3. 专职安全生产管理人员；

4. 主要施工设备及施工安全防护设施；

5. 质量和安全管理措施；

6. 投标价格；

7. 施工组织设计及安全生产应急预案。

与通信工程建设有关的货物招标项目的评标标准一般包括下列内容：

1. 投标人的资质、业绩、财务状况和履约表现；

2. 投标价格；

3. 技术标准及质量标准；

4. 组织供货计划；

5. 售后服务。

评标方法包括综合评估法、经评审的最低投标价法或者法律、行政法规允许的其他评标方法。鼓励通信工程建设项目使用综合评估法进行评标。

（七）评标专家

评标由招标人依法组建的评标委员会负责。

通信工程建设项目评标委员会的专家成员应当具备下列条件：

1. 从事通信相关领域工作满 8 年并具有高级职称或者同等专业水平。掌握通信新技术的特殊人才经工作单位推荐，可以视为具备本项规定的条件；

2. 熟悉国家和通信行业有关招标投标以及通信建设管理的法律、行政法规和规章，并具有与招标项目有关的实践经验；

3. 能够认真、公正、诚实、廉洁地履行职责；

4. 未因违法、违纪被取消评标资格或者未因在招标、评标以及其他与招标投标有关活动中从事违法行为而受过行政处罚或者刑事处罚；

5. 身体健康，能够承担评标工作。

工业和信息化部统一组建和管理通信工程建设项目评标专家库，各省、自治区、直辖市通信管理局负责本行政区域内评标专家的监督管理工作。

依法必须进行招标的通信工程建设项目，评标委员会的专家应当从通信工程建设项目评标专家库内相关专业的专家名单中采取随机抽取方式确定；个别技术复杂、专业性强或者国家有特殊要求，采取随机抽取方式确定的专家难以保证胜任评标工作的招标项目，可以由招标人从通信工程建设项目评标专家库内相关专业的专家名单中直接确定。

依法必须进行招标的通信工程建设项目的招标人应当通过"管理平台"抽取评标委员会的专家成员，通信行政监督部门可以对抽取过程进行远程监督或者现场监督。

第六节 | 通信建设工程质量管理

一、通信建设工程质量管理概述

通信建设工程的建设单位、勘察单位、设计单位、施工单位、监理单位应当遵守《通信建设工程质量监督管理规定》，履行质量责任和义务，对建设工程质量负责。

工业和信息化部通信质量监督机构具体实施以下通信建设工程质量监督工作：

1. 对省、自治区、直辖市通信管理局设立的通信质量监督机构进行业务指导；

2. 对基础电信业务经营者集团公司管理的通信建设工程实施质量监督，协调省通信质量监督机构联合实施通信建设工程质量监督，对通信建设工程质量监督人员进行培训考核；

3. 受理通信建设工程质量的举报和投诉，参与调查处理通信建设工程质量事故；

4. 记录通信建设工程质量违法行为信息并录入通信建设工程质量违法行为信息库；

5. 工业和信息化部确定的其他工作。

省通信质量监督机构具体实施以下通信建设工程质量监督工作：

1. 实施本行政区域内通信建设工程质量监督；

2. 受理本行政区域内通信建设工程质量的举报和投诉，参与调查处理本行政区域内通信建设工程质量事故；

3. 记录通信建设工程质量违法行为信息并录入通信建设工程质量违法行为信息库；

4. 省、自治区、直辖市通信管理局确定的其他工作。

工业和信息化部建立"通信建设工程质量监督管理信息平台"，实行通信建设工程质量监督的信息化管理。

二、通信建设工程质量管理要求

（一）质量监督管理工作内容

通信质量监督机构实施通信建设工程质量监督的主要内容包括：

1. 检查工程质量责任主体执行建设工程质量法律、法规和通信建设工程强制性标准的情况；

2. 检查工程质量责任主体落实工程质量责任和义务、建立质量保证体系和质量责任制度情况；

3. 检查影响工程质量、安全和主要使用功能的关键部位和环节；

4. 检查工程使用的主要材料、设备的质量；

5. 检查工程防雷、抗震等情况；

6. 检查工程质量监督申报、工程竣工验收的组织形式及相关资料。

（二）质量监督管理工作程序

建设单位应当在通信建设工程开工 5 个工作日前办理通信建设工程质量监督申报手续。投资规模较小的通信建设工程项目可以集中办理通信建设工程质量监督申报手续。建设单位办理通信建设工程质量监督申报手续，应当通过质监管理平台提交《通信建设工程质量监督申报表》和以下文件材料：

1. 项目立项批准文件；

2. 施工图设计审查批准文件；

3. 工程勘察、设计、施工、监理等单位的资质等级证书；

4. 其他相关文件。

通信质量监督机构收到通信建设工程质量监督申报后，应当根据通信建设工程的特点，制定通信建设工程质量监督工作方案，确定通信建设工程质量监督的具体内容、方式和监督工作计划，并通过质监管理平台将《通信建设工程质量监督通知书》通知建设单位。

（三）质量监督管理方式

通信质量监督机构采用抽查方式对通信建设工程实施质量监督，并填写《通信建设工程质量监督记录表》。

通信质量监督机构实施通信建设工程质量监督发现有影响通信建设工程质量的问题时，应当通知有关工程质量责任主体，责令限期改正。有关工程质量责任主体应当按要求改正，并通过质监管理平台提交《通信建设工程质量问题整改情况反馈表》。

建设单位应当自通信建设工程竣工验收合格之日起 15 日内，通过质监管理平台提交《通信建设工程竣工验收备案表》及通信建设工程竣工验收报告。通信质量监督机构收到竣工验收报告后，应当重点对基本建设程序、竣工验收的组织形式、竣工验收资料是否符合有关规定进行监督，发现有违反有关规定的行为的，应当责令停止使用，限期改正。建设单位改正后，应当重新组织工程竣工验收。

三、通信建设工程质量相关法律责任

工程质量责任主体违反通信建设工程质量管理规定的，由工程所在地的省、自治区、直辖市通信管理局处罚；属于基础电信业务经营者集团公司管理通信建设工程的，由工业和信息化部处罚。

工程质量责任主体有下列情形之一的，责令改正，可以处一万元以上三万元以下罚款：

1.违反《通信建设工程质量监督管理规定》第二十条的规定，未按要求对影响工程质量的问题进行整改的；

2.违反《通信建设工程质量监督管理规定》第二十七条的规定，不配合通信建设工程质量监督检查的；

3.通过质监管理平台提交虚假材料的。

建设单位未依法办理通信建设工程质量监督申报或竣工验收备案手续的，依据《建设工程质量管理条例》第五十六条规定予以处罚。

工程质量责任主体违反法律、法规或者不执行通信建设工程强制性标准，降低工程质量的，依据相关法律、法规处理，并在行业内进行通报。

瞒报、谎报通信建设工程质量事故或者拖延报告期限的，对直接责任人和其他责任人员，依法给予处分，在行业内进行通报，并通报其他相关部门。

工程质量责任主体违反通信建设工程质量管理规定，受到行政处罚的，由电信管理机构记入信用记录，并依照有关法律、行政法规的规定予以公示。

第 七 章

电信资源
使用管理

电信资源，是指无线电频率、卫星轨道位置、电信网码号等用于实现电信功能且有限的资源。

国家对电信资源统一规划、集中管理、合理分配，实行有偿使用制度。

电信资源的分配，应当考虑电信资源规划、用途和预期服务能力。分配电信资源，可以采取指配的方式，也可以采用拍卖的方式。取得电信资源使用权的，应当在规定的时限内启用所分配的资源，并达到规定的最低使用规模。

未经国务院信息产业主管部门或者省、自治区、直辖市电信管理机构批准，不得擅自使用、转让、出租电信资源或者改变电信资源的用途。

第一节 | **电信网码号**

一、电信网码号概述

电信网码号，是指由数字、符号组成的用于实现电信功能的用户编号和网络编号。

在中华人民共和国境内管理和使用电信网码号资源，应当遵守《电信网码号资源管理办法》的规定。

电信网码号资源属于国家所有，国家对码号资源的使用实行审批制度。未经工业和信息化部和省、自治区、直辖市通信管理局批准，任何单位或者个人不得擅自启用码号资源。

电信资源使用者依法取得电信网码号资源后，主导的电信业务经营者和其他有关单位有义务采取必要的技术措施，配合电信资源使用者实现其电信网码号资源的功能。

工业和信息化部代表国家向国际电信组织或其他有关机构申请码号资源，提出国际码号资源修改、分配建议。工业和信息化部授权的机构向国际电信组织或其他有关机构申请码号资源，或提出国际码号资源修改、分配建议，应当向工业和信息化部备案。

工业和信息化部负责全国码号资源的统一管理工作。省、自治区、直辖市通信管理局在工业和信息化部授权范围内，对本行政区域内的码号资源实施管理。

二、电信网码号资源范围

（一）固定电话网码号

1. 长途区号、网号、过网号和国际来话路由码；

2. 国际、国内长途字冠；

3. 本地网号码中的短号码、接入码、局号等；

4. 智能网业务等新业务号码。

（二）移动通信网码号

1. 数字蜂窝移动通信网的网号、归属位置识别码、短号码、接入码等；

2. 卫星移动通信网网号、归属位置识别码、短号码；

3. 标识不同运营者的代码。

（三）数据通信网码号

1. 数据网网号；

2. 网内紧急业务号码、网间互通号码；

3. 国际、国内呼叫前缀。

（四）信令点编码

1. 国际 No.7 信令点编码；

2. 国内 No.7 信令点编码。

工业和信息化部根据电信技术、业务和市场的发展需要，可以对码号资源的管理范围进行调整。

三、电信网码号资源管理要求

（一）码号资源的申请与分配

申请跨省、自治区、直辖市行政区域范围使用的码号，应当向工业和信息化部提出申请。申请在省、自治区、直辖市行政区域范围内使用的码号，应当向当地省、自治区、直辖市通信管理局提出申请。

码号申请人的资格条件以及可提出使用申请的码号资源范围，详见后附的《电信网码号资源分类管理目录》。码号申请人提出码号资源使用申请，应当提交目录中要求的申请材料。

码号申请人获准使用码号资源后，电信主管部门可以采用指配、随机选择和拍卖等方式分配码号。电信业务经营者取得码号使用权后，不得向用户收取选号费或占用费。

《电信网码号资源分类管理目录》

表 7-1 电信网码号资源结构、位长、含义及分配管理一览表

电信网种类	码号种类和结构	分配权属	相关名词含义
公用交换电话网 (PSTN)、窄带综合业务数字网 (N-ISDN)	1. 国际长途号码 国际长途呼叫前缀 + 国家（地区）码 + 国内有效号码 最大位长为 15 位（不含前缀），目前我国最长为 13 位。例如：00 86 755 PQRS ABCD（深圳号码）	1. 工业和信息化部分配的码号包括：国际（国内）长途呼叫前缀，长途区号，国际来话路由码，跨省使用的短号码、业务接入码，过网号，本地号码中的 P 位，P 位为 1 的号码、*和 #，以及各种号码的位长。	1. 国际（国内）长途呼叫前缀：由各国自行确定的用来标识国际（国内）长途呼叫的字冠。我国国际呼叫前缀是 00；国内呼叫前缀是 0。 2. 国家（地区）码：由国际电联管理的用来标识国家或特定地区名称的代码。国际电联分配我国的国家码为 86，台湾的地区码为 886（待电联最终确认），香港的地区码为 852，澳门的地区码为 853。 3. 国际来话的路由码：国际局间传递的用于标明业务种类等方面的号码，例如，国际 300 业务送给中国国际局的国际路由码为 1120。

续表

电信网种类	码号种类和结构	分配权属	相关名词含义
	2. 国内长途号码 国内长途呼叫前缀 + 长途区号 + 本地用户号码 例如：0 755 PQRS ABED（深圳号码） 3. 本地号码 1）本地用户号码： 局号（PQR(S)）+ 用户号码（ABCD） 位长为 6 位、7 位或 8 位 例如：66(0)(8) ABCD 2）其他号码 包含业务接入码、短号码、过网号。 例如：自动寻呼业务接入号码： 接入号码 + 用户号码 电话信息服务、呼叫中心服务： 接入号码 + 数据库识别码	2. 省、自治区、直辖市通信管理局分配的码号包括： 行政区域内本地电话网局号，业务接入码、社会信息服务号码等由工业和信息化部授权分配的行政区域内使用的短号码。 另外，采用本地网电话用户号码作电信业务接入号码，应当事先报当地通信管理局备案。	4. 短号码：位长小于本地网电话用户号码位长的号码。例如，在本地电话号码长度为 7 位的本地网中，长度为 6 位或 6 位以下的号码即为短号码。 5. 业务接入码：用来标识业务种类，用户接人该业务时需拨的号码，如 127、300 等。 6. 过网号（又称运营者识别码）：用来标识运营者承载业务载体，用户使用该业务时，对其载体进行选择的号码。也可以说是，用户在国内或国际长途呼叫前先选择载体的号码。 7. 本地号码中的 P 位：本地号码中的首位，一般可分为 P 位为"2-9"的号码和 P 为"1"的号码两大类，其中 P 位为"1"的号码是在全国范围内使用的特殊业务号码。 8. 千层号、百层号：指本地 PQR(S)ABCD 中的 A、B 位号码，一个 A 位含一千个用户号码，一个 B 位含一百个用户号码。
智能网(IN)	一般结构有："接入码 + 数据库标识码 + 其他"和"接入码 + 业务和本地计费标识码 + 数据库标识码 + 项目号 + 其他"两种形式。 例如： 1. 被叫集中付费业务 接入码 + 数据库标识码 + 用户号码	1. 工业和信息化部分配的码号包括： 智能网业务接入码，数据库标识码，地区识别码。 2. 省、自治区、直辖市通信管理局分配的码号包括：	1. 接入码：用于标识智能网业务种类，用户接入时需要拨的号码。如 800 为被叫集中付费业务的接入码。 2. 数据库的标识码：标识运营商数据库的号码。 3. 卡号：根据国际电联规定的格式，用来标识业务类别、使用国家、运营者、使用地区、用户账号并实现效验码和保密功能的代码。

续表

电信网种类	码号种类和结构	分配权属	相关名词含义
	800+KN1N2+ABCD(等长10位) 2.虚拟专用网业务接入码+数据库标识码+分机号码 600+KN1N2+X1X2...Xn(最长12位) 3.通用个人通信业务接入码+数据库标识码+地区标识码+用户号码 700+KN1N2+Z1Z2Z3+ABCD(等长12位) 4.记账卡呼叫业务接入码+卡号 300+898600YZ1Z2Z3Z4Z5Z6Z7Z8Z9Z10Z11(200等)	行政区域内开放的智能网业务接入码、数据库标识码、地区识别码。	
数字蜂窝移动通信网(GSM)码分多址移动通信网(CDMA)全球星系统	用户号码 国家(地区)码+网号+H0H1H2H3+ABCD 最大位长为15位,目前的长度为13位。 例如:86 139 0123 4567	工业和信息化部分配的码号包括: 网号,H0,国际移动台识别码中移动网络识别码。 另外,码号使用者规划和使用H1H2H3须事先报工业和信息化部备案。具体在各省、自治区、直辖市规划和使用的H1H2H3应当事先报当地通信管理局备案。 将用户号码用于业务接入号码应事先报当地通信管理局备案。	1.国家(地区)码:由国际电联管理的用来标识国家或特定地区的代码。如我国的国家码是86。 2.网号:标记一个网路的号码,在号码结构中位于国家号码后面。如139。 3.H0H1H2H3:HLR的标识码。 4.短号:目前是指位长小于11位的号码(不包含国家码)。
	国际移动台识别码 国家(地区)码+移动网络识别码+移动台识别码 长度为等位长15位 例如:460 00 1234567890		1.国家(地区)码:由国际电联管理的,在国际移动台中,用来标识国家或特定地区的代码。如我国国际移动台的国家码是460。 2.移动网络识别码:用于识别不同运营者的网路,位长2位,例如中国移动的GSM网为00,中国联通的GSM网为01。 3.移动台识别码:识别移动台的号码。

续表

电信网种类	码号种类和结构	分配权属	相关名词含义
码分多址移动通信网（CDMA）	系统识别码 SID(15bit)	暂由运营者管理。	SID：由国际电联管理的在CDMA移动通信网中惟一标识移动业务本地网的号码。
以异步转移模式（ATM）为基础的宽带网、帧中继网	用户号码 国家（地区）码＋网号＋H0H1H2H3＋ABCD 最大位长为15位，目前的长度为13位。 例如：86 139 0123 4567	工业和信息化部分配的码号包括：网号。 区域代码和短号码应当事先报工业和信息化部备案。	1.国家码：由国际电联管理的用来标识国家或特定地区的代码。如我国国家码86。 2.网号：标记一个网路的号码，在号码结构中位于国家号码后面。 3.区域代码：用于标识和区分不同地区的代码。 4.短号码：长度小于15位的号码。
分组交换网	1.国际号码 国际呼叫前缀＋数据国家代码(3位)＋网号(1位)＋网络终端号码或数据国家代码(3位)＋网号(1位)＋专用网络识别码（最多6位）＋专用数据网终端号码（最大位长14位不含前缀） 例如：0 4541 X1X2...Xn 2.国内号码 网络终端号码（最大位长11位，目前我国是8位） 例如：12345678	工业和信息化部分配的码号包括：网号，专用网络识别码，国际呼叫前缀、网间呼叫前缀。	1.国家代码：标识国家名称的代码。国际电联分配我国分组交换网的国家码是460； 2.网号：标识网路的号码； 3.专用网前识别码：用于识别专用网的号码； 4.呼叫前缀：用来标识国际、国内网间呼叫的代码。
国内NO.7信令网	信令点编码 主信令区编码(8bit)＋分信令区编码(8bit)＋信令点编码(8bit) 位长为等位长24bit	1.工业和信息化部分配的码号包括： 主信令区、分信令区和信令点编码。	

电信网种类	码号种类和结构	分配权属	相关名词含义
		2.省、自治区、直辖市通信管理局分配的码号包括： 部分分信令区和信令点编码（主要满足行政区域内专用电信网单位、增值电信业务经营者）。	
国际NO.7信令网	信令点编码 世界区域编码(3bit)+地区/网络编码(8bit)+信令点编码(3bit)(位长为等位长14bit)	由工业和信息化部统一申请、分配	

表 7-2 工业和信息化部分配的码号资源种类和申请材料一览表

码号资源种类	码号用途	申请人资格	提交的申请材料	启用时间和最低使用规模
1字头号码	跨省业务接入码	基础电信业务经营者	1、4、5、6、7	1年内启用
	本地网中过网号、网号、国际来话路由码，以及数据通信网网号等		1、5、7	1年内启用
	移动通信网网号+归属位置识别码(H0)		1、7、9、14	1年内启用
	社会公益服务号码（仅限于123XX）	中央、国家政府部门和社会团体等	1、5、6、7、10、11、12	1年内跨省的20城市启用

续表

码号资源种类	码号用途	申请人资格	提交的申请材料	启用时间和最低使用规模
95XXX短号码	跨省使用的电信业务接入码	跨省电信业务经营者	1、2、3、4、5、6、7、8	1年内启用，规模根据各业务具体情况确定
	非电信企业客户服务中心接入码	业务规模遍布全国15个以上城市的服务型企事业单位（目前仅开放银行、保险部门）	1、2、5、6、7、8、12、13	1年内在跨省的10城市启用
其他短号码	智能业务接入码	基础电信业务经营者	1、3、5、6、7、8	1年内启用
国内NO.7信令点编码		基础电信业务经营者	1、3、5、6、7、8	1年内启用
国际NO.7信令点编码		具有国际通信出人口局的基础电信业务经营者		

表7-3 省、自治区、直辖市通信管理局分配的码号资源种类和申请材料一览表

码号资源种类	码号用途	申请人资格	应提交的申请材料	启用时间和最低使用规模
本地电话网局号		基础电信业务经营者和专用电信网单位	1、2、7、8、9、14	由省、自治区、直辖市通信管理局根据本行政区域内的实际情况确定
96XXX短号码	省内电信业务接入码	电信业务经营者	1、2、3、4、5、6、7、8	
	客户服务中心接入码	服务型企、事业单位	1、2、5、6、7、8、12、13	

续表

码号资源种类	码号用途	申请人资格	应提交的申请材料	启用时间和最低使用规模
	智能网业务接入码	基础电信业务经营者	1、3、5、6、7、8	
国内No.7信令点编码		专用网单位、增值电信业务经营者	1、2、3、5、6、7、8	

注：

1.表7-2申请人资格中，"跨省电信业务经营者"，根据码号资源需求状况，工业和信息化部对申请者的资格条件可以加以限定。如对呼叫中心业务经营者核配跨省经营码，除需跨省经营许可证外，还应符合以下条件：（1）经营许可证服务范围覆盖超过6个省的12个城市；（2）经营者的业务内容包括外包座席、外包服务、信息查询等；（3）呼叫中心系统采用全国联网的组网方式；（4）经营者申请号码前，承诺一年内业务发展覆盖6个城市，且有3个城市码号开通前期工作准备就绪（需经当地省、自治区、直辖市通信管理局核实）。

2.表7-2、表7-3中提交的申请材料栏中，有关数字的含义是：

（1）申请报告（写申请码号的用途、使用范围、数量）；

（2）申请资格证明材料及联系方式（有电信业务经营许可证的，应提供许可证复印件）；

（3）业务原使用码号资源情况（原使用的码号、码号使用的范围等，适用于原使用有码号的业务）；

（4）业务发展规划和预期服务能力（写明业务种类及业务发展规划内容，业务发展进度安排；预期服务范围、服务内容、用户容量和所能提供的服务质量等）；

（5）启用码号的技术方案【写明与启用码号有关的网络组织方案、与相关基础电信网络的连接方式、电信用户（服务对象）的接入方式等】；

（6）码号启用实施进度安排（写启用码号城市的时间安排、码号启用城市系统建设规模和目标、网络建设实施进度安排等）；

（7）码号资源使用保证书（应按照规定的格式作出书面保证）；

（8）近期启用码号所需设备、线路等的准备情况（写达到近期启用码号所需设备的订货或到货、存货情况，以及线路准备情况等）；

（9）原分配码号资源正在使用的情况和申请日前6个月内每月用户号码回收再利用情况；

（10）有关推广该公益服务的政府文件；

（11）该公益服务归口主管部门及联系方式；

（12）服务内容、服务量预测和服务质量保障措施；

（13）专家评审后的业务开展可行性报告和专家评审意见；

（14）申请码号使用规划。

（二）不受理码号申请的情形

有下述情形之一的，电信主管部门不受理码号申请：

1.码号申请人不具备《电信网码号资源分类管理目录》规定的申请人资格的；

2.码号申请人提出的码号资源超出《电信网码号资源分类管理目录》规定范围的；

3.提交的申请材料不完备的；

4.申请人违反《电信网码号资源管理办法》受到电信主管部门的行政处罚，申请人无法定事由拒不履行行政处罚决定的；

5.申请人欠缴码号资源占用费的。

电信业务经营者违反《电信网码号资源管理办法》，一年内受到工业和信息化部行政处罚1次的，自行政处罚做出之日起一年内，工业和信息化部不受理其码号申请；超过1次的，自第2次行政处罚做出之日起两年内，工业和信息化部不受理其码号申请。

电信业务经营者各省子公司、分公司或其他分支机构违反《电信网码号资源管理办法》，一年内受到省、自治区、直辖市通信管理局行政处罚3次的，自第3次行政处罚做出之日起一年内，当地省、自治区、直辖市通信管理局不受理其码号申请，且其不得在当地省、自治区、直辖市行政区域内使用工业和信息化部在此期间分配的码号资源；所受行政处罚超过3次的，自第4次行政处罚做出之日起两年内，当地省、自治区、直辖市通信管理局不受理其码号申请，且其不得在当地省、自治区、直辖市行政区域内使用工业和信息化部在此期间分配的码号资源。

（三）码号申请审批

工业和信息化部应当自收到申请人的申请材料之日起10个工作日内，发出是否受理的通知。自发出受理通知之日起50个工作日内，完成对申请材料的审查，作出批准或不予批准的决定。予以批准的，发给申请人正式批准文件，并抄送相关省、自治区、直辖市通信管理局和相关基础电信业务经营者；不予批准的，书面通知申请人并说明理由。

省、自治区、直辖市通信管理局应当自收到申请人的申请材料之日起 10 个工作日内，发出是否受理的通知。自发出受理通知之日起 30 个工作日内，完成对申请材料的审查，作出批准或不予批准的决定。予以批准的，发给申请人正式批准文件，并报工业和信息化部备案；不予批准的，书面通知申请人并说明理由。

（四）专用电信网单位码号申请

专用电信网单位应根据网内用户情况申请码号资源，需要使用本地网局号资源的，应向当地省、自治区、直辖市通信管理局提出申请。

专用电信网单位需要使用千层号、百层号码号资源的，可与当地基础电信业务经营者协商，基础电信业务经营者无正当理由不得拒绝。

基础电信业务经营者与专用电信网单位就码号资源的使用达成一致的，应将有关情况向当地省、自治区、直辖市通信管理局备案。

自基础电信业务经营者收到专用电信网单位的协商要求之日起 30 个工作日内，双方未能达成一致的，任何一方均可以申请当地省、自治区、直辖市通信管理局协调。

省、自治区、直辖市通信管理局应当自收到书面申请之日起 10 个工作日内完成协调，经协调仍不能达成一致的，省、自治区、直辖市通信管理局组织专家公开论证，并作出是否允许专用电信网单位使用千层号、百层号码号资源的决定。

（五）码号资源的使用

电信业务经营者使用码号资源的期限和范围，应当与电信业务经营许可证或相关批准文件的期限和使用范围相一致。其他码号使用者的使用期限为 5 年，使用范围由工业和信息化部或省、自治区、直辖市通信管理局根据具体情况确定。码号使用期限届满或因业务发生变化停用的，码号使用者应自届满或停用之日起 10 个工作日内上报原码号分配机关。码号使用者需要延长码号使用期、扩大使用范围和改变码号用途的，应当向原码号分配机关办理有关手续。

码号使用者应当在规定的时限内启用所分配的码号。有最低使用规模要求的，应达到规定的最低使用规模；无最低使用规模要求的，应达到预期的服务能力。前款所称码号最低使用规模，是指码号使用者在规定的时限内利用码号开展业务时应当达到的最低业务覆盖范围和服务能力。

码号使用者应当严格按照电信主管部门审批时规定的码号结构、位长、用途、用户拨号方式和使用范围使用码号。码号使用者不得转让或出租码号，不得超范围或跨本地网使用码号，不得将码号作为商标进行注册；未经工业和信息化部或省、自治区、直辖市通信管理局批准，码号使用者不得擅自改变码号用途。

专用电信网单位使用本地网码号资源实行属地管理。对跨本地网的专用电信网，应根据所跨本地网的服务范围，分别使用所属本地网的码号资源；本地网内的专用电信网应使用所属本地网码号资源。

码号使用者从工业和信息化部获得码号使用权后，应与相关基础电信业务经营者总公司协商签署码号开通协议。相关基础电信业务经营者总公司应自协议签署之日起 10 个工作日内，通知码号使用范围内所有子公司或者其他分支机构，配合码号使用者开通码号。码号使用者对规定范围内码号开通的前期工作准备就绪后，应持工业和信息化部的批准文件和备案材料（包括码号启用技术方案、码号启用前期准备情况、码号启用实施进度安排和联系方式）向当地省、自治区、直辖市通信管理局备案。省、自治区、直辖市通信管理局应当自收齐上述材料之日起 10 个工作日内，向本地相关电信业务经营者和专用电信网单位发出备案通知。各本地网内相关电信业务经营者或专用电信网单位应自码号使用者提出开通码号的书面要求和当地省、自治区、直辖市通信管理局备案通知收齐之日起 10 个工作日内，配合码号使用者完成局数据制作，开通码号，并在码号开通后 5 个工作日内将开通情况报当地省、自治区、直辖市通信管理局。

码号使用者从省、自治区、直辖市通信管理局获得码号使用权后，应当与省、自治区、直辖市内相关基础电信业务经营者协商签署码号开通协议。相关基础电信业务经营者应自协议签署之日起 10 个工作日内，通知码号使用范围内所有子公司或者其他分支机构，配合码号使用者开通码号，并在码号开通后 5 个工作日内将开通情况报当地省、自治区、直辖市通信管理局。各本地网内相关电信业务经营者或专用电信网单位应自码号使用者提出开通码号的书面要求和当地省、自治区、直辖市通信管理局的批准文件收齐之日起 10 个工作日内，配合码号使用者完成局数据制作，开通码号。

电信业务经营者利用电信主管部门分配的码号资源提供电信业务时，应当保证电信用户的合法权益，不得随意更改调整号码。电信业务经营者对局部用户号码进行调整的，应制订周密的调整方案，并将局部用户号码调整实施方案和用户权益保障措施提前向原码号分配机关备案。

工业和信息化部或省、自治区、直辖市通信管理局在码号资源管理中，发现有下列情形之一的，可以收回已分配的码号资源：

1. 已终止占用码号资源的业务的；

2. 在规定时间内未启用码号资源的；

3. 以欺诈手段获得码号资源的；

4. 超过规定期限使用码号资源的；

5. 改变电信主管部门规定的码号结构、位长、拨号方式和使用范围使用码号资源的；

6. 擅自启用、扩大范围、改变用途、改变长途编号区或跨本地网使用用户号码资源的；

7. 转让、出租码号资源或将码号作为商标进行注册的；

8.拒不按照规定缴纳码号资源使用费的；

9.拒不执行电信主管部门的码号调整要求的。

电信主管部门决定收回的码号，相关基础电信业务经营者应按照电信主管部门的要求在规定的时间内对码号局数据进行调整。

四、电信网码号相关法律责任

有下列情形之一的，工业和信息化部或者省、自治区、直辖市通信管理局责令改正，视情节轻重可以给予警告，并处 5000 元以上 3 万元以下的罚款：

1.以欺诈手段获得码号资源的；

2.无正当理由拒绝专用电信网单位对码号资源需求的；

3.向用户收取选号费或占用费的；

4.改变用户拨号方式的，或将码号作为商标擅自进行注册的；

5.未按照规定时间启用码号或未达到最低使用规模或预期服务能力的；

6.未按规定报告码号资源使用情况的；

7.未按规定向电信主管部门备案的；

8.未按规定配合码号使用者制作局数据，开通码号的；

9.未按规定组织或配合本地网号码升位方案制订或实施的；

10.不配合或不按规定配合电信主管部门要求或批准进行的本地网号码升位、长途编号区调整、号码位长拓展和码号调整的；

11.未按规定保护电信用户号码使用权益的。

有下列情形之一的，由工业和信息化部或者省、自治区、直辖市通信管理局依据《中华人民共和国电信条例》第六十九条的规定责令改正，没收违法所得，处违法所得 3 倍以上 5 倍以下罚款；没有违法所得或者违法所得不足 5 万元的，处 10 万元以上 100 万元以下罚款：

1.擅自启用码号资源的；

2.擅自拓展号码位长使用的；

3.超过规定的使用期限继续使用码号资源的；

4.擅自改变长途编号区或跨本地网使用用户号码资源的；

5.擅自转让、出租或变相转让、出租码号资源的；

6.擅自改变码号资源用途的。

第二节 ｜ **卫星网络**[1]

一、卫星网络概述

卫星网络，是指由卫星（包括人造卫星、飞船、空间站、深空探测器等航天器）及相应地球站组成的卫星无线电系统或卫星无线电系统的一部分。卫星网络资料是指卫星网络正常工作所涉及的无线电频率和空间轨道等相关信息的技术文件。

卫星网络的申报、协调、登记和维护工作，需要遵守《卫星网络申报协调与登记维护管理办法（试行）》相关规定。

拟使用卫星频率和轨道资源开展空间无线电业务的，应按照《无线电规则》等相关要求，向国际电联申报卫星网络。涉及办理空间无线电台执照、组建卫星通信网、卫星发射、电信业务经营等的，还应依法取得相应行政许可。

---

1 轨道及频率等资源管理是卫星网络管理中的重要事项，故将卫星网络相关内容放在本章中阐述。

投入使用卫星网络需履行国际电联规定的卫星网络申报、协调、登记以及维护等阶段的相关程序。

卫星网络根据申报使用方式的不同，可分为非规划频段卫星网络和规划频段卫星网络；根据卫星网络资料处理阶段的不同，可分为卫星网络的提前公布资料、协调资料和通知资料，以及规划频段 PART A 资料、PART B 资料等。

在卫星网络申报阶段，由卫星操作单位编制相关材料，通过工业和信息化部向国际电联报送提前公布资料、协调资料、规划频段 PART A 资料等，以及相应开展与之相关的资料补充、修改和澄清等工作。首次申报卫星网络的，由国际电联注册为中国的卫星操作单位。

在卫星网络协调阶段，由工业和信息化部组织卫星操作单位就申报的卫星网络，开展与国内及相关国家的卫星网络和地面无线电业务的兼容共用技术磋商工作。

在卫星网络登记阶段，由工业和信息化部将已履行申报、协调程序的卫星网络通知资料，以及相应的投入使用、履行相关行政程序所需的信息（行政应付努力信息）等报送国际电联，并通知国际电联将卫星网络资料相关信息登记进入频率总表（MIFR），以取得国际认可和保护地位。

在卫星网络的申报、协调、登记或投入使用后等阶段，根据卫星网络的使用计划或实际使用情况，由工业和信息化部组织卫星操作单位开展相应的卫星网络维护工作，以保持卫星网络资料的有效性，提高卫星频率和轨道资源使用效率。

二、卫星网络资源管理要求

（一）卫星网络的申报

卫星操作单位应当具有法人资格，具备履行工业和信息化部和国际电联规定义务的能力，并符合法律法规规定的开展空间业务活动的条件。

卫星操作单位拟申报卫星网络的，应向工业和信息化部提交下列材料：

1. 申报文件，包括所申报的卫星网络的概况、主要参数、项目背景、使用用途、实施计划、频率协调方案和项目联系人。涉及委托关系的，还应提供相关证明文件；

2. 使用国际电联指定软件填报生成的《无线电规则》附录 4 和相关决议所列的电子版文件；

3. 卫星网络申报承诺书；

4. 工业和信息化部要求的其他材料。

首次申报卫星网络的，除上述材料外，还应提供：

1. 申报单位基本情况、单位负责人和联系人；

2. 法人资格证明；

3. 具有履行国际电联以及工业和信息化部规定的相关能力的证明材料（技术人员、管理人员情况和必要的设施、资金等相关情况的证明材料）。

上述信息如发生重大变化，卫星操作单位应当及时向工业和信息化部报送变更后的材料。

（二）卫星网络的国内协调

工业和信息化部受理申报材料后，应组织召开国内协调会议，就频率兼容等问题征求国内其他相关卫星操作单位的意见。必要时，工业和信息化部可组织相关单位进行技术论证、专家咨询。经国内协调会议研究，工业和信息化部综合考虑相关卫星网络的申报顺序、卫星项目的立项论证情况以及我国卫星频率和轨道资源申报总体工作需要等因素，形成申报意见。

卫星网络申报后，申报单位应积极主动开展国内协调工作，被协调单位应予配合，相关协调要求应当合理可行。国内协调的完成情况是后续报送通知资料的重要依据。

（三）卫星网络的国际协调

卫星操作单位在卫星网络提前公布资料、协调资料或 PART A 资料等报送国际电联后，应根据国际电联在国际频率信息通报（IFIC）中公布的协调清单和《无线电规则》有关要求，通过信函、电子邮件、电话会议、会谈等方式与相关国家的卫星网络和地面无线电业务开展协调。

卫星网络协调可以通过主管部门开展，也可由卫星操作单位自主开展。主管部门间的协调会谈优先考虑涉及静止轨道卫星网络、实际在轨卫星、已批复工程计划、开展国际合作或者历次卫星操作单位间协调中遇有突出困难等的相关卫星网络的协调。

应卫星操作单位要求，工业和信息化部可对卫星操作单位间的协调给予必要的指导。我国卫星操作单位与国外卫星操作单位间达成的协调协议应当符合我国无线电管理相关规定，有利于国家卫星频率和轨道资源整体利益，并不得损害国内第三方合法权益。卫星操作单位间所达成的协调协议，应当在协议签署后 6 个月内报告工业和信息化部。

卫星操作单位应当在每年的 10 月前将下一年度的卫星网络国际协调计划报工业和信息化部。根据卫星网络协调的工作需要，由工业和信息化部统筹安排下一年度主管部门间卫星网络国际协调会谈计划。

对于规划频段的 PART A 资料，在完成必要的国际协调后，卫星操作单位应当通过工业和信息化部向国际电联提交 PART B 资料，并同时提供协调情况说明。

（四）卫星网络的登记

卫星操作单位应当在卫星网络投入使用前，向工业和信息化部提交使用国际电联指定软件填报的《无线电规则》附录 4 所列通知资料，并提供与国内国际其他卫星网络及相关地面无线电业务协调完成情况的说明。通知资料可依据协调情况进行适当调整，但相关参数一般不得超出此前申报资料的范围。

　　卫星操作单位按要求完成国内协调和必要的国际协调的，由工业和信息化部向国际电联报送卫星网络通知资料，并履行相关的通知登记程序。

　　相关国际协调确实难以完成的，卫星操作单位应向工业和信息化部作出书面说明，工业和信息化部综合考虑国家卫星频率和轨道资源申报情况后仍可向国际电联报送通知资料。

　　在卫星网络投入使用前，卫星操作单位应按有关要求通过工业和信息化部向国际电联报送行政应付努力信息，并提供卫星网络标识、航天器制造商、发射服务提供商等有关信息说明。

　　卫星网络投入使用后，卫星操作单位应在规定期限内通过工业和信息化部向国际电联报送卫星网络投入使用信息，并说明卫星实际发射和接收频段与卫星网络资料的对应情况。通过一颗卫星投入使用多个轨位卫星网络的，应按国际电联有关要求提供情况说明。

（五）卫星网络的维护

　　卫星操作单位应当按照有关要求，及时、准确、积极地开展卫星网络协调等信函处理工作。在信函处理工作中，卫星操作单位应草拟完整的信函处理意见并附上相关说明材料，由工业和信息化部回复相关国家主管部门或国际电联。

　　卫星操作单位应按有关要求，及时、准确处理国际电联频率信息通报。对其他国家申报的提前公布资料、协调资料、通知资料以及规划频段 PART A、PART B 资料等信息，卫星操作单位应就国外卫星网络对中方卫星网络的干扰情况、双方协调完成状态等信息进行分析并提出协调意见。

　　卫星操作单位每年可通过工业和信息化部向国际电联申请免费卫星网络资料，免除国际电联相关成本回收费用。工业和信息化部在综合考虑各单位所申报的卫星网络资料的公益性，以及投入使用的可能性、协调情况、成本回收金额等因素后，指定一份免费卫星网络资料，经公示无异议后履行国际电联的相关手续。免费卫星网络资料的申请应当在每年 10 月前向工业和信息化部提出。

卫星投入使用后应按卫星网络资料规定的参数范围及达成的协调协议开展工作。超出卫星网络资料参数范围的，应当向工业和信息化部报送卫星网络的修改资料或重新报送资料。

已投入使用的卫星网络拟暂停使用的，卫星操作单位应按规定时限通过工业和信息化部向国际电联申请暂停使用。恢复使用后，卫星操作单位应按规定时限报告工业和信息化部，并提供对相关卫星的发射接收能力的描述，由工业和信息化部向国际电联报送重新投入使用信息。

对于已投入使用的卫星网络拟延长使用的，卫星操作单位应按规定时限在卫星网络使用期限届满前通过工业和信息化部向国际电联办理延期手续。

国内卫星操作单位之间拟利用卫星网络开展合作的，应符合国家卫星频率和轨道资源整体权益，不得损害国内其他卫星操作单位权益，并报告工业和信息化部。

卫星操作单位拟利用其他国家卫星网络设置使用我国空间无线电台的，应当完成与国内卫星网络的协调，并报告工业和信息化部；卫星操作单位拟通过其他国家空间无线电台使用我国卫星网络的，应当符合卫星测控站设置在我国境内或相关卫星操作由我国可控的条件，且不得损害国内其他卫星操作单位权益，并报告工业和信息化部。

第三节 | 无线电频率

一、无线电频率概述

在中华人民共和国境内研制、生产、进口、销售、试验和设置使用各种无线电设备，应当遵守《中华人民共和国无线电管理条例》《中华人民共和国无线电频率划分规定》《无线电频率使用许可管理办法》等规定。

无线电频谱资源属国家所有。国家对无线电频谱实行统一规划、合理开发、科学管理、有偿使用的原则。

国家无线电管理机构在国务院、中央军事委员会的领导下负责全国无线电管理工作，其主要职责是：

1. 拟订无线电管理的方针、政策和行政法规；

2. 制订无线电管理规章；

3. 负责无线电台（站）、频率的统一管理；

4. 协调处理无线电管理方面的事宜；

5. 制定无线电管理方面的行业标准；

6. 组织无线电管理方面的科学研究工作；

7. 负责全国的无线电监测工作；

8.统一办理涉外无线电管理方面的事宜。

设置、使用无线电台（站）的单位和个人，必须提出书面申请，办理设台（站）审批手续，领取电台执照。

国家无线电管理机构对无线电频率实行统一划分和分配。

国家无线电管理机构、地方无线电管理机构根据设台（站）审批权限对无线电频率进行指配。

国务院有关部门对分配给本系统使用的频段和频率进行指配，并同时抄送国家无线电管理机构或者有关的地方无线电管理机构备案。

二、无线电频率管理要求

（一）无线电频率使用许可的申请

取得无线电频率使用许可，应当符合下列条件：

1.所申请的无线电频率符合无线电频率划分和使用规定，有明确具体的用途；

2.使用无线电频率的技术方案可行；

3.有相应的专业技术人员；

4.对依法使用的其他无线电频率不会产生有害干扰；

5.法律、行政法规规定的其他条件。

使用卫星无线电频率，还应当符合空间无线电业务管理相关规定。

申请办理无线电频率使用许可，应当向无线电管理机构提交下列材料：

1.使用无线电频率的书面申请及申请人身份证明材料；

2.申请人基本情况，包括开展相关无线电业务的专业技术人员、技能和管理措施等；

3.拟开展的无线电业务的情况说明，包括功能、用途、通信范围（距离）、服务对象和预测规模以及建设计划等；

4. 技术可行性研究报告，包括拟采用的通信技术体制和标准、系统配置情况、拟使用系统（设备）的频率特性、频率选用（组网）方案和使用率、主要使用区域的电波传播环境、干扰保护和控制措施，以及运行维护措施等；

5. 依法使用无线电频率的承诺书；

6. 法律、行政法规规定的其他材料。

无线电频率拟用于开展射电天文业务的，还应当提供具体的使用地点和有害干扰保护要求；用于开展空间无线电业务的，还应当提供拟使用的空间无线电台、卫星轨道位置、卫星覆盖范围、实际传输链路设计方案和计算等信息，以及关于可用的相关卫星无线电频率和完成国内协调并开展必要国际协调的证明材料。

（二）无线电频率使用许可的审批

国家无线电管理机构和省、自治区、直辖市无线电管理机构应当依据《中华人民共和国无线电管理条例》第十八条规定的审批权限，实施无线电频率使用许可。

无线电管理机构应当对申请无线电频率使用许可的材料进行审查。申请材料齐全、符合法定形式的，应当予以受理，并向申请人出具受理申请通知书。申请材料不齐全或者不符合法定形式的，应当当场或者在 5 个工作日内一次性告知申请人需要补正的全部内容，逾期不告知的，自收到申请材料之日起即为受理。

无线电管理机构应当自受理申请之日起 20 个工作日内审查完毕，作出准予许可或者不予许可的决定。20 个工作日内不能作出决定的，经无线电管理机构负责人批准可以延长 10 个工作日，并应当将延长期限的理由告知申请人。

无线电管理机构作出准予许可的决定的，应当自作出决定之日起 10 个工作日内向申请人颁发无线电频率使用许可证。不予许可的，应当出具不予许可决定书，向申请人说明理由，并告知申请人享有依法申请行政复议或者提起行政诉讼的权利。

无线电管理机构作出无线电频率使用许可的决定时，应当明确无线电频率使用许可的期限。无线电频率使用许可的期限不得超过 10 年。临时使用无线电频率的，无线电频率使用许可的期限不超过 12 个月。

无线电频率使用期限届满需要继续使用的，应当在期限届满 30 个工作日前向作出许可决定的无线电管理机构提出延续申请。无线电管理机构应当依法进行审查，作出是否准予延续的决定。

（三）无线电频率的使用

使用无线电频率，应当遵守国家无线电管理的有关规定和无线电频率使用许可证的要求。

国家根据维护国家安全、保障国家重大任务、处置重大突发事件等需要依法实施无线电管制的，管制区域内的无线电频率使用人应当遵守有关管制规定。

无线电频率使用人不得擅自转让无线电频率使用权，不得擅自扩大使用范围或者改变用途。需要转让无线电频率使用权的，应报请无线电管理机构批准。

无线电频率使用人拟变更无线电频率使用许可证所载事项的，应当向作出许可决定的无线电管理机构提出申请。符合法定条件的，无线电管理机构应当依法办理变更手续。

依法使用的无线电频率受到有害干扰的，可以向无线电管理机构投诉，无线电管理机构应当及时协调处理，并将处理情况告知投诉人。

建立含动中通地球站卫星系统（卫星通信网）的单位应按照《建立卫星通信网和设置使用地球站管理规定》申请办理卫星系统（卫星通信网）无线电频率使用许可证，还应遵守以下规定：

1. 在境内设立控制中心，对系统内动中通地球站（含外籍船舶、航空器、铁路机车、车辆等移动平台设置的动中通地球站）进行有效管理，包括实名制登记、记录其位置（经度和纬度）、运行轨迹、发射频率、信道带宽等参数，并定期向国家无线电管理机构报备有关情况；

2. 当系统内动中通地球站的运行超出规定的技术要求或对其他合法台（站）产生有害干扰时，应采取措施消除有害干扰，必要时停止发射信号；

3. 涉及经营电信业务的，应依法取得电信业务经营许可。

第 八 章

电信网络
安全管理

第一节 | 网络安全

一、网络安全概述

在中华人民共和国境内建设、运营、维护和使用网络，应当遵守《中华人民共和国网络安全法》《电信网络运行监督管理办法》《通信网络安全防护管理办法》等相关规定。

建设、运营网络或者通过网络提供服务，应当依照法律、行政法规的规定和国家标准的强制性要求，采取技术措施和其他必要措施，保障网络安全、稳定运行，有效应对网络安全事件，防范网络违法犯罪活动，维护网络数据的完整性、保密性和可用性。

国家网信部门负责统筹协调网络安全工作和相关监督管理工作。国务院电信主管部门、公安部门和其他有关机关依法在各自职责范围内负责网络安全保护和监督管理工作。

二、网络运营者的网络安全管理要求

（一）网络安全等级保护要求

网络运营者应当按照网络安全等级保护制度的要求，履行下列安全保护义务，保障网络免受干扰、破坏或者未经授权的访问，防止网络数据泄露或者被窃取、篡改：

1.制定内部安全管理制度和操作规程，确定网络安全负责人，落实网络安全保护责任；

2.采取防范计算机病毒和网络攻击、网络侵入等危害网络安全行为的技术措施；

3.采取监测、记录网络运行状态、网络安全事件的技术措施，并按照规定留存相关的网络日志不少于六个月；

4.采取数据分类、重要数据备份和加密等措施；

5.法律、行政法规规定的其他义务。

（二）网络产品、服务的强制性要求

网络产品和服务提供者应当落实以下强制性要求：

1.网络产品、服务应当符合相关国家标准的强制性要求，网络产品、服务的提供者不得设置恶意程序；发现其网络产品、服务存在安全缺陷、漏洞等风险时，应当立即采取补救措施，按照规定及时告知用户并向有关主管部门报告；

2.网络产品、服务的提供者应当为其产品、服务持续提供安全维护；在规定或者当事人约定的期限内，不得终止提供安全维护；

3.网络产品、服务具有收集用户信息功能的，其提供者应当向用户明示并取得同意；涉及用户个人信息的，还应当遵守《中华人民共和国网络安全法》和有关法律、行政法规关于个人信息保护的规定；

4.网络关键设备和网络安全专用产品应当按照相关国家标准的强制性要求，由具备资格的机构安全认证合格或者安全检测符合要求后，方可销售或者提供。

（三）实名制监管要求

网络运营者为用户办理网络接入、域名注册服务，办理固定电话、移动电话等入网手续，或者为用户提供信息发布、即时通讯等服务，在与用户签订协议或者确认提供服务时，应当要求用户提供真实身份信息。用户不提供真实身份信息的，网络运营者不得为其提供相关服务。

国家实施网络可信身份战略，支持研究开发安全、方便的电子身份认证技术，推动不同电子身份认证之间的互认。

（四）网络安全事件处置要求

网络运营者应当制定网络安全事件应急预案，及时处置系统漏洞、计算机病毒、网络攻击、网络侵入等安全风险；在发生危害网络安全的事件时，立即启动应急预案，采取相应的补救措施，并按照规定向有关主管部门报告。

（五）技术支持和协作要求

网络运营者应当为公安机关、国家安全机关依法维护国家安全和侦查犯罪的活动提供技术支持和协助。

三、关键信息基础设施的运营者的网络安全管理要求

国家对公共通信和信息服务、能源、交通、水利、金融、公共服务、电子政务等重要行业和领域，以及其他一旦遭到破坏、丧失功能或者数据泄露，可能严重危害国家安全、国计民生、公共利益的关键信息基础设施，在网络安全等级保护制度的基础上，实行重点保护。

关键信息基础设施的运营者应当履行下列安全保护义务：

1. 设置专门安全管理机构和安全管理负责人，并对该负责人和关键岗位的人员进行安全背景审查；

2. 定期对从业人员进行网络安全教育、技术培训和技能考核；

3. 对重要系统和数据库进行容灾备份；

4. 制定网络安全事件应急预案，并定期进行演练；

5. 采购网络产品和服务，可能影响国家安全的，应当通过国家网信部门会同国务院有关部门组织的国家安全审查；

6. 采购网络产品和服务，应当按照规定与提供者签订安全保密协议，明确安全和保密义务与责任；

7. 在中华人民共和国境内运营中收集和产生的个人信息和重要数据应当在境内存储。因业务需要，确需向境外提供的，应当按照国家网信部门会同国务院有关部门制定的办法进行安全评估；法律、行政法规另有规定的，依照其规定；

8. 关键信息基础设施的运营者应当自行或者委托网络安全服务机构对其网络的安全性和可能存在的风险每年至少进行一次检测评估，并将检测评估情况和改进措施报送相关负责关键信息基础设施安全保护工作的部门；

9. 法律、行政法规规定的其他义务。

四、网络安全相关法律责任

1. 网络运营者不履行《中华人民共和国网络安全法》第二十一条[1]、第

1　《中华人民共和国网络安全法》第二十一条规定：国家实行网络安全等级保护制度。网络运营者应当按照网络安全等级保护制度的要求，履行下列安全保护义务，保障网络免受干扰、破坏或者未经授权的访问，防止网络数据泄露或者被窃取、篡改：

（一）制定内部安全管理制度和操作规程，确定网络安全负责人，落实网络安全保护责任；

（二）采取防范计算机病毒和网络攻击、网络侵入等危害网络安全行为的技术措施；

（三）采取监测、记录网络运行状态、网络安全事件的技术措施，并按照规定留存相关的网络日志不少于六个月；

（四）采取数据分类、重要数据备份和加密等措施；

（五）法律、行政法规规定的其他义务。

二十五条[1]规定的网络安全保护义务的，由有关主管部门责令改正，给予警告；拒不改正或者导致危害网络安全等后果的，处一万元以上十万元以下罚款，对直接负责的主管人员处五千元以上五万元以下罚款。

关键信息基础设施的运营者不履行《中华人民共和国网络安全法》第三十三条[2]、第三十四条[3]、第三十六条[4]、第三十八条[5]规定的网络安全保护义务的，由有关主管部门责令改正，给予警告；拒不改正或者导致危害网络安全等后果的，处十万元以上一百万元以下罚款，对直接负责的主管人员处一万元以上十万元以下罚款。

2.违反《中华人民共和国网络安全法》第二十二条第一款、第二款[6]和第

---

1 《中华人民共和国网络安全法》第二十五条规定：网络运营者应当制定网络安全事件应急预案，及时处置系统漏洞、计算机病毒、网络攻击、网络侵入等安全风险；在发生危害网络安全的事件时，立即启动应急预案，采取相应的补救措施，并按照规定向有关主管部门报告。

2 《中华人民共和国网络安全法》第三十三条规定：建设关键信息基础设施应当确保其具有支持业务稳定、持续运行的性能，并保证安全技术措施同步规划、同步建设、同步使用。

3 《中华人民共和国网络安全法》第三十四条规定：除本法第二十一条的规定外，关键信息基础设施的运营者还应当履行下列安全保护义务：
（一）设置专门安全管理机构和安全管理负责人，并对该负责人和关键岗位的人员进行安全背景审查；
（二）定期对从业人员进行网络安全教育、技术培训和技能考核；
（三）对重要系统和数据库进行容灾备份；
（四）制定网络安全事件应急预案，并定期进行演练；
（五）法律、行政法规规定的其他义务。

4 《中华人民共和国网络安全法》第三十六条规定：关键信息基础设施的运营者采购网络产品和服务，应当按照规定与提供者签订安全保密协议，明确安全和保密义务与责任。

5 《中华人民共和国网络安全法》第三十八条规定：关键信息基础设施的运营者应当自行或者委托网络安全服务机对其网络的安全性和可能存在的风险每年至少进行一次检测评估，并将检测评估情况和改进措施报送相关负责关键信息基础设施安全保护工作的部门。

6 《中华人民共和国网络安全法》第二十二条规定：网络产品、服务应当符合相关国家标准的强制性要求。网络产品、服务的提供者不得设置恶意程序；发现其网络产品、服务存在安全缺陷、漏洞等风险时，应当立即采取补救措施，按照规定及时告知用户并向有关主管部门报告。
网络产品、服务的提供者应当为其产品、服务持续提供安全维护；在规定或者当事人约定的期限内，不得终止提供安全维护。

四十八条第一款[1]规定，有下列行为之一的，由有关主管部门责令改正，给予警告；拒不改正或者导致危害网络安全等后果的，处五万元以上五十万元以下罚款，对直接负责的主管人员处一万元以上十万元以下罚款：

（1）设置恶意程序的；

（2）对其产品、服务存在的安全缺陷、漏洞等风险未立即采取补救措施，或者未按照规定及时告知用户并向有关主管部门报告的；

（3）擅自终止为其产品、服务提供安全维护的。

3. 网络运营者违反《中华人民共和国网络安全法》第二十四条第一款[2]规定，未要求用户提供真实身份信息，或者对不提供真实身份信息的用户提供相关服务的，由有关主管部门责令改正；拒不改正或者情节严重的，处五万元以上五十万元以下罚款，并可以由有关主管部门责令暂停相关业务、停业整顿、关闭网站、吊销相关业务许可证或者吊销营业执照，对直接负责的主管人员和其他直接责任人员处一万元以上十万元以下罚款。

4. 违反《中华人民共和国网络安全法》第二十六条[3]规定，开展网络安全认证、检测、风险评估等活动，或者向社会发布系统漏洞、计算机病毒、网络攻击、网络侵入等网络安全信息的，由有关主管部门责令改正，给予警告；拒不改正或者情节严重的，处一万元以上十万元以下罚款，并可以由有关主管部门责令暂停相关业务、停业整顿、关闭网站、吊销相关业务许可证或者吊销营业执照，对直接负责的主管人员和其他直接责任人员处五千元以上五万元以下罚款。

1　《中华人民共和国网络安全法》第四十八条第一款规定：任何个人和组织发送的电子信息、提供的应用软件，不得设置恶意程序，不得含有法律、行政法规禁止发布或者传输的信息。

2　《中华人民共和国网络安全法》第二十四条第一款规定：网络运营者为用户办理网络接入、域名注册服务，办理固定电话、移动电话等入网手续，或者为用户提供信息发布、即时通讯等服务，在与用户签订协议或者确认提供服务时，应当要求用户提供真实身份信息。用户不提供真实身份信息的，网络运营者不得为其提供相关服务。

3　《中华人民共和国网络安全法》第二十六条规定：开展网络安全认证、检测、风险评估等活动，向社会发布系统漏洞、计算机病毒、网络攻击、网络侵入等网络安全信息，应当遵守国家有关规定。

5.违反《中华人民共和国网络安全法》第二十七条[1]规定，从事危害网络安全的活动，或者提供专门用于从事危害网络安全活动的程序、工具，或者为他人从事危害网络安全的活动提供技术支持、广告推广、支付结算等帮助，尚不构成犯罪的，由公安机关没收违法所得，处五日以下拘留，可以并处五万元以上五十万元以下罚款；情节较重的，处五日以上十五日以下拘留，可以并处十万元以上一百万元以下罚款。

单位有前款行为的，由公安机关没收违法所得，处十万元以上一百万元以下罚款，并对直接负责的主管人员和其他直接责任人员依照前款规定处罚。

违反《中华人民共和国网络安全法》第二十七条规定，受到治安管理处罚的人员，五年内不得从事网络安全管理和网络运营关键岗位的工作；受到刑事处罚的人员，终身不得从事网络安全管理和网络运营关键岗位的工作。

6.网络运营者、网络产品或者服务的提供者违反《中华人民共和国网络安全法》第二十二条第三款[2]、第四十一条至第四十三条[3]规定，侵害个人信息依法

1　《中华人民共和国网络安全法》第二十七条规定：任何个人和组织不得从事非法侵入他人网络、干扰他人网络正常功能、窃取网络数据等危害网络安全的活动；不得提供专门用于从事侵入网络、干扰网络正常功能及防护措施、窃取网络数据等危害网络安全活动的程序、工具；明知他人从事危害网络安全的活动的，不得为其提供技术支持、广告推广、支付结算等帮助。

2　《中华人民共和国网络安全法》第二十二条第三款规定：网络产品、服务具有收集用户信息功能的，其提供者应当向用户明示并取得同意；涉及用户个人信息的，还应当遵守本法和有关法律、行政法规关于个人信息保护的规定。

3　《中华人民共和国网络安全法》第四十一条规定：网络运营者收集、使用个人信息，应当遵循合法、正当、必要的原则，公开收集、使用规则，明示收集、使用信息的目的、方式和范围，并经被收集者同意。
网络运营者不得收集与其提供的服务无关的个人信息，不得违反法律、行政法规的规定和双方的约定收集、使用个人信息，并应当依照法律、行政法规的规定和与用户的约定，处理其保存的个人信息。
《中华人民共和国网络安全法》第四十二条规定：网络运营者不得泄露、篡改、毁损其收集的个人信息；未经被收集者同意，不得向他人提供个人信息。但是，经过处理无法识别特定个人且不能复原的除外。
网络运营者应当采取技术措施和其他必要措施，确保其收集的个人信息安全，防止信息泄露、毁损、丢失。在发生或者可能发生个人信息泄露、毁损、丢失的情况时，应当立即采取补救措施，按照规定及时告知用户并向有关主管部门报告。
《中华人民共和国网络安全法》第四十三条规定：个人发现网络运营者违反法律、行政法规的规定或者双方的约定收集、使用其个人信息的，有权要求网络运营者删除其个人信息；发现网络运营者收集、存储的其个人信息有错误的，有权要求网络运营者予以更正。网络运营者应当采取措施予以删除或者更正。

得到保护的权利的，由有关主管部门责令改正，可以根据情节单处或者并处警告、没收违法所得、处违法所得一倍以上十倍以下罚款，没有违法所得的，处一百万元以下罚款，对直接负责的主管人员和其他直接责任人员处一万元以上十万元以下罚款；情节严重的，并可以责令暂停相关业务、停业整顿、关闭网站、吊销相关业务许可证或者吊销营业执照。

违反《中华人民共和国网络安全法》第四十四条[1]规定，窃取或者以其他非法方式获取、非法出售或者非法向他人提供个人信息，尚不构成犯罪的，由公安机关没收违法所得，并处违法所得一倍以上十倍以下罚款，没有违法所得的，处一百万元以下罚款。

7. 关键信息基础设施的运营者违反《中华人民共和国网络安全法》第三十五条[2]规定，使用未经安全审查或者安全审查未通过的网络产品或者服务的，由有关主管部门责令停止使用，处采购金额一倍以上十倍以下罚款；对直接负责的主管人员和其他直接责任人员处一万元以上十万元以下罚款。

关键信息基础设施的运营者违反《中华人民共和国网络安全法》第三十七条[3]规定，在境外存储网络数据，或者向境外提供网络数据的，由有关主管部门责令改正，给予警告，没收违法所得，处五万元以上五十万元以下罚款，并可以责令暂停相关业务、停业整顿、关闭网站、吊销相关业务许可证或者吊销营业执照；对直接负责的主管人员和其他直接责任人员处一万元以上十万元以下罚款。

---

1 《中华人民共和国网络安全法》第四十四条规定：任何个人和组织不得窃取或者以其他非法方式获取个人信息，不得非法出售或者非法向他人提供个人信息。

2 《中华人民共和国网络安全法》第三十五条规定：关键信息基础设施的运营者采购网络产品和服务，可能影响国家安全的，应当通过国家网信部门会同国务院有关部门组织的国家安全审查。

3 《中华人民共和国网络安全法》第三十七条规定：关键信息基础设施的运营者在中华人民共和国境内运营中收集和产生的个人信息和重要数据应当在境内存储。因业务需要，确需向境外提供的，应当按照国家网信部门会同国务院有关部门制定的办法进行安全评估；法律、行政法规另有规定的，依照其规定。

8.违反《中华人民共和国网络安全法》第四十六条[1]规定，设立用于实施违法犯罪活动的网站、通讯群组，或者利用网络发布涉及实施违法犯罪活动的信息，尚不构成犯罪的，由公安机关处五日以下拘留，可以并处一万元以上十万元以下罚款；情节较重的，处五日以上十五日以下拘留，可以并处五万元以上五十万元以下罚款。关闭用于实施违法犯罪活动的网站、通讯群组。

单位有前款行为的，由公安机关处十万元以上五十万元以下罚款，并对直接负责的主管人员和其他直接责任人员依照前款规定处罚。

9.网络运营者违反《中华人民共和国网络安全法》第四十七条[2]规定，对法律、行政法规禁止发布或者传输的信息未停止传输、采取消除等处置措施、保存有关记录的，由有关主管部门责令改正，给予警告，没收违法所得；拒不改正或者情节严重的，处十万元以上五十万元以下罚款，并可以责令暂停相关业务、停业整顿、关闭网站、吊销相关业务许可证或者吊销营业执照，对直接负责的主管人员和其他直接责任人员处一万元以上十万元以下罚款。

电子信息发送服务提供者、应用软件下载服务提供者，不履行《中华人民共和国网络安全法》第四十八条第二款[3]规定的安全管理义务的，依照前款规定处罚。

10.网络运营者违反《中华人民共和国网络安全法》规定，有下列行为之

---

1 《中华人民共和国网络安全法》第四十六条规定：任何个人和组织应当对其使用网络的行为负责，不得设立用于实施诈骗，传授犯罪方法，制作或者销售违禁物品、管制物品等违法犯罪活动的网站、通讯群组，不得利用网络发布涉及实施诈骗，制作或者销售违禁物品、管制物品以及其他违法犯罪活动的信息。

2 《中华人民共和国网络安全法》第四十七条规定：网络运营者应当加强对其用户发布的信息的管理，发现法律、行政法规禁止发布或者传输的信息的，应当立即停止传输该信息，采取消除等处置措施，防止信息扩散，保存有关记录，并向有关主管部门报告。

3 《中华人民共和国网络安全法》第四十八条第二款规定：电子信息发送服务提供者和应用软件下载服务提供者，应当履行安全管理义务，知道其用户有前款规定行为的，应当停止提供服务，采取消除等处置措施，保存有关记录，并向有关主管部门报告。

一的，由有关主管部门责令改正；拒不改正或者情节严重的，处五万元以上五十万元以下罚款，对直接负责的主管人员和其他直接责任人员，处一万元以上十万元以下罚款：

（1）不按照有关部门的要求对法律、行政法规禁止发布或者传输的信息，采取停止传输、消除等处置措施的；

（2）拒绝、阻碍有关部门依法实施的监督检查的；

（3）拒不向公安机关、国家安全机关提供技术支持和协助的。

11. 有《中华人民共和国网络安全法》规定的违法行为的，依照有关法律、行政法规的规定记入信用档案，并予以公示。

12. 国家机关政务网络的运营者不履行《中华人民共和国网络安全法》规定的网络安全保护义务的，由其上级机关或者有关机关责令改正；对直接负责的主管人员和其他直接责任人员依法给予处分。

13. 违反《中华人民共和国网络安全法》规定，给他人造成损害的，依法承担民事责任。

违反《中华人民共和国网络安全法》规定，构成违反治安管理行为的，依法给予治安管理处罚；构成犯罪的，依法追究刑事责任。

第二节 | **数据安全**

一、数据安全概述

数据，是指任何以电子或者其他方式对信息的记录。

在中华人民共和国境内开展数据的收集、存储、使用、加工、传输、提供、公开等数据处理活动，应当遵守《中华人民共和国数据安全法》《网络数据安全管理条例》等相关法律规定。

开展数据处理活动，应当遵守法律、法规，尊重社会公德和伦理，遵守商业道德和职业道德，诚实守信，履行数据安全保护义务，承担社会责任，不得危害国家安全、公共利益，不得损害个人、组织的合法权益。

国家建立数据分类分级保护制度，根据数据在经济社会发展中的重要程度，以及一旦遭到篡改、破坏、泄露或者非法获取、非法利用，对国家安全、公共利益或者个人、组织合法权益造成的危害程度，对数据实行分类分级保护。

中央国家安全领导机构负责国家数据安全工作的决策和议事协调，研究制定、指导实施国家数据安全战略和有关重大方针政策，统筹协调国家数据安全的重大事项和重要工作，建立国家数据安全工作协调机制。

各地区、各部门对本地区、本部门工作中收集和产生的数据及数据安全负责。

工业、电信、交通、金融、自然资源、卫生健康、教育、科技等主管部门承担本行业、本领域数据安全监管职责。

公安机关、国家安全机关等依照《中华人民共和国数据安全法》和有关法律、行政法规的规定，在各自职责范围内承担数据安全监管职责。

国家网信部门依照《中华人民共和国数据安全法》和有关法律、行政法规的规定，负责统筹协调网络数据安全和相关监管工作。

二、数据安全保护管理要求

（一）数据安全管理责任

开展数据处理活动应当依照法律、法规的规定，建立健全全流程数据安全管理制度，组织开展数据安全教育培训，采取相应的技术措施和其他必要措施，保障数据安全。重要数据的处理者应当明确数据安全负责人和管理机构，落实数据安全保护责任。

网络数据处理者应当依照法律、行政法规的规定和国家标准的强制性要求，在网络安全等级保护的基础上，加强网络数据安全防护，建立健全网络数据安全管理制度，采取加密、备份、访问控制、安全认证等技术措施和其他必要措施，保护网络数据免遭篡改、破坏、泄露或者非法获取、非法利用，处置网络数据安全事件，防范针对和利用网络数据实施的违法犯罪活动，并对所处理网络数据的安全承担主体责任。

（二）数据处理安全保护要求

网络数据处理者向其他网络数据处理者提供、委托处理个人信息和重要数据的，应当通过合同等与网络数据接收方约定处理目的、方式、范围以及安全保护义务等，并对网络数据接收方履行义务的情况进行监督。

向其他网络数据处理者提供、委托处理个人信息和重要数据的处理情况记录，应当至少保存3年。网络数据接收方应当履行网络数据安全保护义务，并按照约定的目的、方式、范围等处理个人信息和重要数据。两个以上的网络数据处理者共同决定个人信息和重要数据的处理目的和处理方式的，应当约定各自的权利和义务。

（三）重要数据安全保护要求

重要数据的处理者提供、委托处理、共同处理重要数据前，应当进行风险评估，但是属于履行法定职责或者法定义务的除外。

风险评估应当重点评估下列内容：

1. 提供、委托处理、共同处理网络数据，以及网络数据接收方处理网络数据的目的、方式、范围等是否合法、正当、必要；

2. 提供、委托处理、共同处理的网络数据遭到篡改、破坏、泄露或者非法获取、非法利用的风险，以及对国家安全、公共利益或者个人、组织合法权益带来的风险；

3. 网络数据接收方的诚信、守法等情况；

4. 与网络数据接收方订立或者拟订立的相关合同中关于网络数据安全的要求能否有效约束网络数据接收方履行网络数据安全保护义务；

5. 采取或者拟采取的技术和管理措施等能否有效防范网络数据遭到篡改、破坏、泄露或者非法获取、非法利用等风险；

6. 有关主管部门规定的其他评估内容。

重要数据的处理者应当每年度对其网络数据处理活动开展风险评估，并向省级以上有关主管部门报送风险评估报告，有关主管部门应当及时通报同级网信部门、公安机关。

风险评估报告应当包括下列内容：

1. 网络数据处理者基本信息、网络数据安全管理机构信息、网络数据安全负责人姓名和联系方式等；

2. 处理重要数据的目的、种类、数量、方式、范围、存储期限、存储地点等，开展网络数据处理活动的情况，不包括网络数据内容本身；

3. 网络数据安全管理制度及实施情况，加密、备份、标签标识、访问控制、安全认证等技术措施和其他必要措施及其有效性；

4. 发现的网络数据安全风险，发生的网络数据安全事件及处置情况；

5. 提供、委托处理、共同处理重要数据的风险评估情况；

6. 网络数据出境情况；

7. 有关主管部门规定的其他报告内容。

处理重要数据的大型网络平台服务提供者报送的风险评估报告，除包括前款规定的内容外，还应当充分说明关键业务和供应链网络数据安全等情况。

重要数据的处理者存在可能危害国家安全的重要数据处理活动的，省级以上有关主管部门应当责令其采取整改或者停止处理重要数据等措施。重要数据的处理者应当按照有关要求立即采取措施。

（五）网络数据跨境安全管理要求

符合下列条件之一的，网络数据处理者可以向境外提供个人信息：

1. 通过国家网信部门组织的数据出境安全评估；

2. 按照国家网信部门的规定经专业机构进行个人信息保护认证；

3. 符合国家网信部门制定的关于个人信息出境标准合同的规定；

4. 为订立、履行个人作为一方当事人的合同，确需向境外提供个人信息；

5. 按照依法制定的劳动规章制度和依法签订的集体合同实施跨境人力资源管理，确需向境外提供员工个人信息；

6. 为履行法定职责或者法定义务，确需向境外提供个人信息；

7. 紧急情况下为保护自然人的生命健康和财产安全，确需向境外提供个人信息；

8.法律、行政法规或者国家网信部门规定的其他条件。

网络数据处理者在中华人民共和国境内运营中收集和产生的重要数据确需向境外提供的，应当通过国家网信部门组织的数据出境安全评估。网络数据处理者按照国家有关规定识别、申报重要数据，但未被相关地区、部门告知或者公开发布为重要数据的，不需要将其作为重要数据申报数据出境安全评估。

通过数据出境安全评估后，网络数据处理者向境外提供个人信息和重要数据的，不得超出评估时明确的数据出境目的、方式、范围和种类、规模等。

（六）网络平台服务提供者管理要求

网络平台服务提供者应当通过平台规则或者合同等明确接入其平台的第三方产品和服务提供者的网络数据安全保护义务，督促第三方产品和服务提供者加强网络数据安全管理。

预装应用程序的智能终端等设备生产者，适用前述规定。

第三方产品和服务提供者违反法律、行政法规的规定或者平台规则、合同约定开展网络数据处理活动，对用户造成损害的，网络平台服务提供者、第三方产品和服务提供者、预装应用程序的智能终端等设备生产者应当依法承担相应责任。

提供应用程序分发服务的网络平台服务提供者，应当建立应用程序核验规则并开展网络数据安全相关核验。发现待分发或者已分发的应用程序不符合法律、行政法规的规定或者国家标准的强制性要求的，应当采取警示、不予分发、暂停分发或者终止分发等措施。

大型网络平台服务提供者应当每年度发布个人信息保护社会责任报告，报告内容包括但不限于个人信息保护措施和成效、个人行使权利的申请受理情况、主要由外部成员组成的个人信息保护监督机构履行职责情况等。

大型网络平台服务提供者不得利用网络数据、算法以及平台规则等从事下列活动：

　　1. 通过误导、欺诈、胁迫等方式处理用户在平台上产生的网络数据；

　　2. 无正当理由限制用户访问、使用其在平台上产生的网络数据；

　　3. 对用户实施不合理的差别待遇，损害用户合法权益；

　　4. 法律、行政法规禁止的其他活动。

三、数据安全相关法律责任

　　1. 开展数据处理活动的组织、个人不履行《中华人民共和国数据安全法》第二十七条[1]、第二十九条[2]、第三十条[3]规定的数据安全保护义务的，由有关主管部门责令改正，给予警告，可以并处五万元以上五十万元以下罚款，对直接负责的主管人员和其他直接责任人员可以处一万元以上十万元以下罚款；拒不改正或者造成大量数据泄露等严重后果的，处五十万元以上二百万元以下罚款，并可以责令暂停相关业务、停业整顿、吊销相关业务许可证或者吊销营业执照，对直接负责的主管人员和其他直接责任人员处五万元以上二十万元以下罚款。

　　2. 违反国家核心数据管理制度，危害国家主权、安全和发展利益的，由有关主管部门处二百万元以上一千万元以下罚款，并根据情况责令暂停相关业务、停业整顿、吊销相关业务许可证或者吊销营业执照；构成犯罪的，依法追究刑事责任。

1　《中华人民共和国数据安全法》第二十七条规定：开展数据处理活动应当依照法律、法规的规定，建立健全全流程数据安全管理制度，组织开展数据安全教育培训，采取相应的技术措施和其他必要措施，保障数据安全。利用互联网等信息网络开展数据处理活动，应当在网络安全等级保护制度的基础上，履行上述数据安全保护义务。
重要数据的处理者应当明确数据安全负责人和管理机构，落实数据安全保护责任。

2　《中华人民共和国数据安全法》第二十九条规定：开展数据处理活动应当加强风险监测，发现数据安全缺陷、漏洞等风险时，应当立即采取补救措施；发生数据安全事件时，应当立即采取处置措施，按照规定及时告知用户并向有关主管部门报告。

3　《中华人民共和国数据安全法》第三十条规定：重要数据的处理者应当按照规定对其数据处理活动定期开展风险评估，并向有关主管部门报送风险评估报告。

3. 违反《中华人民共和国网络数据安全管理条例》第十二条[1]、第十六条至第二十条[2]、第二十二条[3]、第四十条第一款和第二款[4]、第四十一条[5]、第四十二条[6]规

1　《中华人民共和国网络数据安全管理条例》第十二条规定：网络数据处理者向其他网络数据处理者提供、委托处理个人信息和重要数据的，应当通过合同等与网络数据接收方约定处理目的、方式、范围以及安全保护义务等，并对网络数据接收方履行义务的情况进行监督。向其他网络数据处理者提供、委托处理个人信息和重要数据的处理情况记录，应当至少保存 3 年。
网络数据接收方应当履行网络数据安全保护义务，并按照约定的目的、方式、范围等处理个人信息和重要数据。
两个以上的网络数据处理者共同决定个人信息和重要数据的处理目的和处理方式的，应当约定各自的权利和义务。

2　《中华人民共和国网络数据安全管理条例》第十六条规定：网络数据处理者为国家机关、关键信息基础设施运营者提供服务，或者参与其他公共基础设施、公共服务系统建设、运行、维护的，应当依照法律、法规的规定和合同约定履行网络数据安全保护义务，提供安全、稳定、持续的服务。
前款规定的网络数据处理者未经委托方同意，不得访问、获取、留存、使用、泄露或者向他人提供网络数据，不得对网络数据进行关联分析。
第十七条规定：为国家机关提供服务的信息系统应当参照电子政务系统的管理要求加强网络数据安全管理，保障网络数据安全。
第十八条规定：网络数据处理者使用自动化工具访问、收集网络数据，应当评估对网络服务带来的影响，不得非法侵入他人网络，不得干扰网络服务正常运行。
第十九条规定：提供生成式人工智能服务的网络数据处理者应当加强对训练数据和训练数据处理活动的安全管理，采取有效措施防范和处置网络数据安全风险。
第二十条规定：面向社会提供产品、服务的网络数据处理者应当接受社会监督，建立便捷的网络数据安全投诉、举报渠道，公布投诉、举报方式等信息，及时受理并处理网络数据安全投诉、举报。

3　《中华人民共和国网络数据安全管理条例》第二十二条规定：网络数据处理者基于个人同意处理个人信息的，应当遵守下列规定：
（一）收集个人信息为提供产品或者服务所必需，不得超范围收集个人信息，不得通过误导、欺诈、胁迫等方式取得个人同意；
（二）处理生物识别、宗教信仰、特定身份、医疗健康、金融账户、行踪轨迹等敏感个人信息的，应当取得个人的单独同意；
（三）处理不满十四周岁未成年人个人信息的，应当取得未成年人的父母或者其他监护人的同意；
（四）不得超出个人同意的个人信息处理目的、方式、种类、保存期限处理个人信息；
（五）不得在个人明确表示不同意处理其个人信息后，频繁征求同意；
（六）个人信息的处理目的、方式、种类发生变更的，应当重新取得个人同意。法律、行政法规规定处理敏感个人信息应当取得书面同意的，从其规定。

4　《中华人民共和国网络数据安全管理条例》第四十条第一款规定：网络平台服务提供者应当通过平台规则或者合同等明确接入其平台的第三方产品和服务提供者的网络数据安全保护义务，督促第三方产品和服务提供者加强网络数据安全管理。（注接下一页）

定的，由网信、电信、公安等主管部门依据各自职责责令改正，给予警告，没收违法所得；拒不改正或者情节严重的，处 100 万元以下罚款，并可以责令暂停相关业务、停业整顿、吊销相关业务许可证或者吊销营业执照，对直接负责的主管人员和其他直接责任人员可以处 1 万元以上 10 万元以下罚款。

4.违反《中华人民共和国网络数据安全管理条例》第十三条[1]规定的，由网信、电信、公安、国家安全等主管部门依据各自职责责令改正，给予警告，可以并处 10 万元以上 100 万元以下罚款，对直接负责的主管人员和其他直接责任人员可以处 1 万元以上 10 万元以下罚款；拒不改正或者情节严重的，处 100 万元以上 1000 万元以下罚款，并可以责令暂停相关业务、停业整顿、吊销相关业务许可证或者吊销营业执照，对直接负责的主管人员和其他直接责任人员处 10 万元以上 100 万元以下罚款。

5.违反《中华人民共和国网络数据安全管理条例》第二十九条第二款[2]、第

（注接上一页）《中华人民共和国网络数据安全管理条例》第二款规定：预装应用程序的智能终端等设备生产者，适用前款规定。

5　《中华人民共和国网络数据安全管理条例》第四十一条规定：提供应用程序分发服务的网络平台服务提供者，应当建立应用程序核验规则并开展网络数据安全相关核验。发现待分发或者已分发的应用程序不符合法律、行政法规的规定或者国家标准的强制性要求的，应当采取警示、不予分发、暂停分发或者终止分发等措施。

6　《中华人民共和国网络数据安全管理条例》第四十二条规定：网络平台服务提供者通过自动化决策方式向个人进行信息推送的，应当设置易于理解、便于访问和操作的个性化推荐关闭选项，为用户提供拒绝接收推送信息、删除针对其个人特征的用户标签等功能。

1　《中华人民共和国网络数据安全管理条例》第十三条规定：网络数据处理者开展网络数据处理活动，影响或者可能影响国家安全的，应当按照国家有关规定进行国家安全审查。

2　《中华人民共和国网络数据安全管理条例》第二十九条第二款规定：网络数据处理者应当按照国家有关规定识别、申报重要数据。对确认为重要数据的，相关地区、部门应当及时向网络数据处理者告知或者公开发布。网络数据处理者应当履行网络数据安全保护责任。

三十条第二款和第三款[1]、第三十一条[2]、第三十二条[3]规定的，由网信、电信、公安等主管部门依据各自职责责令改正，给予警告，可以并处5万元以上50万元以下罚款，对直接负责的主管人员和其他直接责任人员可以处1万元以上10万元以下罚款；拒不改正或者造成大量数据泄露等严重后果的，处50万元以上200万元以下罚款，并可以责令暂停相关业务、停业整顿、吊销相关业务许可证或者吊销营业执照，对直接负责的主管人员和其他直接责任人员处5万元以上20万元以下罚款。

6.违反《中华人民共和国网络数据安全管理条例》其他有关规定的，由有关主管部门依照《中华人民共和国网络安全法》《中华人民共和国数据安全法》

---

1 《中华人民共和国网络数据安全管理条例》第三十条第二款规定：网络数据安全负责人应当具备网络数据安全专业知识和相关管理工作经历，由网络数据处理者管理层成员担任，有权直接向有关主管部门报告网络数据安全情况。

《中华人民共和国网络数据安全管理条例》第三款规定：掌握有关主管部门规定的特定种类、规模的重要数据的网络数据处理者，应当对网络数据安全负责人和关键岗位的人员进行安全背景审查，加强相关人员培训。审查时，可以申请公安机关、国家安全机关协助。

2 《中华人民共和国网络数据安全管理条例》第三十一条规定：重要数据的处理者提供、委托处理、共同处理重要数据前，应当进行风险评估，但是属于履行法定职责或者法定义务的除外。

风险评估应当重点评估下列内容：

（一）提供、委托处理、共同处理网络数据，以及网络数据接收方处理网络数据的目的、方式、范围等是否合法、正当、必要；

（二）提供、委托处理、共同处理的网络数据遭到篡改、破坏、泄露或者非法获取、非法利用的风险，以及对国家安全、公共利益或者个人、组织合法权益带来的风险；

（三）网络数据接收方的诚信、守法等情况；

（四）与网络数据接收方订立或者拟订立的相关合同中关于网络数据安全的要求能否有效约束网络数据接收方履行网络数据安全保护义务；

（五）采取或者拟采取的技术和管理措施等能否有效防范网络数据遭到篡改、破坏、泄露或者非法获取、非法利用等风险；

（六）有关主管部门规定的其他评估内容。

3 《中华人民共和国网络数据安全管理条例》第三十二条规定：重要数据的处理者因合并、分立、解散、破产等可能影响重要数据安全的，应当采取措施保障网络数据安全，并向省级以上有关主管部门报告重要数据处置方案、接收方的名称或者姓名和联系方式等；主管部门不明确的，应当向省级以上数据安全工作协调机制报告。

《中华人民共和国个人信息保护法》等法律的有关规定追究法律责任。

7. 网络数据处理者存在主动消除或者减轻违法行为危害后果、违法行为轻微并及时改正且没有造成危害后果或者初次违法且危害后果轻微并及时改正等情形的，依照《中华人民共和国行政处罚法》的规定从轻、减轻或者不予行政处罚。

8. 违反《中华人民共和国网络数据安全管理条例》规定，给他人造成损害的，依法承担民事责任；构成违反治安管理行为的，依法给予治安管理处罚；构成犯罪的，依法追究刑事责任。

第三节 | 个人信息保护

一、个人信息保护概述

个人信息是以电子或者其他方式记录的与已识别或者可识别的自然人有关的各种信息，不包括匿名化处理后的信息。个人信息的处理包括个人信息的收集、存储、使用、加工、传输、提供、公开、删除等。

电信和互联网用户个人信息是指电信业务经营者和互联网信息服务提供者在提供服务的过程中收集的用户姓名、出生日期、身份证件号码、住址、电话号码、账号和密码等能够单独或者与其他信息结合识别用户的信息以及用户使用服务的时间、地点等信息。

处理个人信息应当遵守《中华人民共和国个人信息保护法》《电信和互联网用户个人信息保护规定》等相关规定，遵循合法、正当、必要和诚信原则，不得通过误导、欺诈、胁迫等方式处理个人信息。处理个人信息应当具有明确、合理的目的，并应当与处理目的直接相关，采取对个人权益影响最小的方式。收集个人信息，应当限于实现处理目的的最小范围，不得过度收集个人信息。处理个人信息应当遵循公开、透明原则，公开个人信息处理规则，明示处理的目的、方式和范围。

二、个人信息保护管理要求

（一）信息收集和使用要求

1. 电信业务经营者、互联网信息服务提供者应当制定用户个人信息收集、使用规则，并在其经营或者服务场所、网站等予以公布。

个人信息收集使用规则内容应当明确具体、清晰易懂，包括但不限于：网络数据处理者的名称或者姓名和联系方式；处理个人信息的目的、方式、种类，处理敏感个人信息的必要性以及对个人权益的影响；个人信息保存期限和到期后的处理方式，保存期限难以确定的，应当明确保存期限的确定方法；个人查阅、复制、转移、更正、补充、删除、限制处理个人信息以及注销账号、撤回同意的方法和途径等。

网络数据处理者处理不满十四周岁未成年人个人信息的，还应当制定专门的个人信息处理规则。

2. 未经用户同意，电信业务经营者、互联网信息服务提供者不得收集、使用用户个人信息。电信业务经营者、互联网信息服务提供者不得收集其提供服务所必需以外的用户个人信息或者将信息用于提供服务之外的目的，不得以欺骗、误导或者强迫等方式或者违反法律、行政法规以及双方的约定收集、使用信息。

3. 电信业务经营者、互联网信息服务提供者在用户终止使用电信服务或者互联网信息服务后，应当停止对用户个人信息的收集和使用，并为用户提供注销号码或者账号的服务。

4. 电信业务经营者、互联网信息服务提供者及其工作人员对在提供服务过程中收集、使用的用户个人信息应当严格保密，不得泄露、篡改或者毁损，不得出售或者非法向他人提供。

5.电信业务经营者、互联网信息服务提供者委托他人代理市场销售和技术服务等直接面向用户的服务性工作，涉及收集、使用用户个人信息的，应当对代理人的用户个人信息保护工作进行监督和管理，不得委托不符合法律规定有关用户个人信息保护要求的代理人代办相关服务。

6.电信业务经营者、互联网信息服务提供者应当建立用户投诉处理机制，公布有效的联系方式，接受与用户个人信息保护有关的投诉，并自接到投诉之日起十五日内答复投诉人。

（二）安全保障措施要求

1.电信业务经营者、互联网信息服务提供者应当采取以下措施防止用户个人信息泄露、毁损、篡改或者丢失：

（1）确定各部门、岗位和分支机构的用户个人信息安全管理责任；

（2）建立用户个人信息收集、使用及其相关活动的工作流程和安全管理制度；

（3）对工作人员及代理人实行权限管理，对批量导出、复制、销毁信息实行审查，并采取防泄密措施；

（4）妥善保管记录用户个人信息的纸介质、光介质、电磁介质等载体，并采取相应的安全储存措施；

（5）对储存用户个人信息的信息系统实行接入审查，并采取防入侵、防病毒等措施；

（6）记录对用户个人信息进行操作的人员、时间、地点、事项等信息；

（7）按照电信管理机构的规定开展通信网络安全防护工作；

（8）电信管理机构规定的其他必要措施。

2.电信业务经营者、互联网信息服务提供者保管的用户个人信息发生或者可能发生泄露、毁损、丢失的，应当立即采取补救措施；造成或者可能造成严重后果的，应当立即向准予其许可或者备案的电信管理机构报告，配合相关部门进行的调查处理。电信管理机构应当对报告或者发现的可能违反个人信息保护规定的行为的影响进行评估；影响特别重大的，相关省、自治区、直辖市通信管理局应当向工业和信息化部报告。电信管理机构在作出处理决定前，可以要求电信业务经营者和互联网信息服务提供者暂停有关行为，电信业务经营者和互联网信息服务提供者应当执行。

3.电信业务经营者、互联网信息服务提供者应当对其工作人员进行用户个人信息保护相关知识、技能和安全责任培训。

4.电信业务经营者、互联网信息服务提供者应当对用户个人信息保护情况每年至少进行一次自查，记录自查情况，及时消除自查中发现的安全隐患。

三、个人信息保护相关法律责任

1.违反《中华人民共和国个人信息保护法》规定处理个人信息，或者处理个人信息未履行《中华人民共和国个人信息保护法》规定的个人信息保护义务的，由履行个人信息保护职责的部门责令改正，给予警告，没收违法所得，对违法处理个人信息的应用程序，责令暂停或者终止提供服务；拒不改正的，并处一百万元以下罚款；对直接负责的主管人员和其他直接责任人员处一万元以上十万元以下罚款。

有前款规定的违法行为，情节严重的，由省级以上履行个人信息保护职责的部门责令改正，没收违法所得，并处五千万元以下或者上一年度营业额百分之五以下罚款，并可以责令暂停相关业务或者停业整顿、通报有关主管部门吊销相关业务许可或者吊销营业执照；对直接负责的主管人员和其他直接责任人员处十万元以上一百万元以下罚款，并可以决定禁止其在一定期限内担任相关企业的董事、监事、高级管理人员和个人信息保护负责人。

2.有《中华人民共和国个人信息保护法》规定的违法行为的，依照有关法律、行政法规的规定记入信用档案，并予以公示。

3. 处理个人信息侵害个人信息权益造成损害，个人信息处理者不能证明自己没有过错的，应当承担损害赔偿等侵权责任。

前述规定的损害赔偿责任按照个人因此受到的损失或者个人信息处理者因此获得的利益确定；个人因此受到的损失和个人信息处理者因此获得的利益难以确定的，根据实际情况确定赔偿数额。

个人信息处理者违反《中华人民共和国个人信息保护法》规定处理个人信息，侵害众多个人的权益的，人民检察院、法律规定的消费者组织和由国家网信部门确定的组织可以依法向人民法院提起诉讼。

4. 违反《全国人民代表大会常务委员会关于加强网络信息保护的决定》的，依法给予警告、罚款、没收违法所得、吊销许可证或者取消备案、关闭网站、禁止有关责任人员从事网络服务业务等处罚，记入社会信用档案并予以公布；构成违反治安管理行为的，依法给予治安管理处罚。构成犯罪的，依法追究刑事责任。侵害他人民事权益的，依法承担民事责任。

5. 电信业务经营者、互联网信息服务提供者违反《电信和互联网用户个人信息保护规定》第八条[1]、第十二条[2]规定的，由电信管理机构依据职权责令限期改正，予以警告，可以并处一万元以下的罚款。违反《电信和互联网用户个

---

1 《电信和互联网用户个人信息保护规定》第八条规定：电信业务经营者、互联网信息服务提供者应当制定用户个人信息收集、使用规则，并在其经营或者服务场所、网站等予以公布。

2 《电信和互联网用户个人信息保护规定》第十二条规定：电信业务经营者、互联网信息服务提供者应当建立用户投诉处理机制，公布有效的联系方式，接受与用户个人信息保护有关的投诉，并自接到投诉之日起十五日内答复投诉人。

人信息保护规定》第九条至第十一条¹、第十三条至第十六条²、第十七条第二

1　《电信和互联网用户个人信息保护规定》第九条规定：未经用户同意，电信业务经营者、互联网信息服务提供者不得收集、使用用户个人信息。

电信业务经营者、互联网信息服务提供者收集、使用用户个人信息的，应当明确告知用户收集、使用信息的目的、方式和范围，查询、更正信息的渠道以及拒绝提供信息的后果等事项。

电信业务经营者、互联网信息服务提供者不得收集其提供服务所必需以外的用户个人信息或者将信息用于提供服务之外的目的，不得以欺骗、误导或者强迫等方式或者违反法律、行政法规以及双方的约定收集、使用信息。

电信业务经营者、互联网信息服务提供者在用户终止使用电信服务或者互联网信息服务后，应当停止对用户个人信息的收集和使用，并为用户提供注销号码或者账号的服务。

法律、行政法规对本条第一款至第四款规定的情形另有规定的，从其规定。

《电信和互联网用户个人信息保护规定》第十条规定：电信业务经营者、互联网信息服务提供者及其工作人员对在提供服务过程中收集、使用的用户个人信息应当严格保密，不得泄露、篡改或者毁损，不得出售或者非法向他人提供。

《电信和互联网用户个人信息保护规定》第十一条规定：电信业务经营者、互联网信息服务提供者委托他人代理市场销售和技术服务等直接面向用户的服务性工作，涉及收集、使用用户个人信息的，应当对代理人的用户个人信息保护工作进行监督和管理，不得委托不符合本规定有关用户个人信息保护要求的代理人代办相关服务。

2　《电信和互联网用户个人信息保护规定》第十三条规定：电信业务经营者、互联网信息服务提供者应当采取以下措施防止用户个人信息泄露、毁损、篡改或者丢失：

（一）确定各部门、岗位和分支机构的用户个人信息安全管理责任；

（二）建立用户个人信息收集、使用及其相关活动的工作流程和安全管理制度；

（三）对工作人员及代理人实行权限管理，对批量导出、复制、销毁信息实行审查，并采取防泄密措施；

（四）妥善保管记录用户个人信息的纸介质、光介质、电磁介质等载体，并采取相应的安全储存措施；

（四）对储存用户个人信息的信息系统实行接入审查，并采取防入侵、防病毒等措施；

（五）记录对用户个人信息进行操作的人员、时间、地点、事项等信息；

（六）按照电信管理机构的规定开展通信网络安全防护工作；

（八）电信管理机构规定的其他必要措施。

《电信和互联网用户个人信息保护规定》第十四条规定：电信业务经营者、互联网信息服务提供者保管的用户个人信息发生或者可能发生泄露、毁损、丢失的，应当立即采取补救措施；造成或者可能造成严重后果的，应当立即向准予其许可或者备案的电信管理机构报告，配合相关部门进行的调查处理。

电信管理机构应当对报告或者发现的可能违反本规定的行为的影响进行评估；影响特别重大的，相关省、自治区、直辖市通信管理局应当向工业和信息化部报告。电信管理机构在依据本规定作出处理决定前，可以要求电信业务经营者和互联网信息服务提供者暂停有关行为，电信业务经营者和互联网信息服务提供者应当执行。

《电信和互联网用户个人信息保护规定》第十五条规定：电信业务经营者、互联网信息服务提供者应当对其工作人员进行用户个人信息保护相关知识、技能和安全责任培训。

《电信和互联网用户个人信息保护规定》第十六条规定：电信业务经营者、互联网信息服务提供者应当对用户个人信息保护情况每年至少进行一次自查，记录自查情况，及时消除自查中发现的安全隐患。

款[1]规定的，由电信管理机构依据职权责令限期改正，予以警告，可以并处一万元以上三万元以下的罚款，向社会公告；构成犯罪的，依法追究刑事责任。

6. 根据《中华人民共和国刑法》第二百五十三条之一规定，违反国家有关规定，向他人出售或者提供公民个人信息，情节严重的，处三年以下有期徒刑或者拘役，并处或者单处罚金；情节特别严重的，处三年以上七年以下有期徒刑，并处罚金。

违反国家有关规定，将在履行职责或者提供服务过程中获得的公民个人信息，出售或者提供给他人的，依照前款的规定从重处罚。

窃取或者以其他方法非法获取公民个人信息的，依照第一款的规定处罚。

单位犯前三款罪的，对单位判处罚金，并对其直接负责的主管人员和其他直接责任人员，依照各该款的规定处罚。

7. 根据《最高人民法院、最高人民检察院关于办理侵犯公民个人信息刑事案件适用法律若干问题的解释》第九条规定，网络服务提供者拒不履行法律、行政法规规定的信息网络安全管理义务，经监管部门责令采取改正措施而拒不改正，致使用户的公民个人信息泄露，造成严重后果的，应当依照《中华人民共和国刑法》第二百八十六条之一的规定，以拒不履行信息网络安全管理义务罪定罪处罚。

---

1 《电信和互联网用户个人信息保护规定》第十七条第二款规定：电信管理机构实施监督检查时，可以要求电信业务经营者、互联网信息服务提供者提供相关材料，进入其生产经营场所调查情况，电信业务经营者、互联网信息服务提供者应当予以配合。

第四节 | **反电信网络诈骗**

一、反电信网络诈骗概述

电信网络诈骗，是指以非法占有为目的，利用电信网络技术手段，通过远程、非接触等方式，诈骗公私财物的行为。

2022年9月2日，十三届全国人大常委会第三十六次会议表决通过了《中华人民共和国反电信网络诈骗法》，自2022年12月1日起施行。

国务院建立反电信网络诈骗工作机制，统筹协调打击治理工作。

地方各级人民政府组织领导本行政区域内反电信网络诈骗工作，确定反电信网络诈骗目标任务和工作机制，开展综合治理。

公安机关牵头负责反电信网络诈骗工作，金融、电信、网信、市场监管等有关部门依照职责履行监管主体责任，负责本行业领域反电信网络诈骗工作。

人民法院、人民检察院发挥审判、检察职能作用，依法防范、惩治电信网络诈骗活动。

电信业务经营者、银行业金融机构、非银行支付机构、互联网服务提供者承担风险防控责任，建立反电信网络诈骗内部控制机制和安全责任制度，加强新业务涉诈风险安全评估。

二、反电信网络诈骗管理要求

（一）落实电话用户真实身份信息登记制度

依据《电话用户真实身份信息登记规定》，电信业务经营者为用户办理固定电话、移动电话（含无线上网卡，下同）等入网手续，在与用户签订协议或者确认提供服务时，如实登记用户提供的真实身份信息的活动。

个人办理电话用户真实身份信息登记的，可以出示下列有效证件之一：

1. 居民身份证、临时居民身份证或者户口簿；

2. 中国人民解放军军人身份证件、中国人民武装警察身份证件；

3. 港澳居民来往内地通行证、台湾居民来往大陆通行证或者其他有效旅行证件；

4. 外国公民护照；

5. 法律、行政法规和国家规定的其他有效身份证件。

用户拒绝出示有效证件，拒绝提供其证件上所记载的身份信息，冒用他人的证件，或者使用伪造、变造的证件的，电信业务经营者不得为其办理入网手续。

基础电信企业和移动通信转售企业应当承担对代理商落实电话用户实名制管理责任，在协议中明确代理商实名制登记的责任和有关违约处置措施。

电信业务经营者应当对其电话用户真实身份信息登记和保护情况每年至少进行一次自查，并对其工作人员进行电话用户真实身份信息登记和保护相关知识、技能和安全责任培训。

（二）办理电话卡不得超出国家有关规定限制的数量

对经识别存在异常办卡情形的，电信业务经营者有权加强核查或者拒绝办卡。《关于贯彻落实〈反恐怖主义法〉等法律规定进一步做好电话用户真实身份信息登记工作的通知》（工信部网安〔2016〕182 号）要求，各电信企业要采取措施，坚决杜绝代理商批量开卡、养卡问题。对同一身份证件在同一基础电信企业省级公司或同一转售企业已登记了 5 张及 5 张以上移动电话卡的用户，在申请办理新入网的移动电话卡时，必须由电信企业自有实体营业厅从严核实身份信息后办理入网手续。

国务院电信主管部门组织建立电话用户开卡数量核验机制和风险信息共享机制，并为用户查询名下电话卡信息提供便捷渠道。

（三）实名核验

电信业务经营者对监测识别的涉诈异常电话卡用户应当重新进行实名核验，根据风险等级采取有区别的、相应的核验措施。对未按规定核验或者核验未通过的，电信业务经营者可以限制、暂停有关电话卡功能。

（四）严格物联网卡管理

电信业务经营者建立物联网卡用户风险评估制度，评估未通过的，不得向其销售物联网卡；严格登记物联网卡用户身份信息；采取有效技术措施限定物联网卡开通功能、使用场景和适用设备。

单位用户从电信业务经营者购买物联网卡再将载有物联网卡的设备销售给其他用户的，应当核验和登记用户身份信息，并将销量、存量及用户实名信息传送给号码归属的电信业务经营者。

电信业务经营者对物联网卡的使用建立监测预警机制。对存在异常使用情形的，应当采取暂停服务、重新核验身份和使用场景或者其他合同约定的处置措施。

（五）规范电话呼叫及异常电话拦截

电信业务经营者应当规范真实主叫号码传送和电信线路出租，对改号电话进行封堵拦截和溯源核查。

电信业务经营者应当严格规范国际通信业务出入口局主叫号码传送，真实、准确向用户提示来电号码所属国家或者地区，对网内和网间虚假主叫、不规范主叫进行识别、拦截。

（六）阻断非法设备及软件

任何单位和个人不得非法制造、买卖、提供或者使用下列设备、软件：

1. 电话卡批量插入设备；

2. 具有改变主叫号码、虚拟拨号、互联网电话违规接入公用电信网络等功能的设备、软件；

3. 批量账号、网络地址自动切换系统，批量接收提供短信验证、语音验证的平台；

4. 其他用于实施电信网络诈骗等违法犯罪的设备、软件。

电信业务经营者、互联网服务提供者应当采取技术措施，及时识别、阻断前款规定的非法设备、软件接入网络，并向公安机关和相关行业主管部门报告。

（七）监测识别和处置涉诈支持、帮助活动

任何单位和个人不得为他人实施电信网络诈骗活动提供下列支持或者帮助：

1. 出售、提供个人信息；

2. 帮助他人通过虚拟货币交易等方式洗钱；

3. 其他为电信网络诈骗活动提供支持或者帮助的行为。

电信业务经营者、互联网服务提供者应当依照国家有关规定，履行合理注意义务，对利用下列业务从事涉诈支持、帮助活动进行监测识别和处置：

1. 提供互联网接入、服务器托管、网络存储、通讯传输、线路出租、域名

解析等网络资源服务；

　　2. 提供信息发布或者搜索、广告推广、引流推广等网络推广服务；

　　3. 提供应用程序、网站等网络技术、产品的制作、维护服务；

　　4. 提供支付结算服务。

（八）依法采取电信服务限制措施

　　任何单位和个人不得非法买卖、出租、出借电话卡、物联网卡、电信线路、短信端口、银行账户、支付账户、互联网账号等，不得提供实名核验帮助；不得假冒他人身份或者虚构代理关系开立上述卡、账户、账号等。

　　对经设区的市级以上公安机关认定的实施前款行为的单位、个人和相关组织者，以及因从事电信网络诈骗活动或者关联犯罪受过刑事处罚的人员，电信业务运营者可以按照国家有关规定记入信用记录，采取限制其有关卡、账户、账号等功能和停止非柜面业务、暂停新业务、限制入网等措施。

三、电信网络诈骗相关法律责任

　　1. 组织、策划、实施、参与电信网络诈骗活动或者为电信网络诈骗活动提供帮助，构成犯罪的，依法追究刑事责任。前款行为尚不构成犯罪的，由公安机关处十日以上十五日以下拘留；没收违法所得，处违法所得一倍以上十倍以下罚款，没有违法所得或者违法所得不足一万元的，处十万元以下罚款。

　　组织、策划、实施、参与电信网络诈骗活动或者为电信网络诈骗活动提供相关帮助的违法犯罪人员，除依法承担刑事责任、行政责任以外，造成他人损害的，依照《中华人民共和国民法典》等法律的规定承担民事责任。

　　电信业务经营者、银行业金融机构、非银行支付机构、互联网服务提供者等违反《中华人民共和国反电信网络诈骗法》规定，造成他人损害的，依照《中华人民共和国民法典》等法律的规定承担民事责任。

2.电信业务经营者违反《中华人民共和国反电信网络诈骗法》的规定，有下列情形之一的，由有关主管部门责令改正，情节较轻的，给予警告、通报批评，或者处五万元以上五十万元以下罚款；情节严重的，处五十万元以上五百万元以下罚款，并可以由有关主管部门责令暂停相关业务、停业整顿、吊销相关业务许可证或者吊销营业执照，对其直接负责的主管人员和其他直接责任人员，处一万元以上二十万元以下罚款：

（1）未落实国家有关规定确定的反电信网络诈骗内部控制机制的；

（2）未履行电话卡、物联网卡实名制登记职责的；

（3）未履行对电话卡、物联网卡的监测识别、监测预警和相关处置职责的；

（4）未对物联网卡用户进行风险评估，或者未限定物联网卡的开通功能、使用场景和适用设备的；

（5）未采取措施对改号电话、虚假主叫或者具有相应功能的非法设备进行监测处置的。

3.电信业务经营者、互联网服务提供者违反《中华人民共和国反电信网络诈骗法》规定，有下列情形之一的，由有关主管部门责令改正，情节较轻的，给予警告、通报批评，或者处五万元以上五十万元以下罚款；情节严重的，处五十万元以上五百万元以下罚款，并可以由有关主管部门责令暂停相关业务、停业整顿、关闭网站或者应用程序、吊销相关业务许可证或者吊销营业执照，对其直接负责的主管人员和其他直接责任人员，处一万元以上二十万元以下罚款：

（1）未落实国家有关规定确定的反电信网络诈骗内部控制机制的；

（2）未履行网络服务实名制职责，或者未对涉案、涉诈电话卡关联注册互联网账号进行核验的；

（3）未按照国家有关规定，核验域名注册、解析信息和互联网协议地址的真实性、准确性，规范域名跳转，或者记录并留存所提供相应服务的日志信息的；

（4）未登记核验移动互联网应用程序开发运营者的真实身份信息或者未核

验应用程序的功能、用途，为其提供应用程序封装、分发服务的；

（5）未履行对涉诈互联网账号和应用程序，以及其他电信网络诈骗信息、活动的监测识别和处置义务的；

（6）拒不依法为查处电信网络诈骗犯罪提供技术支持和协助，或者未按规定移送有关违法犯罪线索、风险信息的。

4. 违反《中华人民共和国反电信网络诈骗法》第十四条[1]、第二十五条第一款[2]规定的，没收违法所得，由公安机关或者有关主管部门处违法所得一倍以上十倍以下罚款，没有违法所得或者违法所得不足五万元的，处五十万元以下罚款；情节严重的，由公安机关并处十五日以下拘留。

5. 违反《中华人民共和国反电信网络诈骗法》第二十五条第二款[3]规定，由有关主管部门责令改正，情节较轻的，给予警告、通报批评，或者处五万元以

1　《中华人民共和国反电信网络诈骗法》第十四条规定：任何单位和个人不得非法制造、买卖、提供或者使用下列设备、软件：

（一）电话卡批量插入设备；

（二）具有改变主叫号码、虚拟拨号、互联网电话违规接入公用电信网络等功能的设备、软件；

（三）批量账号、网络地址自动切换系统，批量接收提供短信验证、语音验证的平台；

（四）其他用于实施电信网络诈骗等违法犯罪的设备、软件。

电信业务经营者、互联网服务提供者应当采取技术措施，及时识别、阻断前款规定的非法设备、软件接入网络，并向公安机关和相关行业主管部门报告。

2　《中华人民共和国反电信网络诈骗法》第二十五条第一款规定：任何单位和个人不得为他人实施电信网络诈骗活动提供下列支持或者帮助：

（一）出售、提供个人信息；

（二）帮助他人通过虚拟货币交易等方式洗钱；

（三）其他为电信网络诈骗活动提供支持或者帮助的行为

3　《中华人民共和国反电信网络诈骗法》第二十五条第二款规定：电信业务经营者、互联网服务提供者应当依照国家有关规定，履行合理注意义务，对利用下列业务从事涉诈支持、帮助活动进行监测识别和处置：

（一）提供互联网接入、服务器托管、网络存储、通讯传输、线路出租、域名解析等网络资源服务；

（二）提供信息发布或者搜索、广告推广、引流推广等网络推广服务；

（三）提供应用程序、网站等网络技术、产品的制作、维护服务；

（四）提供支付结算服务。

上五十万元以下罚款；情节严重的，处五十万元以上五百万元以下罚款，并可以由有关主管部门责令暂停相关业务、停业整顿、关闭网站或者应用程序，对其直接负责的主管人员和其他直接责任人员，处一万元以上二十万元以下罚款。

6.违反《中华人民共和国反电信网络诈骗法》第三十一条第一款[1]规定的，没收违法所得，由公安机关处违法所得一倍以上十倍以下罚款，没有违法所得或者违法所得不足二万元的，处二十万元以下罚款；情节严重的，并处十五日以下拘留。

---

1 《中华人民共和国反电信网络诈骗法》第三十一条第一款规定: 任何单位和个人不得非法买卖、出租、出借电话卡、物联网卡、电信线路、短信端口、银行账户、支付账户、互联网账号等，不得提供实名核验帮助；不得假冒他人身份或者虚构代理关系开立上述卡、账户、账号等。

附　录

重点
法律法规

中华人民共和国电信条例

（2000 年 9 月 25 日中华人民共和国国务院令第 291 号公布 根据 2014 年 7 月 29 日《国务院关于修改部分行政法规的决定》第一次修订 根据 2016 年 2 月 6 日《国务院关于修改部分行政法规的决定》第二次修订）

第一章　总则

第一条 为了规范电信市场秩序，维护电信用户和电信业务经营者的合法权益，保障电信网络和信息的安全，促进电信业的健康发展，制定本条例。

第二条 在中华人民共和国境内从事电信活动或者与电信有关的活动，必须遵守本条例。

本条例所称电信，是指利用有线、无线的电磁系统或者光电系统，传送、发射或者接收语音、文字、数据、图像以及其他任何形式信息的活动。

第三条 国务院信息产业主管部门依照本条例的规定对全国电信业实施监督管理。

省、自治区、直辖市电信管理机构在国务院信息产业主管部门的领导下，依照本条例的规定对本行政区域内的电信业实施监督管理。

第四条 电信监督管理遵循政企分开、破除垄断、鼓励竞争、促进发展和公开、公平、公正的原则。

电信业务经营者应当依法经营，遵守商业道德，接受依法实施的监督检查。

第五条 电信业务经营者应当为电信用户提供迅速、准确、安全、方便和价格合理的电信服务。

第六条 电信网络和信息的安全受法律保护。任何组织或者个人不得利用电信网络从事危害国家安全、社会公共利益或者他人合法权益的活动。

第二章 电信市场

第一节 电信业务许可

第七条 国家对电信业务经营按照电信业务分类，实行许可制度。

经营电信业务，必须依照本条例的规定取得国务院信息产业主管部门或者省、自治区、直辖市电信管理机构颁发的电信业务经营许可证。

未取得电信业务经营许可证，任何组织或者个人不得从事电信业务经营活动。

第八条 电信业务分为基础电信业务和增值电信业务。

基础电信业务，是指提供公共网络基础设施、公共数据传送和基本话音通信服务的业务。增值电信业务，是指利用公共网络基础设施提供的电信与信息服务的业务。

电信业务分类的具体划分在本条例所附的《电信业务分类目录》中列出。国务院信息产业主管部门根据实际情况，可以对目录所列电信业务分类项目作局部调整，重新公布。

第九条 经营基础电信业务，须经国务院信息产业主管部门审查批准，取得《基础电信业务经营许可证》。

经营增值电信业务，业务覆盖范围在两个以上省、自治区、直辖市的，须经国务院信息产业主管部门审查批准，取得《跨地区增值电信业务经营许可证》；业务覆盖范围在一个省、自治区、直辖市行政区域内的，须经省、自治区、直辖市电信管理机构审查批准，取得《增值电信业务经营许可证》。

运用新技术试办《电信业务分类目录》未列出的新型电信业务的，应当向省、自治区、直辖市电信管理机构备案。

第十条 经营基础电信业务，应当具备下列条件：

（一）经营者为依法设立的专门从事基础电信业务的公司，且公司中国有股权或者股份不少于 51%；

（二）有可行性研究报告和组网技术方案；

（三）有与从事经营活动相适应的资金和专业人员；

（四）有从事经营活动的场地及相应的资源；

（五）有为用户提供长期服务的信誉或者能力；

（六）国家规定的其他条件。

第十一条 申请经营基础电信业务，应当向国务院信息产业主管部门提出申请，并提交本条例第十条规定的相关文件。国务院信息产业主管部门应当自受理申请之日起 180 日内审查完毕，作出批准或者不予批准的决定。予以批准的，颁发《基础电信业务经营许可证》；不予批准的，应当书面通知申请人并说明理由。

第十二条 国务院信息产业主管部门审查经营基础电信业务的申请时，应当考虑国家安全、电信网络安全、电信资源可持续利用、环境保护和电信市场的竞争状况等因素。

颁发《基础电信业务经营许可证》，应当按照国家有关规定采用招标方式。

第十三条 经营增值电信业务，应当具备下列条件：

（一）经营者为依法设立的公司；

（二）有与开展经营活动相适应的资金和专业人员；

（三）有为用户提供长期服务的信誉或者能力；

（四）国家规定的其他条件。

第十四条 申请经营增值电信业务，应当根据本条例第九条第二款的规定，向国务院信息产业主管部门或者省、自治区、直辖市电信管理机构提出申请，并提交本条例第十三条规定的相关文件。申请经营的增值电信业务，按照国家有关规定须经有关主管部门审批的，还应当提交有关主管部门审核同意的文件。

国务院信息产业主管部门或者省、自治区、直辖市电信管理机构应当自收到申请之日起 60 日内审查完毕，作出批准或者不予批准的决定。予以批准的，颁发《跨地区增值电信业务经营许可证》或者《增值电信业务经营许可证》；不予批准的，应当书面通知申请人并说明理由。

第十五条 电信业务经营者在经营过程中，变更经营主体、业务范围或者停止经营的，应当提前 90 日向原颁发许可证的机关提出申请，并办理相应手续；停止经营的，还应当按照国家有关规定做好善后工作。

第十六条 专用电信网运营单位在所在地区经营电信业务的，应当依照本条例规定的条件和程序提出申请，经批准，取得电信业务经营许可证。

第二节 电信网间互联

第十七条 电信网之间应当按照技术可行、经济合理、公平公正、相互配合的原则，实现互联互通。

主导的电信业务经营者不得拒绝其他电信业务经营者和专用网运营单位提出的互联互通要求。

前款所称主导的电信业务经营者，是指控制必要的基础电信设施并且在电信业务市场中占有较大份额，能够对其他电信业务经营者进入电信业务市场构成实质性影响的经营者。

主导的电信业务经营者由国务院信息产业主管部门确定。

第十八条 主导的电信业务经营者应当按照非歧视和透明化的原则，制定包括网间互联的程序、时限、非捆绑网络元素目录等内容的互联规程。互联规程应当报国务院信息产业主管部门审查同意。该互联规程对主导的电信业务经营者的互联互通活动具有约束力。

第十九条 公用电信网之间、公用电信网与专用电信网之间的网间互联，由网间互联双方按照国务院信息产业主管部门的网间互联管理规定进行互联协商，并订立网间互联协议。

第二十条 网间互联双方经协商未能达成网间互联协议的，自一方提出互联要求之日起 60 日内，任何一方均可以按照网间互联覆盖范围向国务院信息产业主管部门或者省、自治区、直辖市电信管理机构申请协调；收到申请的机关应当依照本条例第十七条第一款规定的原则进行协调，促使网间互联双方达成协议；自网间互联一方或者双方申请协调之日起 45 日内经协调仍不能达成协议的，由协调机关随机邀请电信技术专家和其他有关方面专家进行公开论证并提出网间互联方案。协调机关应当根据专家论证结论和提出的网间互联方案作出决定，强制实现互联互通。

第二十一条 网间互联双方必须在协议约定或者决定规定的时限内实现互联互通，遵守网间互联协议和国务院信息产业主管部门的相关规定，保障网间通信畅通，任何一方不得擅自中断互联互通。网间互联遇有通信技术障碍的，双方应当立即采取有效措施予以消除。网间互联双方在互联互通中发生争议的，依照本条例第二十条规定的程序和办法处理。

网间互联的通信质量应当符合国家有关标准。主导的电信业务经营者向其他电信业务经营者提供网间互联，服务质量不得低于本网内的同类业务及向其子公司或者分支机构提供的同类业务质量。

第二十二条 网间互联的费用结算与分摊应当执行国家有关规定，不得在规定标准之外加收费用。

网间互联的技术标准、费用结算办法和具体管理规定，由国务院信息产业主管部门制定。

第三节 电信资费

第二十三条 电信资费实行市场调节价。电信业务经营者应当统筹考虑生产经营成本、电信市场供求状况等因素，合理确定电信业务资费标准。

第二十四条 国家依法加强对电信业务经营者资费行为的监管，建立健全监管规则，维护消费者合法权益。

第二十五条 电信业务经营者应当根据国务院信息产业主管部门和省、自治区、直辖市电信管理机构的要求，提供准确、完备的业务成本数据及其他有关资料。

第四节 电信资源

第二十六条 国家对电信资源统一规划、集中管理、合理分配，实行有偿使用制度。

前款所称电信资源，是指无线电频率、卫星轨道位置、电信网码号等用于实现电信功能且有限的资源。

第二十七条 电信业务经营者占有、使用电信资源，应当缴纳电信资源费。具体收费办法由国务院信息产业主管部门会同国务院财政部门、价格主管部门制定，报国务院批准后公布施行。

第二十八条 电信资源的分配，应当考虑电信资源规划、用途和预期服务能力。

分配电信资源，可以采取指配的方式，也可以采用拍卖的方式。

取得电信资源使用权的，应当在规定的时限内启用所分配的资源，并达到规定的最低使用规模。未经国务院信息产业主管部门或者省、自治区、直辖市电信管理机构批准，不得擅自使用、转让、出租电信资源或者改变电信资源的用途。

第二十九条 电信资源使用者依法取得电信网码号资源后，主导的电信业务经营者和其他有关单位有义务采取必要的技术措施，配合电信资源使用者实现其电信网码号资源的功能。

法律、行政法规对电信资源管理另有特别规定的，从其规定。

第三章 电信服务

第三十条 电信业务经营者应当按照国家规定的电信服务标准向电信用户提供服务。电信业务经营者提供服务的种类、范围、资费标准和时限，应当向社会公布，并报省、自治区、直辖市电信管理机构备案。

电信用户有权自主选择使用依法开办的各类电信业务。

第三十一条 电信用户申请安装、移装电信终端设备的，电信业务经营者应当在其公布的时限内保证装机开通；由于电信业务经营者的原因逾期未能装机开通的，应当每日按照收取的安装费、移装费或者其他费用数额 1% 的比例，向电信用户支付违约金。

第三十二条 电信用户申告电信服务障碍的，电信业务经营者应当自接到申告之日起，城镇 48 小时、农村 72 小时内修复或者调通；不能按期修复或者调通的，应当及时通知电信用户，并免收障碍期间的月租费用。但是，属于电信终端设备的原因造成电信服务障碍的除外。

第三十三条 电信业务经营者应当为电信用户交费和查询提供方便。电信用户要求提供国内长途通信、国际通信、移动通信和信息服务等收费清单的，电信业务经营者应当免费提供。

电信用户出现异常的巨额电信费用时，电信业务经营者一经发现，应当尽可能迅速告知电信用户，并采取相应的措施。

前款所称巨额电信费用，是指突然出现超过电信用户此前 3 个月平均电信费用 5 倍以上的费用。

第三十四条 电信用户应当按照约定的时间和方式及时、足额地向电信业务经营者交纳电信费用；电信用户逾期不交纳电信费用的，电信业务经营者有权要求补交电信费用，并可以按照所欠费用每日加收 3‰ 的违约金。

对超过收费约定期限 30 日仍不交纳电信费用的电信用户，电信业务经营者可以暂停向其提供电信服务。电信用户在电信业务经营者暂停服务 60 日内仍未补交电信费用和违约金的，电信业务经营者可以终止提供服务，并可以依法追缴欠费和违约金。

经营移动电信业务的经营者可以与电信用户约定交纳电信费用的期限、方式，不受前款规定期限的限制。

电信业务经营者应当在迟延交纳电信费用的电信用户补足电信费用、违约金后的 48 小时内，恢复暂停的电信服务。

第三十五条 电信业务经营者因工程施工、网络建设等原因，影响或者可能影响正常电信服务的，必须按照规定的时限及时告知用户，并向省、自治区、直辖市电信管理机构报告。

因前款原因中断电信服务的，电信业务经营者应当相应减免用户在电信服务中断期间的相关费用。

出现本条第一款规定的情形，电信业务经营者未及时告知用户的，应当赔偿由此给用户造成的损失。

第三十六条 经营本地电话业务和移动电话业务的电信业务经营者，应当免费向用户提供火警、匪警、医疗急救、交通事故报警等公益性电信服务并保障通信线路畅通。

第三十七条 电信业务经营者应当及时为需要通过中继线接入其电信网的集团用户，提供平等、合理的接入服务。

未经批准，电信业务经营者不得擅自中断接入服务。

第三十八条 电信业务经营者应当建立健全内部服务质量管理制度，并可以制定并公布施行高于国家规定的电信服务标准的企业标准。

电信业务经营者应当采取各种形式广泛听取电信用户意见，接受社会监督，不断提高电信服务质量。

第三十九条 电信业务经营者提供的电信服务达不到国家规定的电信服务标准或者其公布的企业标准的，或者电信用户对交纳电信费用持有异议的，电信用户有权要求电信业务经营者予以解决；电信业务经营者拒不解决或者电信用户对解决结果不满意的，电信用户有权向国务院信息产业主管部门或者省、自治区、直辖市电信管理机构或者其他有关部门申诉。收到申诉的机关必须对申诉及时处理，并自收到申诉之日起 30 日内向申诉者作出答复。

电信用户对交纳本地电话费用有异议的，电信业务经营者还应当应电信用户的要求免费提供本地电话收费依据，并有义务采取必要措施协助电信用户查找原因。

第四十条 电信业务经营者在电信服务中，不得有下列行为：

（一）以任何方式限定电信用户使用其指定的业务；

（二）限定电信用户购买其指定的电信终端设备或者拒绝电信用户使用自备的已经取得入网许可的电信终端设备；

（三）无正当理由拒绝、拖延或者中止对电信用户的电信服务；

（四）对电信用户不履行公开作出的承诺或者作容易引起误解的虚假宣传；

（五）以不正当手段刁难电信用户或者对投诉的电信用户打击报复。

第四十一条 电信业务经营者在电信业务经营活动中，不得有下列行为：

（一）以任何方式限制电信用户选择其他电信业务经营者依法开办的电信服务；

（二）对其经营的不同业务进行不合理的交叉补贴；

（三）以排挤竞争对手为目的，低于成本提供电信业务或者服务，进行不正当竞争。

第四十二条 国务院信息产业主管部门或者省、自治区、直辖市电信管理机构应当依据职权对电信业务经营者的电信服务质量和经营活动进行监督检查，并向社会公布监督抽查结果。

第四十三条 电信业务经营者必须按照国家有关规定履行相应的电信普遍服务义务。

国务院信息产业主管部门可以采取指定的或者招标的方式确定电信业务经营者具体承担电信普遍服务的义务。

电信普遍服务成本补偿管理办法，由国务院信息产业主管部门会同国务院财政部门、价格主管部门制定，报国务院批准后公布施行。

第四章 电信建设

第一节 电信设施建设

第四十四条 公用电信网、专用电信网、广播电视传输网的建设应当接受国务院信息产业主管部门的统筹规划和行业管理。

属于全国性信息网络工程或者国家规定限额以上建设项目的公用电信网、专用电信网、广播电视传输网建设，在按照国家基本建设项目审批程序报批前，应当征得国务院信息产业主管部门同意。

基础电信建设项目应当纳入地方各级人民政府城市建设总体规划和村镇、集镇建设总体规划。

第四十五条 城市建设和村镇、集镇建设应当配套设置电信设施。建筑物内的电信管线和配线设施以及建设项目用地范围内的电信管道，应当纳入建设项目的设计文件，并随建设项目同时施工与验收。所需经费应当纳入建设项目概算。

有关单位或者部门规划、建设道路、桥梁、隧道或者地下铁道等，应当事先通知省、自治区、直辖市电信管理机构和电信业务经营者，协商预留电信管线等事宜。

第四十六条 基础电信业务经营者可以在民用建筑物上附挂电信线路或者设置小型天线、移动通信基站等公用电信设施，但是应当事先通知建筑物产权人或者使用人，并按照省、自治区、直辖市人民政府规定的标准向该建筑物的产权人或者其他权利人支付使用费。

第四十七条 建设地下、水底等隐蔽电信设施和高空电信设施，应当按照国家有关规定设置标志。

基础电信业务经营者建设海底电信缆线，应当征得国务院信息产业主管部门同意，并征求有关部门意见后，依法办理有关手续。海底电信缆线由国务院有关部门在海图上标出。

第四十八条 任何单位或者个人不得擅自改动或者迁移他人的电信线路及其他电信设施；遇有特殊情况必须改动或者迁移的，应当征得该电信设施产权人同意，由提出改动或者迁移要求的单位或者个人承担改动或者迁移所需费用，并赔偿由此造成的经济损失。

第四十九条 从事施工、生产、种植树木等活动，不得危及电信线路或者其他电信设施的安全或者妨碍线路畅通；可能危及电信安全时，应当事先通知有关电信业务经营者，并由从事该活动的单位或者个人负责采取必要的安全防护措施。

违反前款规定，损害电信线路或者其他电信设施或者妨碍线路畅通的，应当恢复原状或者予以修复，并赔偿由此造成的经济损失。

第五十条 从事电信线路建设，应当与已建的电信线路保持必要的安全距离；难以避开或者必须穿越，或者需要使用已建电信管道的，应当与已建电信线路的产权人协商，并签订协议；经协商不能达成协议的，根据不同情况，由国务院信息产业主管部门或者省、自治区、直辖市电信管理机构协调解决。

第五十一条 任何组织或者个人不得阻止或者妨碍基础电信业务经营者依法从事电信设施建设和向电信用户提供公共电信服务；但是，国家规定禁止或者限制进入的区域除外。

第五十二条 执行特殊通信、应急通信和抢修、抢险任务的电信车辆，经公安交通管理机关批准，在保障交通安全畅通的前提下可以不受各种禁止机动车通行标志的限制。

第二节 电信设备进网

第五十三条 国家对电信终端设备、无线电通信设备和涉及网间互联的设备实行进网许可制度。

接入公用电信网的电信终端设备、无线电通信设备和涉及网间互联的设备，必须符合国家规定的标准并取得进网许可证。

实行进网许可制度的电信设备目录，由国务院信息产业主管部门会同国务院产品质量监督部门制定并公布施行。

第五十四条 办理电信设备进网许可证的，应当向国务院信息产业主管部门提出申请，并附送经国务院产品质量监督部门认可的电信设备检测机构出具的检测报告或者认证机构出具的产品质量认证证书。

国务院信息产业主管部门应当自收到电信设备进网许可申请之日起 60 日内，对申请及电信设备检测报告或者产品质量认证证书审查完毕。经审查合格的，颁发进网许可证；经审查不合格的，应当书面答复并说明理由。

第五十五条 电信设备生产企业必须保证获得进网许可的电信设备的质量稳定、可靠，不得降低产品质量和性能。

电信设备生产企业应当在其生产的获得进网许可的电信设备上粘贴进网许可标志。

国务院产品质量监督部门应当会同国务院信息产业主管部门对获得进网许可证的电信设备进行质量跟踪和监督抽查，公布抽查结果。

第五章 电信安全

第五十六条 任何组织或者个人不得利用电信网络制作、复制、发布、传播含有下列内容的信息：

（一）反对宪法所确定的基本原则的；

（二）危害国家安全，泄露国家秘密，颠覆国家政权，破坏国家统一的；

（三）损害国家荣誉和利益的；

（四）煽动民族仇恨、民族歧视，破坏民族团结的；

（五）破坏国家宗教政策，宣扬邪教和封建迷信的；

（六）散布谣言，扰乱社会秩序，破坏社会稳定的；

（七）散布淫秽、色情、赌博、暴力、凶杀、恐怖或者教唆犯罪的；

（八）侮辱或者诽谤他人，侵害他人合法权益的；

（九）含有法律、行政法规禁止的其他内容的。

第五十七条 任何组织或者个人不得有下列危害电信网络安全和信息安全的行为：

（一）对电信网的功能或者存储、处理、传输的数据和应用程序进行删除或者修改；

（二）利用电信网从事窃取或者破坏他人信息、损害他人合法权益的活动；

（三）故意制作、复制、传播计算机病毒或者以其他方式攻击他人电信网络等电信设施；

（四）危害电信网络安全和信息安全的其他行为。

第五十八条 任何组织或者个人不得有下列扰乱电信市场秩序的行为：

（一）采取租用电信国际专线、私设转接设备或者其他方法，擅自经营国际或者香港特别行政区、澳门特别行政区和台湾地区电信业务；

（二）盗接他人电信线路，复制他人电信码号，使用明知是盗接、复制的电信设施或者码号；

（三）伪造、变造电话卡及其他各种电信服务有价凭证；

（四）以虚假、冒用的身份证件办理入网手续并使用移动电话。

第五十九条 电信业务经营者应当按照国家有关电信安全的规定，建立健全内部安全保障制度，实行安全保障责任制。

第六十条 电信业务经营者在电信网络的设计、建设和运行中，应当做到与国家安全和电信网络安全的需求同步规划，同步建设，同步运行。

第六十一条 在公共信息服务中，电信业务经营者发现电信网络中传输的信息明显属于本条例第五十六条所列内容的，应当立即停止传输，保存有关记录，并向国家有关机关报告。

第六十二条 使用电信网络传输信息的内容及其后果由电信用户负责。

电信用户使用电信网络传输的信息属于国家秘密信息的，必须依照保守国家秘密法的规定采取保密措施。

第六十三条 在发生重大自然灾害等紧急情况下，经国务院批准，国务院信息产业主管部门可以调用各种电信设施，确保重要通信畅通。

第六十四条 在中华人民共和国境内从事国际通信业务，必须通过国务院信息产业主管部门批准设立的国际通信出入口局进行。

我国内地与香港特别行政区、澳门特别行政区和台湾地区之间的通信，参照前款规定办理。

第六十五条 电信用户依法使用电信的自由和通信秘密受法律保护。除因国家安全或者追查刑事犯罪的需要，由公安机关、国家安全机关或者人民检察院依照法律规定的程序对电信内容进行检查外，任何组织或者个人不得以任何理由对电信内容进行检查。

电信业务经营者及其工作人员不得擅自向他人提供电信用户使用电信网络所传输信息的内容。

第六章 罚则

第六十六条 违反本条例第五十六条、第五十七条的规定，构成犯罪的，依法追究刑事责任；尚不构成犯罪的，由公安机关、国家安全机关依照有关法律、行政法规的规定予以处罚。

第六十七条 有本条例第五十八条第（二）、（三）、（四）项所列行为之一，扰乱电信市场秩序，构成犯罪的，依法追究刑事责任；尚不构成犯罪的，由国务院信息产业主管部门或者省、自治区、直辖市电信管理机构依据职权责令改正，没收违法所得，处违法所得3倍以上5倍以下罚款；没有违法所得或者违法所得不足1万元的，处1万元以上10万元以下罚款。

第六十八条 违反本条例的规定，伪造、冒用、转让电信业务经营许可证、电信设备进网许可证或者编造在电信设备上标注的进网许可证编号的，由国务院信息产业主管部门或者省、自治区、直辖市电信管理机构依据职权没收违法所得，处违法所得 3 倍以上 5 倍以下罚款；没有违法所得或者违法所得不足 1 万元的，处 1 万元以上 10 万元以下罚款。

第六十九条　违反本条例规定，有下列行为之一的，由国务院信息产业主管部门或者省、自治区、直辖市电信管理机构依据职权责令改正，没收违法所得，处违法所得 3 倍以上 5 倍以下罚款；没有违法所得或者违法所得不足 5 万元的，处 10 万元以上 100 万元以下罚款；情节严重的，责令停业整顿：

（一）违反本条例第七条第三款的规定或者有本条例第五十八条第（一）项所列行为，擅自经营电信业务的，或者超范围经营电信业务的；

（二）未通过国务院信息产业主管部门批准，设立国际通信出入口进行国际通信的；

（三）擅自使用、转让、出租电信资源或者改变电信资源用途的；

（四）擅自中断网间互联互通或者接入服务的；

（五）拒不履行普遍服务义务的。

第七十条　违反本条例的规定，有下列行为之一的，由国务院信息产业主管部门或者省、自治区、直辖市电信管理机构依据职权责令改正，没收违法所得，处违法所得 1 倍以上 3 倍以下罚款；没有违法所得或者违法所得不足 1 万元的，处 1 万元以上 10 万元以下罚款；情节严重的，责令停业整顿：

（一）在电信网间互联中违反规定加收费用的；

（二）遇有网间通信技术障碍，不采取有效措施予以消除的；

（三）擅自向他人提供电信用户使用电信网络所传输信息的内容的；

（四）拒不按照规定缴纳电信资源使用费的。

第七十一条　违反本条例第四十一条的规定，在电信业务经营活动中进行不正当竞争的，由国务院信息产业主管部门或者省、自治区、直辖市电信管理机构依据职权责令改正，处 10 万元以上 100 万元以下罚款；情节严重的，责令停业整顿。

第七十二条　违反本条例的规定，有下列行为之一的，由国务院信息产业主管部门或者省、自治区、直辖市电信管理机构依据职权责令改正，处 5 万元以上 50 万元以下罚款；情节严重的，责令停业整顿：

（一）拒绝其他电信业务经营者提出的互联互通要求的；

（二）拒不执行国务院信息产业主管部门或者省、自治区、直辖市电信管理机构依法作出的互联互通决定的；

（三）向其他电信业务经营者提供网间互联的服务质量低于本网及其子公司或者分支机构的。

第七十三条 违反本条例第三十三条第一款、第三十九条第二款的规定，电信业务经营者拒绝免费为电信用户提供国内长途通信、国际通信、移动通信和信息服务等收费清单，或者电信用户对交纳本地电话费用有异议并提出要求时，拒绝为电信用户免费提供本地电话收费依据的，由省、自治区、直辖市电信管理机构责令改正，并向电信用户赔礼道歉；拒不改正并赔礼道歉的，处以警告，并处 5000 元以上 5 万元以下的罚款。

第七十四条 违反本条例第四十条的规定，由省、自治区、直辖市电信管理机构责令改正，并向电信用户赔礼道歉，赔偿电信用户损失；拒不改正并赔礼道歉、赔偿损失的，处以警告，并处 1 万元以上 10 万元以下的罚款；情节严重的，责令停业整顿。

第七十五条 违反本条例的规定，有下列行为之一的，由省、自治区、直辖市电信管理机构责令改正，处 1 万元以上 10 万元以下的罚款：

（一）销售未取得进网许可的电信终端设备的；

（二）非法阻止或者妨碍电信业务经营者向电信用户提供公共电信服务的；

（三）擅自改动或者迁移他人的电信线路及其他电信设施的。

第七十六条 违反本条例的规定，获得电信设备进网许可证后降低产品质量和性能的，由产品质量监督部门依照有关法律、行政法规的规定予以处罚。

第七十七条 有本条例第五十六条、第五十七条和第五十八条所列禁止行为之一，情节严重的，由原发证机关吊销电信业务经营许可证。

国务院信息产业主管部门或者省、自治区、直辖市电信管理机构吊销电信业务经营许可证后,应当通知企业登记机关。

第七十八条 国务院信息产业主管部门或者省、自治区、直辖市电信管理机构工作人员玩忽职守、滥用职权、徇私舞弊,构成犯罪的,依法追究刑事责任;尚不构成犯罪的,依法给予行政处分。

第七章 附则

第七十九条 外国的组织或者个人在中华人民共和国境内投资与经营电信业务和香港特别行政区、澳门特别行政区与台湾地区的组织或者个人在内地投资与经营电信业务的具体办法,由国务院另行制定。

第八十条 本条例自公布之日起施行。

附:电信业务分类目录

目 录

A. 基础电信业务

A1 第一类基础电信业务

A11 固定通信业务

A11-1 固定网本地通信业务

A11-2 固定网国内长途通信业务

A11-3 固定网国际长途通信业务

A11-4 国际通信设施服务业务

A12 蜂窝移动通信业务

A12-1 第二代数字蜂窝移动通信业务

A12-2 第三代数字蜂窝移动通信业务

A12-3 LTE/ 第四代数字蜂窝移动通信业务

A12-4 第五代数字蜂窝移动通信业务

A13 第一类卫星通信业务

A13-1 卫星移动通信业务

A13-2 卫星固定通信业务

A14 第一类数据通信业务

A14-1 互联网国际数据传送业务

A14-2 互联网国内数据传送业务

A14-3 互联网本地数据传送业务

A14-4 国际数据通信业务

A15 IP 电话业务

A15-1 国内 IP 电话业务

A15-2 国际 IP 电话业务

A2 第二类基础电信业务

A21 集群通信业务

A21-1 数字集群通信业务

A22 无线寻呼业务

A23 第二类卫星通信业务

A23-1 卫星转发器出租、出售业务

A23-2 国内甚小口径终端地球站通信业务

A24 第二类数据通信业务

A24-1 固定网国内数据传送业务

A25 网络接入设施服务业务

A25-1 无线接入设施服务业务

A25-2 有线接入设施服务业务

A25-3 用户驻地网业务

A26 国内通信设施服务业务

A27 网络托管业务

B. 增值电信业务

B1 第一类增值电信业务

B11 互联网数据中心业务

B12 内容分发网络业务

B13 国内互联网虚拟专用网业务

B14 互联网接入服务业务

B2 第二类增值电信业务

B21 在线数据处理与交易处理业务

B22 国内多方通信服务业务

B23 存储转发类业务

B24 呼叫中心业务

B24-1 国内呼叫中心业务

B24-2 离岸呼叫中心业务

B25 信息服务业务

B26 编码和规程转换业务

B26-1 域名解析服务业务

业务界定

A. 基础电信业务

A1 第一类基础电信业务

A11 固定通信业务

固定通信是指通信终端设备与网络设备之间主要通过有线或无线方式固定连接起来，向用户提供话音、数据、多媒体通信等服务，进而实现的用户间相互通信，其主要特征是终端的不可移动性或有限移动性。固定通信业务在此特指固定通信网通信业务和国际通信设施服务业务。

根据我国现行的电话网编号标准，全国固定通信网分成若干个长途编号区，每个长途编号区为一个本地通信网（又称本地网）。

固定通信业务包括：固定网本地通信业务、固定网国内长途通信业务、固定网国际长途通信业务、国际通信设施服务业务。

A11-1 固定网本地通信业务

固定网本地通信业务是指通过本地网在同一个长途编号区范围内提供的通信业务。

固定网本地通信业务包括以下主要业务类型：

——端到端的双向话音业务。

——端到端的传真业务和中、低速数据业务（如固定网短消息业务）。

——呼叫前转、三方通话、主叫号码显示等利用交换机的功能和信令消息提供的补充业务。

——经过本地网与智能网共同提供的本地智能网业务。

——基于综合业务数字网（ISDN）的承载业务。

——多媒体通信等业务。

固定网本地通信业务经营者应组建本地通信网设施（包括有线接入设施、用户驻地网），所提供的本地通信业务类型可以是一部分或全部。提供一次本地通信业务经过的网络，可以是同一个运营者的网络，也可以是不同运营者的网络。

A11-2 固定网国内长途通信业务

固定网国内长途通信业务是指通过长途网在不同长途编号区即不同的本地网之间提供的通信业务。某一本地网用户可以通过加拨国内长途字冠和长途区号，呼叫另一个长途编号区本地网的用户。

固定网国内长途通信业务包括以下主要业务类型：

——跨长途编号区的端到端的双向话音业务。

——跨长途编号区的端到端的传真业务和中、低速数据业务。

——跨长途编号区的呼叫前转、三方通话、主叫号码显示等利用交换机的功能和信令消息提供的各种补充业务。

——经过本地网、长途网与智能网共同提供的跨长途编号区的智能网业务。

——跨长途编号区的基于 ISDN 的承载业务。

——跨长途编号区的消息类业务。

——跨长途编号区多媒体通信等业务。

固定网国内长途通信业务的经营者应组建国内长途通信网设施，所提供的国内长途通信业务类型可以是一部分或全部。提供一次国内长途通信业务经过的本地网和长途网，可以是同一个运营者的网络，也可以由不同运营者的网络共同完成。

A11-3 固定网国际长途通信业务

固定网国际长途通信业务是指国家之间或国家与地区之间，通过国际通信网提供的国际通信业务。某一国内通信网用户可以通过加拨国际长途字冠和国家（地区）码，呼叫另一个国家或地区的通信网用户。

固定网国际长途通信业务包括以下主要业务类型：

——跨国家或地区的端到端的双向话音业务。

——跨国家或地区的端到端的传真业务和中、低速数据业务。

——经过本地网、长途网、国际网与智能网共同提供的跨国家或地区的智能网业务，如国际闭合用户群话音业务等。

——跨国家或地区的消息类业务。

——跨国家或地区的多媒体通信等业务。

——跨国家或地区的基于 ISDN 的承载业务。

利用国际专线提供的国际闭合用户群话音服务属固定网国际长途通信业务。

固定网国际长途通信业务的经营者应组建国际长途通信业务网络，无国际通信设施服务业务经营权的运营者不得建设国际传输设施，应租用有相应经营权运营者的国际传输设施。所提供的国际长途通信业务类型可以是一部分或全部。提供固定网国际长途通信业务，应经过国家批准设立的国际通信出入口。提供一次国际长途通信业务经过的本地网、国内长途网和国际网络，可以是同一个运营者的网络，也可以由不同运营者的网络共同完成。

A11-4 国际通信设施服务业务

国际通信设施是指用于实现国际通信业务所需的传输网络和网络元素。国际通信设施服务业务是指建设并出租、出售国际通信设施的业务。

国际通信设施主要包括：国际陆缆、国际海缆、陆地入境站、海缆登陆站、国际地面传输通道、国际卫星地球站、卫星空间段资源、国际传输通道的国内延伸段，以及国际通信网带宽、光通信波长、电缆、光纤、光缆等国际通信传输设施。国际通信设施服务业务经营者应根据国家有关规定建设上述国际通信设施的部分或全部资源，并可以开展相应的出租、出售经营活动。

A12 蜂窝移动通信业务

蜂窝移动通信是采用蜂窝无线组网方式，在终端和网络设备之间通过无线通道连接起来，进而实现用户在活动中可相互通信。其主要特征是终端的移动性，并具有越区切换和跨本地网自动漫游功能。蜂窝移动通信业务是指经过由基站子系统和移动交换子系统等设备组成蜂窝移动通信网提供的话音、数据、多媒体通信等业务。蜂窝移动通信业务的经营者应组建移动通信网，所提供的移动通信业务类型可以是一部分或全部。提供一次移动通信业务经过的网络，可以是同一个运营者的网络设施，也可以由不同运营者的网络设施共同完成。

提供移动网国际通信业务，应经过国家批准设立的国际通信出入口。蜂窝移动通信业务包括：第二代数字蜂窝移动通信业务、第三代数字蜂窝移动通信业务、LTE/ 第四代数字蜂窝移动通信业务。

A12-1 第二代数字蜂窝移动通信业务

第二代数字蜂窝移动通信业务是指利用第二代移动通信网（包括 GSM、CDMA）提供的话音和数据业务。第二代数字蜂窝移动通信业务包括以下主要业务类型：

——端到端的双向话音业务。

——移动消息业务，利用第二代移动通信网（包括 GSM、CDMA）和消息平台提供的移动台发起、移动台接收的消息业务。

——移动承载业务以及其上的移动数据业务。

——利用交换机的功能和信令消息提供的移动补充业务，如主叫号码显示、呼叫前转业务等。

——经过第二代移动通信网与智能网共同提供的移动智能网业务，如预付费业务等。

——国内漫游和国际漫游业务。

A12-2 第三代数字蜂窝移动通信业务

第三代数字蜂窝移动通信业务是利用第三代移动通信网（包括 TD-SCDMA、WCDMA、CDMA2000）提供的话音、数据、多媒体通信等业务。

A12-3 LTE/ 第四代数字蜂窝移动通信业务

LTE/ 第四代数字蜂窝移动通信业务是指利用 LTE/ 第四代数字蜂窝移动通信网（包括 TD-LTE、LTE FDD）提供的话音、数据、多媒体通信等业务。

A12-4 第五代数字蜂窝移动通信业务

第五代数字蜂窝移动通信业务是指利用第五代数字蜂窝移动通信网提供的语音、数据、多媒体通信等业务

A13 第一类卫星通信业务

卫星通信业务是指经通信卫星和地球站组成的卫星通信网提供的话音、数据、多媒体通信等业务。第一类卫星通信业务包括卫星移动通信业务和卫星固定通信业务。

A13-1 卫星移动通信业务

卫星移动通信业务是指地球表面上的移动地球站或移动用户使用手持终端、便携终端、车（船、飞机）载终端，通过由通信卫星、关口地球站、系统控制中心组成的卫星移动通信系统实现用户或移动体在陆地、海上、空中的话音、数据、多媒体通信等业务。

卫星移动通信业务的经营者应组建卫星移动通信网设施，所提供的业务类型可以是一部分或全部。提供跨境卫星移动通信业务（通信的一端在境外）时，应经过国家批准设立的国际通信出入口转接。提供卫星移动通信业务经过的网络，可以是同一个运营者的网络，也可以由不同运营者的网络共同完成。

A13-2 卫星固定通信业务

卫星固定通信业务是指通过由卫星、关口地球站、系统控制中心组成的卫星固定通信系统实现固定体（包括可搬运体）在陆地、海上、空中的话音、数据、多媒体通信等业务。

卫星固定通信业务的经营者应组建卫星固定通信网设施，所提供的业务类型可以是一部分或全部。提供跨境卫星固定通信业务（通信的一端在境外）时，应经过国家批准设立的国际通信出入口转接。提供卫星固定通信业务经过的网络，可以是同一个运营者的网络，也可以由不同运营者的网络共同完成。

卫星国际专线业务属于卫星固定通信业务。卫星国际专线业务是指利用由固定卫星地球站和静止或非静止卫星组成的卫星固定通信系统向用户提供的点对点国际传输通道、通信专线出租业务。卫星国际专线业务有永久连接和半永久连接两种类型。

提供卫星国际专线业务应用的地球站设备分别设在境内和境外，并且可以由最终用户租用或购买。卫星国际专线业务的经营者应组建卫星通信网设施。

A14 第一类数据通信业务

数据通信业务是通过互联网、帧中继、异步转换模式（ATM）网、X.25 分组交换网、数字数据网（DDN）等网络提供的各类数据传送业务。

根据管理需要，数据通信业务分为两类。第一类数据通信业务包括：互联网数据传送业务、国际数据通信业务。互联网数据传送业务是指利用 IP（互联网协议）技术，将用户产生的 IP 数据包从源网络或主机向目标网络或主机传送的业务。提供互联网数据传送业务经过的网络可以是同一个运营者的网络，也可以利用不同运营者的网络共同完成。根据组建网络的范围，互联网数据传送业务分为互联网国际数据传送业务、互联网国内数据传送业务、互联网本地数据传送业务。

A14-1 互联网国际数据传送业务

互联网国际数据传送业务是指经营者通过组建互联网骨干网、城域网和互联网国际出入口提供的互联网数据传送业务。无国际或国内通信设施服务业务经营权的运营者不得建设国际或国内传输设施，应租用有相应经营权运营者的国际或国内传输设施。

基于互联网的国际会议电视及图像服务业务、国际闭合用户群的数据业务属于互联网国际数据传送业务。

A14-2 互联网国内数据传送业务

互联网国内数据传送业务是指经营者通过组建互联网骨干网和城域网，并可利用有相应经营权运营者的互联网国际出入口提供的互联网数据传送业务。无国内通信设施服务业务经营权的运营者不得建设国内传输设施，应租用有相应经营权运营者的国内传输设施。

A14-3 互联网本地数据传送业务

互联网本地数据传送业务是指经营者通过组建城域网，并可利用有相应经营权运营者的互联网骨干网和国际出入口提供的互联网数据传送业务。无国内通信设施服务业务经营权的运营者不得建设国内传输设施，应租用有相应经营权运营者的国内传输设施。

城域网的覆盖范围参照本地网的范围执行。

A14-4 国际数据通信业务

国际数据通信业务是国家之间或国家与地区之间，通过 IP 承载网、帧中继和 ATM 等网络向用户提供虚拟专线、永久虚电路（PVC）连接，以及利用国际线路或国际专线提供的数据或图像传送业务。

利用国际专线提供的国际会议电视业务和国际闭合用户群的数据业务属于国际数据通信业务。

国际数据通信业务的经营者应组建国际 IP 承载网、帧中继和 ATM 等业务网络，无国际通信设施服务业务经营权的运营者不得建设国际传输设施，应租用有相应经营权运营者的国际传输设施。

A15 IP 电话业务

IP 电话业务在此特指由固定网或移动网和互联网共同提供的电话业务，包括国内 IP 电话业务和国际 IP 电话业务。

IP 电话业务包括以下主要业务类型：

——端到端的双向话音业务。

——端到端的传真业务和中、低速数据业务。

A15-1 国内 IP 电话业务

国内 IP 电话业务的业务范围仅限于国内固定网或移动网和互联网共同提供的 IP 电话业务。

国内 IP 电话业务的经营者应组建 IP 电话业务网络，无国内通信设施服务业务经营权的运营者不得建设国内传输设施，应租用有相应经营权运营者的国内传输设施。所提供的 IP 电话业务类型可以是部分或全部。提供一次 IP 电话业务经过的网络，可以是同一个运营者的网络，也可以由不同运营者的网络共同完成。

A15-2 国际 IP 电话业务

国际 IP 电话业务的业务范围包括一端经过国际固定网或移动网或互联网提供的 IP 电话业务。

国际 IP 电话业务的经营者应组建 IP 电话业务网络，无国际或国内通信设施服务业务经营权的运营者不得建设国际或国内传输设施，应租用有相应经营权运营者的国际或国内传输设施。所提供的 IP 电话业务类型可以是部分或全部。提供国际 IP 电话业务，应经过国家批准设立的国际通信出入口。提供一次 IP 电话业务经过的网络，可以是同一个运营者的网络，也可以由不同运营者的网络共同完成。

A2 第二类基础电信业务

A21 集群通信业务

集群通信业务是指利用具有信道共用和动态分配等技术特点的集群通信系统组成的集群通信共网，为多个部门、单位等集团用户提供的专用指挥调度等通信业务。

集群通信系统是按照动态信道指配的方式、以单工通话为主实现多用户共享多信道的无线电移动通信系统。该系统一般由终端设备、基站和中心控制站等组成，具有调度、群呼、优先呼、虚拟专用网、漫游等功能。

A21-1 数字集群通信业务

数字集群通信业务是指利用数字集群通信系统向集团用户提供的指挥调度等通信业务。数字集群通信系统是指在无线接口采用数字调制方式进行通信的集群通信系统。

数字集群通信业务主要包括调度指挥、数据、电话（含集群网内互通的电话或集群网与公用通信网间互通的电话）等业务类型。

数字集群通信业务经营者应提供调度指挥业务，也可以提供数据业务、集群网内互通的电话业务及少量的集群网与公用通信网间互通的电话业务。

数字集群通信业务经营者应组建数字集群通信业务网络，无国内通信设施服务业务经营权的运营者不得建设国内传输网络设施，应租用具有相应经营权运营者的传输设施组建业务网络。

A22 无线寻呼业务

无线寻呼业务是指利用大区制无线寻呼系统，在无线寻呼频点上，系统中心（包括寻呼中心和基站）以采用广播方式向终端单向传递信息的业务。无线寻呼业务可采用人工或自动接续方式。在漫游服务范围内，寻呼系统应能够为用户提供不受地域限制的寻呼漫游服务。

根据终端类型和系统发送内容的不同，无线寻呼用户在无线寻呼系统的服务范围内可以收到数字显示信息、汉字显示信息或声音信息。

无线寻呼业务经营者必须自己组建无线寻呼网络，无国内通信设施服务业务经营权的经营者不得建设国内传输网络设施，必须租用具有相应经营权运营商的传输设施组建业务网络。

A23 第二类卫星通信业务

第二类卫星通信业务包括：卫星转发器出租、出售业务，国内甚小口径终端地球站通信业务。

A23-1 卫星转发器出租、出售业务

卫星转发器出租、出售业务是指根据使用者需要，在我国境内将自有或租用的卫星转发器资源（包括一个或多个完整转发器、部分转发器带宽及容量等）向使用者出租或出售，以供使用者在境内利用其所租赁或购买的卫星转发器资源为自己或其他单位或个人用户提供服务的业务。

卫星转发器出租、出售业务经营者可以利用其自有或租用的卫星转发器资源，在境内开展相应的出租或出售的经营活动。

A23-2 国内甚小口径终端地球站通信业务

国内甚小口径终端地球站（VSAT）通信业务是指利用卫星转发器，通过VSAT 通信系统中心站的管理和控制，在国内实现中心站与 VSAT 终端用户（地球站）之间、VSAT 终端用户之间的话音、数据、多媒体通信等传送业务。

由甚小口径天线和卫星发射、接收设备组成的地球站称 VSAT 地球站。由卫星转发器、中心站和 VSAT 地球站组成 VSAT 系统。

国内甚小口径终端地球站通信业务经营者应组建 VSAT 系统，在国内提供中心站与 VSAT 终端用户（地球站）之间、VSAT 终端用户之间的话音、数据、多媒体通信等传送业务。

A24 第二类数据通信业务

第二类数据通信业务包括：固定网国内数据传送业务。

A24-1 固定网国内数据传送业务

固定网国内数据传送业务是指互联网数据传送业务以外的，在固定网中以有线方式提供的国内端到端数据传送业务。主要包括基于 IP 承载网、ATM 网、X.25 分组交换网、DDN 网、帧中继网络的数据传送业务等。

固定网国内数据传送业务的业务类型包括：虚拟 IP 专线数据传送业务、PVC 数据传送业务、交换虚电路（SVC）数据传送业务、虚拟专用网（不含 IP-VPN）业务等。

固定网国内数据传送业务经营者应组建上述基于不同技术的数据传送网，无国内通信设施服务业务经营权的运营者不得建设国内传输网络设施，应租用具有相应经营权运营者的传输设施组建业务网络。

A25 网络接入设施服务业务

网络接入设施服务业务是指以有线或无线方式提供的、与网络业务节点接口（SNI）或用户网络接口（UNI）相连接的接入设施服务业务。网络接入设施服务业务包括无线接入设施服务业务、有线接入设施服务业务、用户驻地网业务。

A25-1 无线接入设施服务业务

无线接入设施服务业务是以无线方式提供的网络接入设施服务业务，在此特指为终端用户提供的无线接入设施服务业务。无线接入设施服务的网络位置为 SNI 到 UNI 之间部分，传输媒质全部或部分采用空中传播的无线方式，用户终端不含移动性或只含有限的移动性，没有越区切换功能。

无线接入设施服务业务的经营者应建设位于 SNI 到 UNI 之间的无线接入网

络设施，可以开展无线接入网络设施的网络元素出租或出售业务。

A25-2 有线接入设施服务业务

有线接入设施服务业务是以有线方式提供的网络接入设施服务业务。有线接入设施服务的网络位置为 SNI 到 UNI 之间部分。业务节点特指业务控制功能实体，如固定网端局交换机、本地软交换设备、网络接入服务器等。

有线接入设施服务业务的经营者应建设位于 SNI 到 UNI 之间的有线接入网络设施，可以开展有线接入网络设施的网络元素出租或出售业务。

A25-3 用户驻地网业务

用户驻地网业务是指以有线或无线方式，利用与公用通信网相连的用户驻地网（CPN）相关网络设施提供的网络接入设施服务业务。

用户驻地网是指 UNI 到用户终端之间的相关网络设施。根据管理需要，用户驻地网在此特指从用户驻地业务集中点到用户终端之间的相关网络设施。用户驻地网可以是一个居民小区，也可以是一栋或相邻的多栋楼宇，但不包括城域范围内的接入网。

用户驻地网业务经营者应建设用户驻地网，并可以开展驻地网内网络元素出租或出售业务。

A26 国内通信设施服务业务

国内通信设施是指用于实现国内通信业务所需的地面传输网络和网络元素。国内通信设施服务业务是指建设并出租、出售国内通信设施的业务。

国内通信设施主要包括：光缆、电缆、光纤、金属线、节点设备、线路设备、微波站、国内卫星地球站等物理资源和带宽（包括通道、电路）、波长等功能资源组成的国内通信传输设施。

国内专线电路租用服务业务属国内通信设施服务业务。

国内通信设施服务业务经营者应根据国家有关规定建设上述国内通信设施的部分或全部物理资源和功能资源，并可以开展相应的出租、出售经营活动。

A27 网络托管业务

　　网络托管业务是指受用户委托，代管用户自有或租用的国内网络、网络元素或设备，包括为用户提供设备放置、网络管理、运行和维护服务，以及为用户提供互联互通和其他网络应用的管理和维护服务。

　　注：1. 无线寻呼业务、国内甚小口径终端地球站通信业务、固定网国内数据传送业务、用户驻地网业务、网络托管业务比照增值电信业务管理。

　　2. 通过转售方式提供的蜂窝移动通信业务比照增值电信业务管理。

　　3.《电信业务分类目录（2003 版）》中公众电报和用户电报业务、模拟集群通信业务、无线数据传送业务因业务萎缩，今后不再发放新的经营许可，已经获得相应电信业务经营许可证的企业可继续提供相关服务。

B．增值电信业务

B1 第一类增值电信业务

B11 互联网数据中心业务

互联网数据中心（IDC）业务是指利用相应的机房设施，以外包出租的方式为用户的服务器等互联网或其他网络相关设备提供放置、代理维护、系统配置及管理服务，以及提供数据库系统或服务器等设备的出租及其存储空间的出租、通信线路和出口带宽的代理租用和其他应用服务。

互联网数据中心业务经营者应提供机房和相应的配套设施，并提供安全保障措施。

互联网数据中心业务也包括互联网资源协作服务业务。互联网资源协作服务业务是指利用架设在数据中心之上的设备和资源，通过互联网或其他网络以随时获取、按需使用、随时扩展、协作共享等方式，为用户提供的数据存储、互联网应用开发环境、互联网应用部署和运行管理等服务。

B12 内容分发网络业务

内容分发网络（CDN）业务是指利用分布在不同区域的节点服务器群组成流量分配管理网络平台，为用户提供内容的分散存储和高速缓存，并根据网络动态流量和负载状况，将内容分发到快速、稳定的缓存服务器上，提高用户内容的访问响应速度和服务的可用性服务。

B13 国内互联网虚拟专用网业务

国内互联网虚拟专用网业务（IP-VPN）是指经营者利用自有或租用的互联网网络资源，采用 TCP/IP 协议，为国内用户定制互联网闭合用户群网络的服务。互联网虚拟专用网主要采用 IP 隧道等基于 TCP/IP 的技术组建，并提供一定的安全性和保密性，专网内可实现加密的透明分组传送。

B14 互联网接入服务业务

互联网接入服务业务是指利用接入服务器和相应的软硬件资源建立业务节点，并利用公用通信基础设施将业务节点与互联网骨干网相连接，为各类用户提供接入互联网的服务。用户可以利用公用通信网或其他接入手段连接到其业务节点，并通过该节点接入互联网。

B2 第二类增值电信业务

B21 在线数据处理与交易处理业务

在线数据处理与交易处理业务是指利用各种与公用通信网或互联网相连的数据与交易/事务处理应用平台，通过公用通信网或互联网为用户提供在线数据处理和交易/事务处理的业务。在线数据处理与交易处理业务包括交易处理业务、电子数据交换业务和网络/电子设备数据处理业务。

B22 国内多方通信服务业务

国内多方通信服务业务是指通过多方通信平台和公用通信网或互联网实现国内两点或多点之间实时交互式或点播式的话音、图像通信服务。

国内多方通信服务业务包括国内多方电话会议服务业务、国内可视电话会议服务业务和国内互联网会议电视及图像服务业务等。

国内多方电话会议服务业务是指通过多方通信平台和公用通信网把我国境内两点以上的多点电话终端连接起来，实现多点间实时双向话音通信的会议平台服务。

国内可视电话会议服务业务是通过多方通信平台和公用通信网把我国境内两地或多个地点的可视电话会议终端连接起来，以可视方式召开会议，能够实时进行话音、图像和数据的双向通信会议平台服务。

国内互联网会议电视及图像服务业务是为国内用户在互联网上两点或多点之间提供的交互式的多媒体综合应用，如远程诊断、远程教学、协同工作等。

B23 存储转发类业务

存储转发类业务是指利用存储转发机制为用户提供信息发送的业务。存储转发类业务包括语音信箱、电子邮件、传真存储转发等业务。

语音信箱业务是指利用与公用通信网、公用数据传送网、互联网相连接的语音信箱系统向用户提供存储、提取、调用话音留言及其辅助功能的一种业务。每个语音信箱有一个专用信箱号码，用户可以通过电话或计算机等终端设备进行操作，完成信息投递、接收、存储、删除、转发、通知等功能。

电子邮件业务是指通过互联网采用各种电子邮件传输协议为用户提供一对一或一对多点的电子邮件编辑、发送、传输、存储、转发、接收的电子信箱业务。它通过智能终端、计算机等与公用通信网结合，利用存储转发方式为用户提供多种类型的信息交换。

传真存储转发业务是指在用户的传真机与传真机、传真机与计算机之间设立存储转发系统，用户间的传真经存储转发系统的控制，非实时地传送到对端的业务。

传真存储转发系统主要由传真工作站和传真存储转发信箱组成，两者之间通过分组网、数字专线、互联网连接。传真存储转发业务主要有多址投送、定时投送、传真信箱、指定接收人通信、报文存档及其他辅助功能等。

B24 呼叫中心业务

呼叫中心业务是指受企事业等相关单位委托，利用与公用通信网或互联网连接的呼叫中心系统和数据库技术，经过信息采集、加工、存储等建立信息库，通过公用通信网向用户提供有关该单位的业务咨询、信息咨询和数据查询等服务。

呼叫中心业务还包括呼叫中心系统和话务员座席的出租服务。

用户可以通过固定电话、传真、移动通信终端和计算机终端等多种方式进入系统，访问系统的数据库，以语音、传真、电子邮件、短消息等方式获取有关该单位的信息咨询服务。

呼叫中心业务包括国内呼叫中心业务和离岸呼叫中心业务。

B24-1 国内呼叫中心业务

国内呼叫中心业务是指通过在境内设立呼叫中心平台，为境内外单位提供的、主要面向国内用户的呼叫中心业务。

B24-2 离岸呼叫中心业务

离岸呼叫中心业务是指通过在境内设立呼叫中心平台，为境外单位提供的、面向境外用户服务的呼叫中心业务。

B25 信息服务业务

信息服务业务是指通过信息采集、开发、处理和信息平台的建设，通过公用通信网或互联网向用户提供信息服务的业务。信息服务的类型按照信息组织、传递等技术服务方式，主要包括信息发布平台和递送服务、信息搜索查询服务、信息社区平台服务、信息即时交互服务、信息保护和处理服务等。

信息发布平台和递送服务是指建立信息平台，为其他单位或个人用户发布文本、图片、音视频、应用软件等信息提供平台的服务。平台提供者可根据单位或个人用户需要向用户指定的终端、电子邮箱等递送、分发文本、图片、音视频、应用软件等信息。

信息搜索查询服务是指通过公用通信网或互联网，采取信息收集与检索、数据组织与存储、分类索引、整理排序等方式，为用户提供网页信息、文本、图片、音视频等信息检索查询服务。

信息社区平台服务是指在公用通信网或互联网上建立具有社会化特征的网络活动平台，可供注册或群聚用户同步或异步进行在线文本、图片、音视频交流的信息交互平台。

信息即时交互服务指利用公用通信网或互联网，并通过运行在计算机、智能终端等的客户端软件、浏览器等，为用户提供即时发送和接收消息（包括文本、图片、音视频）、文件等信息的服务。信息即时交互服务包括即时通信、交互式语音服务（IVR），以及基于互联网的端到端双向实时话音业务（含视频话音业务）。

信息保护和处理服务指利用公用通信网或互联网，通过建设公共服务平台以及运行在计算机、智能终端等的客户端软件，面向用户提供终端病毒查询、删除，终端信息内容保护、加工处理以及垃圾信息拦截、免打扰等服务。

B26 编码和规程转换业务

编码和规程转换业务指为用户提供公用通信网与互联网之间或在互联网上的电话号码、互联网域名资源、互联网业务标识（ID）号之间的用户身份转换服务。编码和规程转换业务在此特指互联网域名解析服务业务。

B26-1 互联网域名解析服务业务

互联网域名解析是实现互联网域名和 IP 地址相互对应关系的过程。

互联网域名解析服务业务是指在互联网上通过架设域名解析服务器和相应软件，实现互联网域名和 IP 地址的对应关系转换的服务。域名解析服务包括权威解析服务和递归解析服务两类。权威解析是指为根域名、顶级域名和其他各级域名提供域名解析的服务。递归解析是指通过查询本地缓存或权威解析服务系统实现域名和 IP 地址对应关系的服务。

互联网域名解析服务在此特指递归解析服务。

电信业务经营许可管理办法

（2017 年 7 月 3 日中华人民共和国工业和信息化部令第 42 号公布，自 2017 年 9 月 1 日起施行）

第一章 总则

第一条 为了加强电信业务经营许可管理，根据《中华人民共和国电信条例》及其他法律、行政法规的规定，制定本办法。

第二条 在中华人民共和国境内申请、审批、使用和管理电信业务经营许可证（以下简称经营许可证），适用本办法。

第三条 工业和信息化部和省、自治区、直辖市通信管理局（以下统称电信管理机构）是经营许可证的审批管理机构。

经营许可证审批管理应当遵循便民、高效、公开、公平、公正的原则。

工业和信息化部建立电信业务综合管理平台（以下简称管理平台），推进经营许可证的网上申请、审批和管理及相关信息公示、查询、共享，完善信用管理机制。

第四条 经营电信业务，应当依法取得电信管理机构颁发的经营许可证。

电信业务经营者在电信业务经营活动中，应当遵守经营许可证的规定，接受、配合电信管理机构的监督管理。

电信业务经营者按照经营许可证的规定经营电信业务受法律保护。

第二章 经营许可证的申请

第五条 经营基础电信业务，应当具备下列条件：

（一）经营者为依法设立的专门从事基础电信业务的公司，并且公司的国有股权或者股份不少于51%；

（二）有业务发展研究报告和组网技术方案；

（三）有与从事经营活动相适应的资金和专业人员；

（四）有从事经营活动的场地、设施及相应的资源；

（五）有为用户提供长期服务的信誉或者能力；

（六）在省、自治区、直辖市范围内经营的，注册资本最低限额为1亿元人民币；在全国或者跨省、自治区、直辖市范围经营的，注册资本最低限额为10亿元人民币；

（七）公司及其主要投资者和主要经营管理人员未被列入电信业务经营失信名单；

（八）国家规定的其他条件。

第六条 经营增值电信业务，应当具备下列条件：

（一）经营者为依法设立的公司；

（二）有与开展经营活动相适应的资金和专业人员；

（三）有为用户提供长期服务的信誉或者能力；

（四）在省、自治区、直辖市范围内经营的，注册资本最低限额为100万元人民币；在全国或者跨省、自治区、直辖市范围经营的，注册资本最低限额为1000万元人民币；

（五）有必要的场地、设施及技术方案；

（六）公司及其主要投资者和主要经营管理人员未被列入电信业务经营失信名单；

（七）国家规定的其他条件。

第七条 申请办理基础电信业务经营许可证的，应当向工业和信息化部提交下列申请材料：

（一）公司法定代表人签署的经营基础电信业务的书面申请，内容包括：申请经营电信业务的种类、业务覆盖范围、公司名称和联系方式等；

（二）公司营业执照副本及复印件；

（三）公司概况，包括公司基本情况，拟从事电信业务的机构设置和管理情况、技术力量和经营管理人员情况，与从事经营活动相适应的场地、设施等情况；

（四）公司章程、公司股权结构及股东的有关情况；

（五）业务发展研究报告，包括：经营电信业务的业务发展和实施计划、服务项目、业务覆盖范围、收费方案、预期服务质量、效益分析等；

（六）组网技术方案，包括：网络结构、网络规模、网络建设计划、网络互联方案、技术标准、电信设备的配置、电信资源使用方案等；

（七）为用户提供长期服务和质量保障的措施；

（八）网络与信息安全保障措施；

（九）证明公司信誉的有关材料；

（十）公司法定代表人签署的公司依法经营电信业务的承诺书。

第八条 申请办理增值电信业务经营许可证的，应当向电信管理机构提交下列申请材料：

（一）公司法定代表人签署的经营增值电信业务的书面申请，内容包括：申请经营电信业务的种类、业务覆盖范围、公司名称和联系方式等；

（二）公司营业执照副本及复印件；

（三）公司概况，包括：公司基本情况，拟从事电信业务的人员、场地和设施等情况；

（四）公司章程、公司股权结构及股东的有关情况；

（五）经营电信业务的业务发展和实施计划及技术方案；

（六）为用户提供长期服务和质量保障的措施；

（七）网络与信息安全保障措施；

（八）证明公司信誉的有关材料；

（九）公司法定代表人签署的公司依法经营电信业务的承诺书。

申请经营的电信业务依照法律、行政法规及国家有关规定须经有关主管部门事先审核同意的，应当提交有关主管部门审核同意的文件。

第三章　经营许可证的审批

第九条　经营许可证分为《基础电信业务经营许可证》和《增值电信业务经营许可证》两类。其中，《增值电信业务经营许可证》分为《跨地区增值电信业务经营许可证》和省、自治区、直辖市范围内的《增值电信业务经营许可证》。

《基础电信业务经营许可证》和《跨地区增值电信业务经营许可证》由工业和信息化部审批。省、自治区、直辖市范围内的《增值电信业务经营许可证》由省、自治区、直辖市通信管理局审批。

外商投资电信企业的经营许可证，由工业和信息化部根据《外商投资电信企业管理规定》审批。

第十条　工业和信息化部应当对申请经营基础电信业务的申请材料进行审查。申请材料齐全、符合法定形式的，应当向申请人出具受理申请通知书。申请材料不齐全或者不符合法定形式的，应当当场或者在五日内一次告知申请人需要补正的全部内容。

工业和信息化部受理申请之后，应当组织专家对第七条第五项、第六项、第八项申请材料进行评审，形成评审意见。

工业和信息化部应当自受理申请之日起180日内审查完毕，作出批准或者不予批准的决定。予以批准的，颁发《基础电信业务经营许可证》。不予批准的，应当书面通知申请人并说明理由。

第十一条　电信管理机构应当对申请经营增值电信业务的申请材料进行审

查。申请材料齐全、符合法定形式的，应当向申请人出具受理申请通知书。申请材料不齐全或者不符合法定形式的，应当当场或者在五日内一次告知申请人需要补正的全部内容。

电信管理机构根据管理需要，可以组织专家对第八条第五项、第六项和第七项申请材料进行评审，形成评审意见。

电信管理机构应当自收到全部申请材料之日起 60 日内审查完毕，作出批准或者不予批准的决定。予以批准的，颁发《跨地区增值电信业务经营许可证》或者省、自治区、直辖市范围内的《增值电信业务经营许可证》。不予批准的，应当书面通知申请人并说明理由。

第十二条 电信管理机构需要对申请材料实质内容进行核实的，可以自行或者委托其他机构对申请人实地查验，申请人应当配合。

电信管理机构组织专家评审的，专家评审时间不计算在本办法第十条第三款和第十一条第三款规定的审查期限内。

第十三条 经营许可证由正文和附件组成。

经营许可证正文应当载明公司名称、法定代表人、业务种类（服务项目）、业务覆盖范围、有效期限、发证机关、发证日期、经营许可证编号等内容。

经营许可证附件可以规定特别事项，由电信管理机构对电信业务经营行为、电信业务经营者权利义务等作出特别要求。

经营许可证应当加盖发证机关印章。

工业和信息化部可以根据实际情况，调整经营许可证的内容，重新公布。

第十四条《基础电信业务经营许可证》的有效期，根据电信业务种类分为 5 年、10 年。

《跨地区增值电信业务经营许可证》和省、自治区、直辖市范围内的《增值电信业务经营许可证》的有效期为 5 年。

第十五条 经营许可证由公司法定代表人领取，或者由其委托的公司其他人员凭委托书领取。

第四章 经营许可证的使用

第十六条 电信业务经营者应当按照经营许可证所载明的电信业务种类，在规定的业务覆盖范围内，按照经营许可证的规定经营电信业务。

电信业务经营者应当在公司主要经营场所、网站主页、业务宣传材料等显著位置标明其经营许可证编号。

第十七条 获准经营无线电通信业务的，应当按照国家无线电管理相关规定，持经营许可证向无线电管理机构申请取得无线电频率使用许可。

第十八条 电信业务经营者经发证机关批准，可以授权其持股比例（包括直接持有和间接持有）不少于51%并符合经营电信业务条件的公司经营其获准经营的电信业务。发证机关应当在电信业务经营者的经营许可证中载明该被授权公司的名称、法定代表人、业务种类、业务覆盖范围等内容。

获准跨地区经营基础电信业务的公司在一个地区不能授权两家或者两家以上公司经营同一项基础电信业务。

任何单位和个人不得伪造、涂改、冒用和以任何方式转让经营许可证。

第五章 经营行为的规范

第二十条 基础电信业务经营者应当按照公开、平等的原则为取得经营许可证的电信业务经营者提供经营相关电信业务所需的电信服务和电信资源，不得为无经营许可证的单位或者个人提供用于经营电信业务的电信资源或者提供网络接入、业务接入服务。

第二十一条 电信业务经营者不得以任何方式实施不正当竞争。

第二十二条 为增值电信业务经营者提供网络接入、代理收费和业务合作的基础电信业务经营者，应当对相应增值电信业务的内容、收费、合作行为等进行规范、管理，并建立相应的发现、监督和处置制度及措施。

第二十三条 基础电信业务经营者调整与增值电信业务经营者之间的合作条件的，应当事先征求相关增值电信业务经营者的意见。

有关意见征求情况及记录应当留存，并在电信管理机构监督检查时予以提供。

第二十四条 提供接入服务的增值电信业务经营者应当遵守下列规定：

（一）应当租用取得相应经营许可证的基础电信业务经营者提供的电信服务或者电信资源从事业务经营活动，不得向其他从事接入服务的增值电信业务经营者转租所获得的电信服务或者电信资源；

（二）为用户办理接入服务手续时，应当要求用户提供真实身份信息并予以查验；

（三）不得为未依法取得经营许可证或者履行非经营性互联网信息服务备案手续的单位或者个人提供接入或者代收费等服务；

（四）按照电信管理机构的规定，建立相应的业务管理系统，并按要求实现同电信管理机构相应系统对接，定期报送有关业务管理信息；

（五）对所接入网站传播违法信息的行为进行监督，发现传播明显属于《中华人民共和国电信条例》第五十六条规定的信息的，应当立即停止接入和代收费等服务，保存有关记录，并向国家有关机关报告；

（六）按照电信管理机构的要求终止或者暂停对违法网站的接入服务。

第二十五条 电信管理机构建立电信业务市场监测制度。相关电信业务经营者应当按照规定向电信管理机构报送相应的监测信息。

第二十六条 电信业务经营者应当按照国家和电信管理机构的规定，明确相应的网络与信息安全管理机构和专职网络与信息安全管理人员，建立网络与信息安全保障、网络安全防护、违法信息监测处置、新业务安全评估、网络安全监测预警、突发事件应急处置、用户信息安全保护等制度，并具备相应的技术保障措施。

第六章　经营许可证的变更、撤销、吊销和注销

第二十七条 经营许可证有效期届满需要继续经营的，应当提前 90 日向原发证机关提出延续经营许可证的申请；不再继续经营的，应当提前 90 日向原发证机关报告，并做好善后工作。

未在前款规定期限内提出延续经营许可证的申请，或者在经营许可证有效期内未开通电信业务的，有效期届满不予延续。

第二十八条 电信业务经营者或者其授权经营电信业务的公司，遇有因合并或者分立、股东变化等导致经营主体需要变更的情形，或者业务范围需要变化的，应当自公司作出决定之日起 30 日内向原发证机关提出申请。

电信业务经营者变更经营主体、股东的，应当符合本办法第五条、第六条、第九条第三款的有关规定。

第二十九条 在经营许可证的有效期内，变更公司名称、法定代表人、注册资本的，应当在完成公司的工商变更登记手续之日起 30 日内向原发证机关申请办理电信业务经营许可证变更手续。

第三十条 在经营许可证的有效期内，电信业务经营者需要终止经营的，应当符合下列条件：

（一）终止经营基础电信业务的，应当符合电信管理机构确定的电信行业管理总体布局；

（二）有可行的用户妥善处理方案并已妥善处理用户善后问题。

第三十一条 在经营许可证的有效期内，电信业务经营者需要终止经营的，应当向原发证机关提交下列申请材料：

（一）公司法定代表人签署并加盖印章的终止经营电信业务书面申请，内容包括：公司名称、联系方式、经营许可证编号、申请终止经营的电信业务种类、业务覆盖范围等；

（二）公司股东会或者股东大会关于同意终止经营电信业务的决定；

（三）公司法定代表人签署的做好用户善后处理工作的承诺书；

（四）公司关于解决用户善后问题的情况说明，内容包括：用户处理方案、社会公示情况说明、用户意见汇总、实施计划等；

（五）公司的经营许可证原件、营业执照复印件。

原发证机关收到终止经营电信业务的申请后应当向社会公示，公示期为30日。自公示期结束60日内，原发证机关应当完成审查工作，作出予以批准或者不予批准的决定。对于符合终止经营电信业务条件的，原发证机关应当予以批准，收回并注销电信业务经营许可证或者注销相应的电信业务种类、业务覆盖范围；对于不符合终止经营电信业务条件的，原发证机关应当不予批准，书面通知申请人并说明理由。

第三十二条 有下列情形之一的，发证机关或者其上级机关可以撤销经营许可证：

（一）发证机关工作人员滥用职权、玩忽职守作出准予行政许可决定的；

（二）超越法定职权或者违反法定程序作出准予行政许可决定的；

（三）对不具备申请资格或者不符合申请条件的申请人准予行政许可的；

（四）依法可以撤销经营许可证的其他情形。

第三十三条 有下列情形之一的，发证机关应当注销经营许可证：

（一）电信业务经营者依法终止的；

（二）经营许可证有效期届满未延续的；

（三）电信业务经营者被有关机关依法处罚或者因不可抗力，导致电信业务经营许可事项无法实施的；

（四）经营许可证依法被撤销、吊销的；

（五）法律、法规规定应当注销经营许可证的其他情形。

第三十四条 发证机关吊销、撤销或者注销电信业务经营者的经营许可证后，应当向社会公布。

电信业务经营者被吊销、撤销或者注销经营许可证的，应当按照国家有关规定做好善后工作。

被吊销、撤销或者注销经营许可证的，应当将经营许可证交回原发证机关。

第七章 经营许可的监督检查

第三十五条 电信业务经营者应当在每年第一季度通过管理平台向发证机关报告下列信息：

（一）上一年度的电信业务经营情况；

（二）网络建设、业务发展、人员及机构变动情况；

（三）服务质量情况；

（四）网络与信息安全保障制度和措施执行情况；

（五）执行国家和电信管理机构有关规定及经营许可证特别事项的情况；

（六）发证机关要求报送的其他信息。

前款第一项至第三项规定的信息（涉及商业秘密的信息除外）应当向社会公示，第五项、第六项规定的信息由电信业务经营者选择是否向社会公示。

电信业务经营者应当对本条第一款规定的年报信息的真实性负责，不得弄虚作假或者隐瞒真实情况。

第三十六条 电信管理机构建立随机抽查机制，对电信业务经营者的年报信息、日常经营活动、执行国家和电信管理机构有关规定的情况等进行检查。

电信管理机构可以采取书面检查、实地核查、网络监测等方式，并可以委托第三方机构开展有关检查工作。

电信管理机构在抽查中发现电信业务经营者有违反电信管理规定的违法行为的，应当依法处理。

第三十七条 电信管理机构根据随机抽查、日常监督检查及行政处罚记录等情况，建立电信业务经营不良名单和电信业务经营失信名单。

电信业务经营不良名单和失信名单应当定期通过管理平台更新并向社会公示。

第三十八条 电信管理机构发现电信业务经营者未按照本办法第三十五条的规定报告年报信息的，应当要求其限期报告。电信业务经营者未按照电信管理机构要求的期限报告年报信息的，由电信管理机构列入电信业务经营不良名单。

依照前款规定列入电信业务经营不良名单的电信业务经营者，依照本办法规定履行报告年报信息义务的，经电信管理机构确认后移出。

第三十九条 获准跨地区经营电信业务的公司在有关省、自治区、直辖市设立、变更或者撤销分支机构的，应当自作出决定之日起 30 日内通过管理平台向原发证机关和当地电信管理机构报送有关信息。

省、自治区、直辖市通信管理局应当对跨地区电信业务经营者在当地开展电信业务的有关情况进行监督检查，并向工业和信息化部报告有关检查结果。

第四十条 电信管理机构开展监督检查，不得妨碍电信业务经营者正常的生产经营活动，不得收取任何费用。

电信管理机构开展监督检查时，应当记录监督检查的情况和处理结果，由监督检查人员签字后归档。

电信管理机构应当通过管理平台公示监督检查情况。

第四十一条 电信管理机构应当通过管理平台向社会公示电信业务经营者受到行政处罚的情况，并向相关基础电信业务经营者和提供接入服务的增值电信业务经营者通报。

第四十二条 电信业务经营者受到电信管理机构行政处罚的，由电信管理机构自作出行政处罚决定之日起 30 日内列入电信业务经营不良名单，但受到电信管理机构吊销经营许可证的处罚或者具有本办法规定直接列入电信业务经营失信名单情形的，直接列入失信名单。

列入电信业务经营不良名单的电信业务经营者，一年内未再次受到电信管理机构行政处罚的，由电信管理机构移出不良名单；三年内再次受到电信管理机构责令停业整顿、吊销经营许可证的处罚，或者具有工业和信息化部规定的其他情形的，由电信管理机构列入电信业务经营失信名单。

列入电信业务经营失信名单后，三年内未再次受到电信管理机构行政处罚的，由电信管理机构移出失信名单。

列入或者移出电信业务经营失信名单，应当同时将电信业务经营者的主要经营管理人员列入或者移出。

第四十三条　电信管理机构对列入电信业务经营不良名单和失信名单的电信业务经营者实施重点监管。

基础电信业务经营者和提供接入服务的增值电信业务经营者向其他增值电信业务经营者提供网络接入、代收费和业务合作时，应当把电信业务经营不良名单和失信名单作为重要考量因素。

第四十四条　任何单位或者个人发现电信业务经营者违反电信管理规定应当受到行政处罚的，可以向有关电信管理机构举报。

第八章　法律责任

第四十五条　隐瞒有关情况或者提供虚假材料申请电信业务经营许可的，电信管理机构不予受理或者不予行政许可，给予警告，申请人在一年内不得再次申请该行政许可。

以欺骗、贿赂等不正当手段取得电信业务经营许可的，电信管理机构撤销该行政许可，给予警告并直接列入电信业务经营失信名单，并视情节轻重处5000元以上3万元以下的罚款，申请人在三年内不得再次申请该行政许可；构成犯罪的，依法追究刑事责任。

第四十六条　违反本办法第十六条第一款、第二十八条第一款规定，擅自经营电信业务或者超范围经营电信业务的，依照《中华人民共和国电信条例》第六十九条规定予以处罚，其中情节严重、给予责令停业整顿处罚的，直接列入电信业务经营失信名单。

第四十七条　违反本办法第十九条规定的，依照《中华人民共和国电信条例》第六十八条规定予以处罚。

第四十八条 违反本办法第四条第二款、第二十条、第二十二条、第二十三条、第二十四条、第二十九条、第三十一条或者第三十五条第三款规定的，由电信管理机构责令改正，给予警告，可以并处5000元以上3万元以下的罚款。

《中华人民共和国网络安全法》《中华人民共和国电信条例》对前款规定的情形规定法律责任的，电信管理机构从其规定处理。

第四十九条 当事人对电信管理机构作出的行政许可、行政处罚决定不服的，可以依法申请行政复议或者提起行政诉讼。

当事人逾期不申请行政复议也不提起行政诉讼，又不履行行政处罚决定的，由作出行政处罚决定的电信管理机构申请人民法院强制执行，并列入电信业务经营失信名单。

第五十条 电信管理机构的工作人员在经营许可证管理工作中，玩忽职守、滥用职权、徇私舞弊，构成犯罪的，移交司法机关依法追究刑事责任；尚不构成犯罪的，由所在单位或者上级主管部门依法给予处分。

第九章　附则

第五十一条 经营许可证由工业和信息化部统一印制。

第五十二条 电信管理机构可以参照本办法组织开展电信业务商用试验活动。

第五十三条 本办法自2017年9月1日起施行。2009年3月5日公布的《电信业务经营许可管理办法》（工业和信息化部令第5号）同时废止。

外商投资电信企业管理规定

（2001 年 12 月 11 日中华人民共和国国务院令第 333 号公布　根据 2008 年 9 月 10 日《国务院关于修改〈外商投资电信企业管理规定〉的决定》第一次修订　根据 2016 年 2 月 6 日《国务院关于修改部分行政法规的决定》第二次修订　根据 2022 年 3 月 29 日《国务院关于修改和废止部分行政法规的决定》第三次修订）

第一条　为了适应电信业对外开放的需要，促进电信业的发展，根据有关外商投资的法律、行政法规和《中华人民共和国电信条例》（以下简称电信条例），制定本规定。

第二条　外商投资电信企业，是指外国投资者依法在中华人民共和国境内设立的经营电信业务的企业。

第三条　外商投资电信企业从事电信业务经营活动，除必须遵守本规定外，还必须遵守电信条例和其他有关法律、行政法规的规定。

第四条　外商投资电信企业可以经营基础电信业务、增值电信业务，具体业务分类依照电信条例的规定执行。

外商投资电信企业经营业务的地域范围，由国务院工业和信息化主管部门按照有关规定确定。

第五条　外商投资电信企业的注册资本应当符合下列规定：

（一）经营全国的或者跨省、自治区、直辖市范围的基础电信业务的，其注册资本最低限额为 10 亿元人民币；经营增值电信业务的，其注册资本最低限额为 1000 万元人民币；

（二）经营省、自治区、直辖市范围内的基础电信业务的，其注册资本最低限额为 1 亿元人民币；经营增值电信业务的，其注册资本最低限额为 100 万元人民币。

第六条 经营基础电信业务（无线寻呼业务除外）的外商投资电信企业的外方投资者在企业中的出资比例，最终不得超过49%，国家另有规定的除外。

经营增值电信业务（包括基础电信业务中的无线寻呼业务）的外商投资电信企业的外方投资者在企业中的出资比例，最终不得超过50%，国家另有规定的除外。

第七条 外商投资电信企业经营电信业务，除应当符合本规定第四条、第五条、第六条规定的条件外，还应当符合电信条例规定的经营基础电信业务或者经营增值电信业务应当具备的条件。

第八条 经营基础电信业务的外商投资电信企业的中方主要投资者应当符合下列条件：

（一）是依法设立的公司；

（二）有与从事经营活动相适应的资金和专业人员；

（三）符合国务院工业和信息化主管部门规定的审慎的和特定行业的要求。

前款所称外商投资电信企业的中方主要投资者，是指在全体中方投资者中出资数额最多且占中方全体投资者出资总额的30%以上的出资者。

第九条 经营基础电信业务的外商投资电信企业的外方主要投资者应当符合下列条件：

（一）具有企业法人资格；

（二）在注册的国家或者地区取得基础电信业务经营许可证；

（三）有与从事经营活动相适应的资金和专业人员。

前款所称外商投资电信企业的外方主要投资者，是指在外方全体投资者中出资数额最多且占全体外方投资者出资总额的30%以上的出资者。

第十条 外商投资电信企业，经依法办理市场主体登记后，向国务院工业和信息化主管部门申请电信业务经营许可并报送下列文件：

（一）投资者情况说明书；

（二）本规定第八条、第九条规定的投资者的资格证明或者有关确认文件；

（三）电信条例规定的经营基础电信业务或者增值电信业务应当具备的其他条件的证明或者确认文件。

国务院工业和信息化主管部门应当自收到申请之日起对前款规定的有关文件进行审查。属于基础电信业务的，应当在受理申请之日起 180 日内审查完毕，作出批准或者不予批准的决定；属于增值电信业务的，应当在收到申请之日起 60 日内审查完毕，作出批准或者不予批准的决定。予以批准的，颁发《电信业务经营许可证》；不予批准的，应当书面通知申请人并说明理由。

第十一条 外商投资电信企业投资者情况说明书的主要内容包括：投资者的名称和基本情况、各方出资比例、外方投资者对外商投资电信企业的控制情况等。

第十二条 外商投资电信企业经营跨境电信业务，必须经国务院工业和信息化主管部门批准，并通过国务院工业和信息化主管部门批准设立的国际电信出入口局进行。

第十三条 违反本规定第六条规定的，由国务院工业和信息化主管部门责令限期改正，并处 10 万元以上 50 万元以下的罚款；逾期不改正的，吊销《电信业务经营许可证》。

第十四条 申请设立外商投资电信企业，提供虚假、伪造的资格证明或者确认文件骗取批准的，批准无效，由国务院工业和信息化主管部门处 20 万元以上 100 万元以下的罚款，吊销《电信业务经营许可证》。

第十五条 外商投资电信企业经营电信业务，违反电信条例和其他有关法律、行政法规规定的，由有关机关依法给予处罚。

第十六条 香港特别行政区、澳门特别行政区和台湾地区的公司、企业在内地投资经营电信业务，比照适用本规定。

第十七条 本规定自 2002 年 1 月 1 日起施行。

电信服务规范

（中华人民共和国信息产业部令第 36 号发布，自 2005 年 4 月 20 日起施行）

第一条 为了提高电信服务的质量，维护电信用户的合法权利，保证电信服务和监管工作的系统化和规范化，依据《中华人民共和国电信条例》，制定本规范。

第二条 本规范适用于在中华人民共和国境内依法经营电信业务的电信业务经营者提供电信服务的活动。

第三条 本规范为电信业务经营者提供电信服务时应当达到的基本质量要求，是电信行业对社会公开的最低承诺，同时适用于单一电信业务网或多个电信业务网共同提供的电信业务。

电信业务经营者提供电信服务，应当符合本规范规定的服务质量指标和通信质量指标。

本规范所称服务质量指标，是指反映电信服务固有特性满足要求程度的，主要反映非技术因素的一组参数。

本规范所称通信质量指标，是指反映通信准确性、有效性和安全性的，主要反映技术因素的一组参数。

第四条 中华人民共和国信息产业部（以下简称信息产业部）组织制定全国的电信服务规范，监督检查电信服务规范在全国的实施。

各省、自治区、直辖市通信管理局（以下简称通信管理局）监督检查电信服务规范在本行政区域内的实施。

本规范中，信息产业部和通信管理局统称为电信管理机构。

第五条 电信业务经营者可以制定本企业的企业服务标准，电信业务经营者制定的企业服务标准不得低于本规范。

第六条 电信业务经营者应当采取有效措施，持续改进电信服务工作。

第七条 电信业务经营者应建立健全服务质量管理体系，并按规定的时间、内容和方式向电信管理机构报告，同时向社会通报本企业服务质量状况。

发生重大通信阻断时，电信业务经营者应当按规定的要求和时限向电信管理机构报告。在事故处理过程中，电信业务经营者应对所有与事故有关的数据进行采集、记录和保存，相关数据和书面记录至少保存六个月。

第八条 电信业务经营者提供电信服务时，应公布其业务种类、服务时限、资费标准和服务范围等内容，并报当地通信管理局备案。

由于电信业务经营者检修线路、设备搬迁、工程割接、网络及软件升级等可预见的原因，影响或可能影响用户使用的，应提前七十二小时通告所涉及的用户。影响用户的时间超过二十四小时或影响有特殊需求的用户使用时，应同时向当地通信管理局报告。

电信业务经营者停止经营某种业务时，应提前三十日通知所涉及用户，并妥善做好用户善后工作。

第九条 电信业务经营者应当执行国家电信资费管理的有关规定，明码标价，并采取有效措施，为用户交费和查询费用提供方便。

第十条 用户申请办理电信业务时，电信业务经营者应当向用户提供该项业务的说明。该说明应当包括该业务的业务功能、通达范围、业务取消方式、费用收取办法、交费时间、障碍申告电话、咨询服务电话等。电信业务宣传资料应针对业务全过程，通俗易懂，真实准确。

对用户暂停或停止服务时，应在二十四小时前通知用户。

第十一条 电信业务经营者不得以任何方式限定用户使用其指定的业务或购

买其指定的电信终端设备。用户要求开通、变更或终止电信业务时，电信业务经营者无正当理由不得拖延、推诿和拒绝，不得胁迫、刁难用户。

经营本地电话业务和移动电话业务的电信业务经营者，应当全面建立公开、公平的电话号码用户选择机制。

第十二条 电信业务经营者应以书面形式或其他形式明确经营者与用户双方的权利和义务，其格式合同条款应做到公平合理、准确全面、简单明了。

第十三条 电信业务经营者应合理设置服务网点或代办点，合理安排服务时间或开设多种方式受理业务，方便用户。

上门服务人员应遵守预约时间，出示工作证明或佩带本企业标识，代经销人员应主动明示电信业务代理身份，爱护用户设施，保持环境整洁。

电信业务经营者应为残疾人和行动不便的老年用户提供便捷的服务。

第十四条 电信业务经营者应当建立与用户沟通的渠道和制度，听取用户的意见和建议，自觉改善服务工作。

电信业务经营者应当向用户提供业务咨询、查询和障碍申告受理等服务，并采取公布监督电话等形式，受理用户投诉。对于用户关于电信服务方面的投诉，电信业务经营者应在接到用户投诉之日起十五日内答复用户。

电信业务经营者在电信服务方面与用户发生纠纷的，在纠纷解决前，应当保存相关原始资料。

第十五条 电信业务经营者提供电信卡类业务时，应当向用户提供相应的服务保证，不得发行超出服务能力的电信卡。

电信业务经营者应当采取适当的方式明确电信业务经营者与持卡用户双方的权利、义务和违约责任，告知用户使用方法、资费标准、计费方式、有效期限以及其他应当告知用户的事项。

电信业务经营者不得做出对持卡用户不公平、不合理的规定，不得单方面免除或者限制电信业务经营者的责任，损害用户的合法权益。

第十六条 以代理形式开展电信服务的，代理人在提供电信服务活动时，应当执行本规范。电信业务经营者应加强对其业务代理商的管理，并负责管理和监督检查代办电信业务单位或个人的服务质量。

第十七条 通信管理局可以根据本地实际情况，对本规范的服务质量指标进行局部调整或补充。调整后的指标低于本规范的，应当报信息产业部批准。

通信管理局按照前款规定调整服务质量指标的，该行政区域应当执行调整后的服务质量指标。

第十八条 电信业务经营者可以根据用户的特殊需要，约定有关的业务受理、开通时限、故障处理时限等问题，但其服务质量不得低于本规范或者当地通信管理局制定的服务质量指标。

第十九条 电信业务经营者提供的电信服务未能达到本规范或者当地通信管理局制定的服务质量指标的，由电信监管机构责令改正。拒不改正的，处以警告，并处一万元以上三万元以下的罚款。

第二十条 信息产业部根据实际情况，可以对电信业务项目及其服务质量指标和通信质量指标（详见附录）做出调整，并重新公布实施。

中华人民共和国无线电管理条例

（1993年9月11日中华人民共和国国务院、中华人民共和国中央军事委员会令第128号发布2016年11月11日中华人民共和国国务院、中华人民共和国中央军事委员会令第672号修订）

第一章 总则

第一条 为了加强无线电管理，维护空中电波秩序，有效开发、利用无线电频谱资源，保证各种无线电业务的正常进行，制定本条例。

第二条 在中华人民共和国境内使用无线电频率，设置、使用无线电台（站），研制、生产、进口、销售和维修无线电发射设备，以及使用辐射无线电波的非无线电设备，应当遵守本条例。

第三条 无线电频谱资源属于国家所有。国家对无线电频谱资源实行统一规划、合理开发、有偿使用的原则。

第四条 无线电管理工作在国务院、中央军事委员会的统一领导下分工管理、分级负责，贯彻科学管理、保护资源、保障安全、促进发展的方针。

第五条 国家鼓励、支持对无线电频谱资源的科学技术研究和先进技术的推广应用，提高无线电频谱资源的利用效率。

第六条 任何单位或者个人不得擅自使用无线电频率，不得对依法开展的无线电业务造成有害干扰，不得利用无线电台（站）进行违法犯罪活动。

第七条 根据维护国家安全、保障国家重大任务、处置重大突发事件等需要，国家可以实施无线电管制。

第二章　管理机构及其职责

第八条　国家无线电管理机构负责全国无线电管理工作，依据职责拟订无线电管理的方针、政策，统一管理无线电频率和无线电台（站），负责无线电监测、干扰查处和涉外无线电管理等工作，协调处理无线电管理相关事宜。

第九条　中国人民解放军电磁频谱管理机构负责军事系统的无线电管理工作，参与拟订国家有关无线电管理的方针、政策。

第十条　省、自治区、直辖市无线电管理机构在国家无线电管理机构和省、自治区、直辖市人民政府领导下，负责本行政区域除军事系统外的无线电管理工作，根据审批权限实施无线电频率使用许可，审查无线电台（站）的建设布局和台址，核发无线电台执照及无线电台识别码（含呼号，下同），负责本行政区域无线电监测和干扰查处，协调处理本行政区域无线电管理相关事宜。

省、自治区无线电管理机构根据工作需要可以在本行政区域内设立派出机构。派出机构在省、自治区无线电管理机构的授权范围内履行职责。

第十一条　军地建立无线电管理协调机制，共同划分无线电频率，协商处理涉及军事系统与非军事系统间的无线电管理事宜。无线电管理重大问题报国务院、中央军事委员会决定。

第十二条　国务院有关部门的无线电管理机构在国家无线电管理机构的业务指导下，负责本系统（行业）的无线电管理工作，贯彻执行国家无线电管理的方针、政策和法律、行政法规、规章，依照本条例规定和国务院规定的部门职权，管理国家无线电管理机构分配给本系统（行业）使用的航空、水上无线电专用频率，规划本系统（行业）无线电台（站）的建设布局和台址，核发制式无线电台执照及无线电台识别码。

第三章 频率管理

第十三条 国家无线电管理机构负责制定无线电频率划分规定，并向社会公布。

制定无线电频率划分规定应当征求国务院有关部门和军队有关单位的意见，充分考虑国家安全和经济社会、科学技术发展以及频谱资源有效利用的需要。

第十四条 使用无线电频率应当取得许可，但下列频率除外：

（一）业余无线电台、公众对讲机、制式无线电台使用的频率；

（二）国际安全与遇险系统，用于航空、水上移动业务和无线电导航业务的国际固定频率；

（三）国家无线电管理机构规定的微功率短距离无线电发射设备使用的频率。

第十五条 取得无线电频率使用许可，应当符合下列条件：

（一）所申请的无线电频率符合无线电频率划分和使用规定，有明确具体的用途；

（二）使用无线电频率的技术方案可行；

（三）有相应的专业技术人员；

（四）对依法使用的其他无线电频率不会产生有害干扰。

第十六条 无线电管理机构应当自受理无线电频率使用许可申请之日起20个工作日内审查完毕，依照本条例第十五条规定的条件，并综合考虑国家安全需要和可用频率的情况，作出许可或者不予许可的决定。予以许可的，颁发无线电频率使用许可证；不予许可的，书面通知申请人并说明理由。

无线电频率使用许可证应当载明无线电频率的用途、使用范围、使用率要求、使用期限等事项。

第十七条 地面公众移动通信使用频率等商用无线电频率的使用许可，可以依照有关法律、行政法规的规定采取招标、拍卖的方式。

无线电管理机构采取招标、拍卖的方式确定中标人、买受人后，应当作出许可的决定，并依法向中标人、买受人颁发无线电频率使用许可证。

第十八条 无线电频率使用许可由国家无线电管理机构实施。国家无线电管理机构确定范围内的无线电频率使用许可，由省、自治区、直辖市无线电管理机构实施。

国家无线电管理机构分配给交通运输、渔业、海洋系统（行业）使用的水上无线电专用频率，由所在地省、自治区、直辖市无线电管理机构分别会同相关主管部门实施许可；国家无线电管理机构分配给民用航空系统使用的航空无线电专用频率，由国务院民用航空主管部门实施许可。

第十九条 无线电频率使用许可的期限不得超过 10 年。

无线电频率使用期限届满后需要继续使用的，应当在期限届满 30 个工作日前向作出许可决定的无线电管理机构提出延续申请。受理申请的无线电管理机构应当依照本条例第十五条、第十六条的规定进行审查并作出决定。

无线电频率使用期限届满前拟终止使用无线电频率的，应当及时向作出许可决定的无线电管理机构办理注销手续。

第二十条 转让无线电频率使用权的，受让人应当符合本条例第十五条规定的条件，并提交双方转让协议，依照本条例第十六条规定的程序报请无线电管理机构批准。

第二十一条 使用无线电频率应当按照国家有关规定缴纳无线电频率占用费。

无线电频率占用费的项目、标准，由国务院财政部门、价格主管部门制定。

第二十二条 国际电信联盟依照国际规则规划给我国使用的卫星无线电频率，由国家无线电管理机构统一分配给使用单位。

申请使用国际电信联盟非规划的卫星无线电频率，应当通过国家无线电管理机构统一提出申请。国家无线电管理机构应当及时组织有关单位进行必要的国内协调，并依照国际规则开展国际申报、协调、登记工作。

第二十三条 组建卫星通信网需要使用卫星无线电频率的，除应当符合本条例第十五条规定的条件外，还应当提供拟使用的空间无线电台、卫星轨道位置和卫星覆盖范围等信息，以及完成国内协调并开展必要国际协调的证明材料等。

第二十四条 使用其他国家、地区的卫星无线电频率开展业务，应当遵守我国卫星无线电频率管理的规定，并完成与我国申报的卫星无线电频率的协调。

第二十五条 建设卫星工程，应当在项目规划阶段对拟使用的卫星无线电频率进行可行性论证；建设须经国务院、中央军事委员会批准的卫星工程，应当在项目规划阶段与国家无线电管理机构协商确定拟使用的卫星无线电频率。

第二十六条 除因不可抗力外，取得无线电频率使用许可后超过 2 年不使用或者使用率达不到许可证规定要求的，作出许可决定的无线电管理机构有权撤销无线电频率使用许可，收回无线电频率。

第四章 无线电台（站）管理

第二十七条 设置、使用无线电台（站）应当向无线电管理机构申请取得无线电台执照，但设置、使用下列无线电台（站）的除外：

（一）地面公众移动通信终端；

（二）单收无线电台（站）；

（三）国家无线电管理机构规定的微功率短距离无线电台（站）。

第二十八条 除本条例第二十九条规定的业余无线电台外，设置、使用无线电台（站），应当符合下列条件：

（一）有可用的无线电频率；

（二）所使用的无线电发射设备依法取得无线电发射设备型号核准证且符合国家规定的产品质量要求；

（三）有熟悉无线电管理规定、具备相关业务技能的人员；

（四）有明确具体的用途，且技术方案可行；

（五）有能够保证无线电台（站）正常使用的电磁环境，拟设置的无线电台（站）对依法使用的其他无线电台（站）不会产生有害干扰。

申请设置、使用空间无线电台，除应当符合前款规定的条件外，还应当有可利用的卫星无线电频率和卫星轨道资源。

第二十九条 申请设置、使用业余无线电台的，应当熟悉无线电管理规定，具有相应的操作技术能力，所使用的无线电发射设备应当符合国家标准和国家无线电管理的有关规定。

第三十条 设置、使用有固定台址的无线电台（站），由无线电台（站）所在地的省、自治区、直辖市无线电管理机构实施许可。设置、使用没有固定台址的无线电台，由申请人住所地的省、自治区、直辖市无线电管理机构实施许可。

设置、使用空间无线电台、卫星测控（导航）站、卫星关口站、卫星国际专线地球站、15 瓦以上的短波无线电台（站）以及涉及国家主权、安全的其他重要无线电台（站），由国家无线电管理机构实施许可。

第三十一条 无线电管理机构应当自受理申请之日起 30 个工作日内审查完毕，依照本条例第二十八条、第二十九条规定的条件，作出许可或者不予许可的决定。予以许可的，颁发无线电台执照，需要使用无线电台识别码的，同时核发无线电台识别码；不予许可的，书面通知申请人并说明理由。

无线电台（站）需要变更、增加无线电台识别码的，由无线电管理机构核发。

第三十二条 无线电台执照应当载明无线电台（站）的台址、使用频率、发射功率、有效期、使用要求等事项。

无线电台执照的样式由国家无线电管理机构统一规定。

第三十三条 无线电台（站）使用的无线电频率需要取得无线电频率使用许可的，其无线电台执照有效期不得超过无线电频率使用许可证规定的期限；依照本条例第十四条规定不需要取得无线电频率使用许可的，其无线电台执照有效期不得超过 5 年。

无线电台执照有效期届满后需要继续使用无线电台（站）的，应当在期限届满 30 个工作日前向作出许可决定的无线电管理机构申请更换无线电台执照。受理申请的无线电管理机构应当依照本条例第三十一条的规定作出决定。

第三十四条 国家无线电管理机构向国际电信联盟统一申请无线电台识别码序列，并对无线电台识别码进行编制和分配。

第三十五条 建设固定台址的无线电台（站）的选址，应当符合城乡规划的要求，避开影响其功能发挥的建筑物、设施等。地方人民政府制定、修改城乡规划，安排可能影响大型无线电台（站）功能发挥的建设项目的，应当考虑其功能发挥的需要，并征求所在地无线电管理机构和军队电磁频谱管理机构的意见。

设置大型无线电台（站）、地面公众移动通信基站，其台址布局规划应当符合资源共享和电磁环境保护的要求。

第三十六条 船舶、航空器、铁路机车（含动车组列车，下同）设置、使用制式无线电台应当符合国家有关规定，由国务院有关部门的无线电管理机构颁发无线电台执照；需要使用无线电台识别码的，同时核发无线电台识别码。国务院有关部门应当将制式无线电台执照及无线电台识别码的核发情况定期通报国家无线电管理机构。

船舶、航空器、铁路机车设置、使用非制式无线电台的管理办法，由国家无线电管理机构会同国务院有关部门制定。

第三十七条 遇有危及国家安全、公共安全、生命财产安全的紧急情况或者为了保障重大社会活动的特殊需要，可以不经批准临时设置、使用无线电台（站），但是应当及时向无线电台（站）所在地无线电管理机构报告，并在紧急情况消除或者重大社会活动结束后及时关闭。

第三十八条 无线电台（站）应当按照无线电台执照规定的许可事项和条件设置、使用；变更许可事项的，应当向作出许可决定的无线电管理机构办理变更手续。

无线电台（站）终止使用的，应当及时向作出许可决定的无线电管理机构办理注销手续，交回无线电台执照，拆除无线电台（站）及天线等附属设备。

第三十九条 使用无线电台（站）的单位或者个人应当对无线电台（站）进行定期维护，保证其性能指标符合国家标准和国家无线电管理的有关规定，避免对其他依法设置、使用的无线电台（站）产生有害干扰。

第四十条　使用无线电台（站）的单位或者个人应当遵守国家环境保护的规定，采取必要措施防止无线电波发射产生的电磁辐射污染环境。

第四十一条　使用无线电台（站）的单位或者个人不得故意收发无线电台执照许可事项之外的无线电信号，不得传播、公布或者利用无意接收的信息。

业余无线电台只能用于相互通信、技术研究和自我训练，并在业余业务或者卫星业余业务专用频率范围内收发信号，但是参与重大自然灾害等突发事件应急处置的除外。

第五章　无线电发射设备管理

第四十二条　研制无线电发射设备使用的无线电频率，应当符合国家无线电频率划分规定。

第四十三条　生产或者进口在国内销售、使用的无线电发射设备，应当符合产品质量等法律法规、国家标准和国家无线电管理的有关规定。

第四十四条　除微功率短距离无线电发射设备外，生产或者进口在国内销售、使用的其他无线电发射设备，应当向国家无线电管理机构申请型号核准。无线电发射设备型号核准目录由国家无线电管理机构公布。

生产或者进口应当取得型号核准的无线电发射设备，除应当符合本条例第四十三条的规定外，还应当符合无线电发射设备型号核准证核定的技术指标，并在设备上标注型号核准代码。

第四十五条　取得无线电发射设备型号核准，应当符合下列条件：

（一）申请人有相应的生产能力、技术力量、质量保证体系；

（二）无线电发射设备的工作频率、功率等技术指标符合国家标准和国家无线电管理的有关规定。

第四十六条　国家无线电管理机构应当依法对申请型号核准的无线电发射设

备是否符合本条例第四十五条规定的条件进行审查，自受理申请之日起 30 个工作日内作出核准或者不予核准的决定。予以核准的，颁发无线电发射设备型号核准证；不予核准的，书面通知申请人并说明理由。

国家无线电管理机构应当定期将无线电发射设备型号核准的情况向社会公布。

第四十七条 进口依照本条例第四十四条的规定应当取得型号核准的无线电发射设备，进口货物收货人、携带无线电发射设备入境的人员、寄递无线电发射设备的收件人，应当主动向海关申报，凭无线电发射设备型号核准证办理通关手续。

进行体育比赛、科学实验等活动，需要携带、寄递依照本条例第四十四条的规定应当取得型号核准而未取得型号核准的无线电发射设备临时进关的，应当经无线电管理机构批准，凭批准文件办理通关手续。

第四十八条 销售依照本条例第四十四条的规定应当取得型号核准的无线电发射设备，应当向省、自治区、直辖市无线电管理机构办理销售备案。不得销售未依照本条例规定标注型号核准代码的无线电发射设备。

第四十九条 维修无线电发射设备，不得改变无线电发射设备型号核准证核定的技术指标。

第五十条 研制、生产、销售和维修大功率无线电发射设备，应当采取措施有效抑制电波发射，不得对依法设置、使用的无线电台（站）产生有害干扰。进行实效发射试验的，应当依照本条例第三十条的规定向省、自治区、直辖市无线电管理机构申请办理临时设置、使用无线电台（站）手续。

第六章 涉外无线电管理

第五十一条 无线电频率协调的涉外事宜，以及我国境内电台与境外电台的相互有害干扰，由国家无线电管理机构会同有关单位与有关的国际组织或者国家、地区协调处理。

需要向国际电信联盟或者其他国家、地区提供无线电管理相关资料的，由国家无线电管理机构统一办理。

第五十二条 在边境地区设置、使用无线电台（站），应当遵守我国与相关国家、地区签订的无线电频率协调协议。

第五十三条 外国领导人访华、各国驻华使领馆和享有外交特权与豁免的国际组织驻华代表机构需要设置、使用无线电台（站）的，应当通过外交途径经国家无线电管理机构批准。

除使用外交邮袋装运外，外国领导人访华、各国驻华使领馆和享有外交特权与豁免的国际组织驻华代表机构携带、寄递或者以其他方式运输依照本条例第四十四条的规定应当取得型号核准而未取得型号核准的无线电发射设备入境的，应当通过外交途径经国家无线电管理机构批准后办理通关手续。

其他境外组织或者个人在我国境内设置、使用无线电台（站）的，应当按照我国有关规定经相关业务主管部门报请无线电管理机构批准；携带、寄递或者以其他方式运输依照本条例第四十四条的规定应当取得型号核准而未取得型号核准的无线电发射设备入境的，应当按照我国有关规定经相关业务主管部门报无线电管理机构批准后，到海关办理无线电发射设备入境手续，但国家无线电管理机构规定不需要批准的除外。

第五十四条 外国船舶（含海上平台）、航空器、铁路机车、车辆等设置的无线电台在我国境内使用，应当遵守我国的法律、法规和我国缔结或者参加的国际条约。

第五十五条 境外组织或者个人不得在我国境内进行电波参数测试或者电波监测。

任何单位或者个人不得向境外组织或者个人提供涉及国家安全的境内电波参数资料。

第七章 无线电监测和电波秩序维护

第五十六条 无线电管理机构应当定期对无线电频率的使用情况和在用的无线电台（站）进行检查和检测，保障无线电台（站）的正常使用，维护正常的无线电波秩序。

第五十七条 国家无线电监测中心和省、自治区、直辖市无线电监测站作为无线电管理技术机构，分别在国家无线电管理机构和省、自治区、直辖市无线电管理机构领导下，对无线电信号实施监测，查找无线电干扰源和未经许可设置、使用的无线电台（站）。

第五十八条 国务院有关部门的无线电监测站负责对本系统（行业）的无线电信号实施监测。

第五十九条 工业、科学、医疗设备，电气化运输系统、高压电力线和其他电器装置产生的无线电波辐射，应当符合国家标准和国家无线电管理的有关规定。

制定辐射无线电波的非无线电设备的国家标准和技术规范，应当征求国家无线电管理机构的意见。

第六十条 辐射无线电波的非无线电设备对已依法设置、使用的无线电台（站）产生有害干扰的，设备所有者或者使用者应当采取措施予以消除。

第六十一条 经无线电管理机构确定的产生无线电波辐射的工程设施，可能对已依法设置、使用的无线电台（站）造成有害干扰的，其选址定点由地方人民政府城乡规划主管部门和省、自治区、直辖市无线电管理机构协商确定。

第六十二条 建设射电天文台、气象雷达站、卫星测控（导航）站、机场等需要电磁环境特殊保护的项目，项目建设单位应当在确定工程选址前对其选址进行电磁兼容分析和论证，并征求无线电管理机构的意见；未进行电磁兼容分析和论证，或者未征求、采纳无线电管理机构的意见的，不得向无线电管理机构提出排除有害干扰的要求。

第六十三条 在已建射电天文台、气象雷达站、卫星测控（导航）站、机场的周边区域，不得新建阻断无线电信号传输的高大建筑、设施，不得设置、使用干扰其正常使用的设施、设备。无线电管理机构应当会同城乡规划主管部门和其他有关部门制定具体的保护措施并向社会公布。

第六十四条 国家对船舶、航天器、航空器、铁路机车专用的无线电导航、遇险救助和安全通信等涉及人身安全的无线电频率予以特别保护。任何无线电发射设备和辐射无线电波的非无线电设备对其产生有害干扰的，应当立即消除有害干扰。

第六十五条 依法设置、使用的无线电台（站）受到有害干扰的，可以向无线电管理机构投诉。受理投诉的无线电管理机构应当及时处理，并将处理情况告知投诉人。

处理无线电频率相互有害干扰，应当遵循频带外让频带内、次要业务让主要业务、后用让先用、无规划让有规划的原则。

第六十六条 无线电管理机构可以要求产生有害干扰的无线电台（站）采取维修无线电发射设备、校准发射频率或者降低功率等措施消除有害干扰；无法消除有害干扰的，可以责令产生有害干扰的无线电台（站）暂停发射。

第六十七条 对非法的无线电发射活动，无线电管理机构可以暂扣无线电发射设备或者查封无线电台（站），必要时可以采取技术性阻断措施；无线电管理机构在无线电监测、检查工作中发现涉嫌违法犯罪活动的，应当及时通报公安机关并配合调查处理。

第六十八条 省、自治区、直辖市无线电管理机构应当加强对生产、销售无线电发射设备的监督检查，依法查处违法行为。县级以上地方人民政府产品质量监督部门、工商行政管理部门应当配合监督检查，并及时向无线电管理机构通报其在产品质量监督、市场监管执法过程中发现的违法生产、销售无线电发射设备的行为。

第六十九条 无线电管理机构和无线电监测中心（站）的工作人员应当对履行职责过程中知悉的通信秘密和无线电信号保密。

第八章 法律责任

第七十条 违反本条例规定，未经许可擅自使用无线电频率，或者擅自设置、使用无线电台（站）的，由无线电管理机构责令改正，没收从事违法活动的设备和违法所得，可以并处 5 万元以下的罚款；拒不改正的，并处 5 万元以上 20 万元以下的罚款；擅自设置、使用无线电台（站）从事诈骗等违法活动，尚不构成犯罪的，并处 20 万元以上 50 万元以下的罚款。

第七十一条 违反本条例规定，擅自转让无线电频率的，由无线电管理机构责令改正，没收违法所得；拒不改正的，并处违法所得 1 倍以上 3 倍以下的罚款；没有违法所得或者违法所得不足 10 万元的，处 1 万元以上 10 万元以下的罚款；造成严重后果的，吊销无线电频率使用许可证。

第七十二条 违反本条例规定，有下列行为之一的，由无线电管理机构责令改正，没收违法所得，可以并处 3 万元以下的罚款；造成严重后果的，吊销无线电台执照，并处 3 万元以上 10 万元以下的罚款：

（一）不按照无线电台执照规定的许可事项和要求设置、使用无线电台（站）；

（二）故意收发无线电台执照许可事项之外的无线电信号，传播、公布或者利用无意接收的信息；

（三）擅自编制、使用无线电台识别码。

第七十三条 违反本条例规定，使用无线电发射设备、辐射无线电波的非无线电设备干扰无线电业务正常进行的，由无线电管理机构责令改正，拒不改正的，没收产生有害干扰的设备，并处 5 万元以上 20 万元以下的罚款，吊销无线电台执照；对船舶、航天器、航空器、铁路机车专用无线电导航、遇险救助和安全通信等涉及人身安全的无线电频率产生有害干扰的，并处 20 万元以上 50 万元以下的罚款。

第七十四条 未按照国家有关规定缴纳无线电频率占用费的，由无线电管理机构责令限期缴纳；逾期不缴纳的，自滞纳之日起按日加收 0.05% 的滞纳金。

第七十五条　违反本条例规定，有下列行为之一的，由无线电管理机构责令改正；拒不改正的，没收从事违法活动的设备，并处 3 万元以上 10 万元以下的罚款；造成严重后果的，并处 10 万元以上 30 万元以下的罚款：

（一）研制、生产、销售和维修大功率无线电发射设备，未采取有效措施抑制电波发射；

（二）境外组织或者个人在我国境内进行电波参数测试或者电波监测；

（三）向境外组织或者个人提供涉及国家安全的境内电波参数资料。

第七十六条　违反本条例规定，生产或者进口在国内销售、使用的无线电发射设备未取得型号核准的，由无线电管理机构责令改正，处 5 万元以上 20 万元以下的罚款；拒不改正的，没收未取得型号核准的无线电发射设备，并处 20 万元以上 100 万元以下的罚款。

第七十七条　销售依照本条例第四十四条的规定应当取得型号核准的无线电发射设备未向无线电管理机构办理销售备案的，由无线电管理机构责令改正；拒不改正的，处 1 万元以上 3 万元以下的罚款。

第七十八条　销售依照本条例第四十四条的规定应当取得型号核准而未取得型号核准的无线电发射设备的，由无线电管理机构责令改正，没收违法销售的无线电发射设备和违法所得，可以并处违法销售的设备货值 10% 以下的罚款；拒不改正的，并处违法销售的设备货值 10% 以上 30% 以下的罚款。

第七十九条　维修无线电发射设备改变无线电发射设备型号核准证核定的技术指标的，由无线电管理机构责令改正；拒不改正的，处 1 万元以上 3 万元以下的罚款。

第八十条　生产、销售无线电发射设备违反产品质量管理法律法规的，由产品质量监督部门依法处罚。

进口无线电发射设备，携带、寄递或者以其他方式运输无线电发射设备入境，违反海关监管法律法规的，由海关依法处罚。

第八十一条 违反本条例规定，构成违反治安管理行为的，依法给予治安管理处罚；构成犯罪的，依法追究刑事责任。

第八十二条 无线电管理机构及其工作人员不依照本条例规定履行职责的，对负有责任的领导人员和其他直接责任人员依法给予处分。

第九章 附则

第八十三条 实施本条例规定的许可需要完成有关国内、国际协调或者履行国际规则规定程序的，进行协调以及履行程序的时间不计算在许可审查期限内。

第八十四条 军事系统无线电管理，按照军队有关规定执行。

涉及广播电视的无线电管理，法律、行政法规另有规定的，依照其规定执行。

第八十五条 本条例自 2016 年 12 月 1 日起施行。

中华人民共和国网络安全法

（2016年11月7日第十二届全国人民代表大会常务委员会第二十四次会议通过）

第一章　总则

第一条　为了保障网络安全，维护网络空间主权和国家安全、社会公共利益，保护公民、法人和其他组织的合法权益，促进经济社会信息化健康发展，制定本法。

第二条　在中华人民共和国境内建设、运营、维护和使用网络，以及网络安全的监督管理，适用本法。

第三条　国家坚持网络安全与信息化发展并重，遵循积极利用、科学发展、依法管理、确保安全的方针，推进网络基础设施建设和互联互通，鼓励网络技术创新和应用，支持培养网络安全人才，建立健全网络安全保障体系，提高网络安全保护能力。

第四条　国家制定并不断完善网络安全战略，明确保障网络安全的基本要求和主要目标，提出重点领域的网络安全政策、工作任务和措施。

第五条　国家采取措施，监测、防御、处置来源于中华人民共和国境内外的网络安全风险和威胁，保护关键信息基础设施免受攻击、侵入、干扰和破坏，依法惩治网络违法犯罪活动，维护网络空间安全和秩序。

第六条　国家倡导诚实守信、健康文明的网络行为，推动传播社会主义核心价值观，采取措施提高全社会的网络安全意识和水平，形成全社会共同参与促进网络安全的良好环境。

第七条 国家积极开展网络空间治理、网络技术研发和标准制定、打击网络违法犯罪等方面的国际交流与合作，推动构建和平、安全、开放、合作的网络空间，建立多边、民主、透明的网络治理体系。

第八条 国家网信部门负责统筹协调网络安全工作和相关监督管理工作。国务院电信主管部门、公安部门和其他有关机关依照本法和有关法律、行政法规的规定，在各自职责范围内负责网络安全保护和监督管理工作。

县级以上地方人民政府有关部门的网络安全保护和监督管理职责，按照国家有关规定确定。

第九条 网络运营者开展经营和服务活动，必须遵守法律、行政法规，尊重社会公德，遵守商业道德，诚实信用，履行网络安全保护义务，接受政府和社会的监督，承担社会责任。

第十条 建设、运营网络或者通过网络提供服务，应当依照法律、行政法规的规定和国家标准的强制性要求，采取技术措施和其他必要措施，保障网络安全、稳定运行，有效应对网络安全事件，防范网络违法犯罪活动，维护网络数据的完整性、保密性和可用性。

第十一条 网络相关行业组织按照章程，加强行业自律，制定网络安全行为规范，指导会员加强网络安全保护，提高网络安全保护水平，促进行业健康发展。

第十二条 国家保护公民、法人和其他组织依法使用网络的权利，促进网络接入普及，提升网络服务水平，为社会提供安全、便利的网络服务，保障网络信息依法有序自由流动。

任何个人和组织使用网络应当遵守宪法法律，遵守公共秩序，尊重社会公德，不得危害网络安全，不得利用网络从事危害国家安全、荣誉和利益，煽动颠覆国家政权、推翻社会主义制度，煽动分裂国家、破坏国家统一，宣扬恐怖主义、极端主义，宣扬民族仇恨、民族歧视，传播暴力、淫秽色情信息，编造、传播虚假信息扰乱经济秩序和社会秩序，以及侵害他人名誉、隐私、知识产权和其他合法权益等活动。

第十三条 国家支持研究开发有利于未成年人健康成长的网络产品和服务，依法惩治利用网络从事危害未成年人身心健康的活动，为未成年人提供安全、健康的网络环境。

第十四条 任何个人和组织有权对危害网络安全的行为向网信、电信、公安等部门举报。收到举报的部门应当及时依法作出处理；不属于本部门职责的，应当及时移送有权处理的部门。

有关部门应当对举报人的相关信息予以保密，保护举报人的合法权益。

第二章　网络安全支持与促进

第十五条 国家建立和完善网络安全标准体系。国务院标准化行政主管部门和国务院其他有关部门根据各自的职责，组织制定并适时修订有关网络安全管理以及网络产品、服务和运行安全的国家标准、行业标准。

国家支持企业、研究机构、高等学校、网络相关行业组织参与网络安全国家标准、行业标准的制定。

第十六条 国务院和省、自治区、直辖市人民政府应当统筹规划，加大投入，扶持重点网络安全技术产业和项目，支持网络安全技术的研究开发和应用，推广安全可信的网络产品和服务，保护网络技术知识产权，支持企业、研究机构和高等学校等参与国家网络安全技术创新项目。

第十七条 国家推进网络安全社会化服务体系建设，鼓励有关企业、机构开展网络安全认证、检测和风险评估等安全服务。

第十八条 国家鼓励开发网络数据安全保护和利用技术，促进公共数据资源开放，推动技术创新和经济社会发展。

国家支持创新网络安全管理方式，运用网络新技术，提升网络安全保护水平。

第十九条 各级人民政府及其有关部门应当组织开展经常性的网络安全宣传教育，并指导、督促有关单位做好网络安全宣传教育工作。

大众传播媒介应当有针对性地面向社会进行网络安全宣传教育。

第二十条 国家支持企业和高等学校、职业学校等教育培训机构开展网络安全相关教育与培训，采取多种方式培养网络安全人才，促进网络安全人才交流。

第三章 网络运行安全

第一节 一般规定

第二十一条 国家实行网络安全等级保护制度。网络运营者应当按照网络安全等级保护制度的要求，履行下列安全保护义务，保障网络免受干扰、破坏或者未经授权的访问，防止网络数据泄露或者被窃取、篡改：

（一）制定内部安全管理制度和操作规程，确定网络安全负责人，落实网络安全保护责任；

（二）采取防范计算机病毒和网络攻击、网络侵入等危害网络安全行为的技术措施；

（三）采取监测、记录网络运行状态、网络安全事件的技术措施，并按照规定留存相关的网络日志不少于六个月；

（四）采取数据分类、重要数据备份和加密等措施；

（五）法律、行政法规规定的其他义务。

第二十二条 网络产品、服务应当符合相关国家标准的强制性要求。网络产品、服务的提供者不得设置恶意程序；发现其网络产品、服务存在安全缺陷、漏洞等风险时，应当立即采取补救措施，按照规定及时告知用户并向有关主管部门报告。

网络产品、服务的提供者应当为其产品、服务持续提供安全维护；在规定或者当事人约定的期限内，不得终止提供安全维护。

网络产品、服务具有收集用户信息功能的，其提供者应当向用户明示并取得同意；涉及用户个人信息的，还应当遵守本法和有关法律、行政法规关于个人信息保护的规定。

第二十三条　网络关键设备和网络安全专用产品应当按照相关国家标准的强制性要求，由具备资格的机构安全认证合格或者安全检测符合要求后，方可销售或者提供。国家网信部门会同国务院有关部门制定、公布网络关键设备和网络安全专用产品目录，并推动安全认证和安全检测结果互认，避免重复认证、检测。

第二十四条　网络运营者为用户办理网络接入、域名注册服务，办理固定电话、移动电话等入网手续，或者为用户提供信息发布、即时通讯等服务，在与用户签订协议或者确认提供服务时，应当要求用户提供真实身份信息。用户不提供真实身份信息的，网络运营者不得为其提供相关服务。

国家实施网络可信身份战略，支持研究开发安全、方便的电子身份认证技术，推动不同电子身份认证之间的互认。

第二十五条　网络运营者应当制定网络安全事件应急预案，及时处置系统漏洞、计算机病毒、网络攻击、网络侵入等安全风险；在发生危害网络安全的事件时，立即启动应急预案，采取相应的补救措施，并按照规定向有关主管部门报告。

第二十六条　开展网络安全认证、检测、风险评估等活动，向社会发布系统漏洞、计算机病毒、网络攻击、网络侵入等网络安全信息，应当遵守国家有关规定。

第二十七条　任何个人和组织不得从事非法侵入他人网络、干扰他人网络正常功能、窃取网络数据等危害网络安全的活动；不得提供专门用于从事侵入网络、干扰网络正常功能及防护措施、窃取网络数据等危害网络安全活动的程序、工具；明知他人从事危害网络安全的活动的，不得为其提供技术支持、广告推广、支付结算等帮助。

第二十八条 网络运营者应当为公安机关、国家安全机关依法维护国家安全和侦查犯罪的活动提供技术支持和协助。

第二十九条 国家支持网络运营者之间在网络安全信息收集、分析、通报和应急处置等方面进行合作，提高网络运营者的安全保障能力。

有关行业组织建立健全本行业的网络安全保护规范和协作机制，加强对网络安全风险的分析评估，定期向会员进行风险警示，支持、协助会员应对网络安全风险。

第三十条 网信部门和有关部门在履行网络安全保护职责中获取的信息，只能用于维护网络安全的需要，不得用于其他用途。

第二节 关键信息基础设施的运行安全

第三十一条 国家对公共通信和信息服务、能源、交通、水利、金融、公共服务、电子政务等重要行业和领域，以及其他一旦遭到破坏、丧失功能或者数据泄露，可能严重危害国家安全、国计民生、公共利益的关键信息基础设施，在网络安全等级保护制度的基础上，实行重点保护。关键信息基础设施的具体范围和安全保护办法由国务院制定。

国家鼓励关键信息基础设施以外的网络运营者自愿参与关键信息基础设施保护体系。

第三十二条 按照国务院规定的职责分工，负责关键信息基础设施安全保护工作的部门分别编制并组织实施本行业、本领域的关键信息基础设施安全规划，指导和监督关键信息基础设施运行安全保护工作。

第三十三条 建设关键信息基础设施应当确保其具有支持业务稳定、持续运行的性能，并保证安全技术措施同步规划、同步建设、同步使用。

第三十四条 除本法第二十一条的规定外，关键信息基础设施的运营者还应当履行下列安全保护义务：

（一）设置专门安全管理机构和安全管理负责人，并对该负责人和关键岗位的人员进行安全背景审查；

（二）定期对从业人员进行网络安全教育、技术培训和技能考核；

（三）对重要系统和数据库进行容灾备份；

（四）制定网络安全事件应急预案，并定期进行演练；

（五）法律、行政法规规定的其他义务。

第三十五条　关键信息基础设施的运营者采购网络产品和服务，可能影响国家安全的，应当通过国家网信部门会同国务院有关部门组织的国家安全审查。

第三十六条　关键信息基础设施的运营者采购网络产品和服务，应当按照规定与提供者签订安全保密协议，明确安全和保密义务与责任。

第三十七条　关键信息基础设施的运营者在中华人民共和国境内运营中收集和产生的个人信息和重要数据应当在境内存储。因业务需要，确需向境外提供的，应当按照国家网信部门会同国务院有关部门制定的办法进行安全评估；法律、行政法规另有规定的，依照其规定。

第三十八条　关键信息基础设施的运营者应当自行或者委托网络安全服务机构对其网络的安全性和可能存在的风险每年至少进行一次检测评估，并将检测评估情况和改进措施报送相关负责关键信息基础设施安全保护工作的部门。

第三十九条　国家网信部门应当统筹协调有关部门对关键信息基础设施的安全保护采取下列措施：

（一）对关键信息基础设施的安全风险进行抽查检测，提出改进措施，必要时可以委托网络安全服务机构对网络存在的安全风险进行检测评估；

（二）定期组织关键信息基础设施的运营者进行网络安全应急演练，提高应对网络安全事件的水平和协同配合能力；

（三）促进有关部门、关键信息基础设施的运营者以及有关研究机构、网络安全服务机构等之间的网络安全信息共享；

（四）对网络安全事件的应急处置与网络功能的恢复等，提供技术支持和协助。

第四章 网络信息安全

第四十条 网络运营者应当对其收集的用户信息严格保密，并建立健全用户信息保护制度。

第四十一条 网络运营者收集、使用个人信息，应当遵循合法、正当、必要的原则，公开收集、使用规则，明示收集、使用信息的目的、方式和范围，并经被收集者同意。

网络运营者不得收集与其提供的服务无关的个人信息，不得违反法律、行政法规的规定和双方的约定收集、使用个人信息，并应当依照法律、行政法规的规定和与用户的约定，处理其保存的个人信息。

第四十二条 网络运营者不得泄露、篡改、毁损其收集的个人信息；未经被收集者同意，不得向他人提供个人信息。但是，经过处理无法识别特定个人且不能复原的除外。

网络运营者应当采取技术措施和其他必要措施，确保其收集的个人信息安全，防止信息泄露、毁损、丢失。在发生或者可能发生个人信息泄露、毁损、丢失的情况时，应当立即采取补救措施，按照规定及时告知用户并向有关主管部门报告。

第四十三条 个人发现网络运营者违反法律、行政法规的规定或者双方的约定收集、使用其个人信息的，有权要求网络运营者删除其个人信息；发现网络运营者收集、存储的其个人信息有错误的，有权要求网络运营者予以更正。网络运营者应当采取措施予以删除或者更正。

第四十四条 任何个人和组织不得窃取或者以其他非法方式获取个人信息，不得非法出售或者非法向他人提供个人信息。

第四十五条　依法负有网络安全监督管理职责的部门及其工作人员，必须对在履行职责中知悉的个人信息、隐私和商业秘密严格保密，不得泄露、出售或者非法向他人提供。

第四十六条　任何个人和组织应当对其使用网络的行为负责，不得设立用于实施诈骗，传授犯罪方法，制作或者销售违禁物品、管制物品等违法犯罪活动的网站、通讯群组，不得利用网络发布涉及实施诈骗，制作或者销售违禁物品、管制物品以及其他违法犯罪活动的信息。

第四十七条　网络运营者应当加强对其用户发布的信息的管理，发现法律、行政法规禁止发布或者传输的信息的，应当立即停止传输该信息，采取消除等处置措施，防止信息扩散，保存有关记录，并向有关主管部门报告。

第四十八条　任何个人和组织发送的电子信息、提供的应用软件，不得设置恶意程序，不得含有法律、行政法规禁止发布或者传输的信息。

电子信息发送服务提供者和应用软件下载服务提供者，应当履行安全管理义务，知道其用户有前款规定行为的，应当停止提供服务，采取消除等处置措施，保存有关记录，并向有关主管部门报告。

第四十九条　网络运营者应当建立网络信息安全投诉、举报制度，公布投诉、举报方式等信息，及时受理并处理有关网络信息安全的投诉和举报。

网络运营者对网信部门和有关部门依法实施的监督检查，应当予以配合。

第五十条　国家网信部门和有关部门依法履行网络信息安全监督管理职责，发现法律、行政法规禁止发布或者传输的信息的，应当要求网络运营者停止传输，采取消除等处置措施，保存有关记录；对来源于中华人民共和国境外的上述信息，应当通知有关机构采取技术措施和其他必要措施阻断传播。

第五章　监测预警与应急处置

第五十一条　国家建立网络安全监测预警和信息通报制度。国家网信部门应当统筹协调有关部门加强网络安全信息收集、分析和通报工作，按照规定统一发布网络安全监测预警信息。

第五十二条 负责关键信息基础设施安全保护工作的部门，应当建立健全本行业、本领域的网络安全监测预警和信息通报制度，并按照规定报送网络安全监测预警信息。

第五十三条 国家网信部门协调有关部门建立健全网络安全风险评估和应急工作机制，制定网络安全事件应急预案，并定期组织演练。

负责关键信息基础设施安全保护工作的部门应当制定本行业、本领域的网络安全事件应急预案，并定期组织演练。

网络安全事件应急预案应当按照事件发生后的危害程度、影响范围等因素对网络安全事件进行分级，并规定相应的应急处置措施。

第五十四条 网络安全事件发生的风险增大时，省级以上人民政府有关部门应当按照规定的权限和程序，并根据网络安全风险的特点和可能造成的危害，采取下列措施：

（一）要求有关部门、机构和人员及时收集、报告有关信息，加强对网络安全风险的监测；

（二）组织有关部门、机构和专业人员，对网络安全风险信息进行分析评估，预测事件发生的可能性、影响范围和危害程度；

（三）向社会发布网络安全风险预警，发布避免、减轻危害的措施。

第五十五条 发生网络安全事件，应当立即启动网络安全事件应急预案，对网络安全事件进行调查和评估，要求网络运营者采取技术措施和其他必要措施，消除安全隐患，防止危害扩大，并及时向社会发布与公众有关的警示信息。

第五十六条 省级以上人民政府有关部门在履行网络安全监督管理职责中，发现网络存在较大安全风险或者发生安全事件的，可以按照规定的权限和程序对该网络的运营者的法定代表人或者主要负责人进行约谈。网络运营者应当按照要求采取措施，进行整改，消除隐患。

第五十七条 因网络安全事件，发生突发事件或者生产安全事故的，应当依照《中华人民共和国突发事件应对法》《中华人民共和国安全生产法》等有关法律、行政法规的规定处置。

第五十八条 因维护国家安全和社会公共秩序，处置重大突发社会安全事件的需要，经国务院决定或者批准，可以在特定区域对网络通信采取限制等临时措施。

第六章　法律责任

第五十九条 网络运营者不履行本法第二十一条、第二十五条规定的网络安全保护义务的，由有关主管部门责令改正，给予警告；拒不改正或者导致危害网络安全等后果的，处一万元以上十万元以下罚款，对直接负责的主管人员处五千元以上五万元以下罚款。

关键信息基础设施的运营者不履行本法第三十三条、第三十四条、第三十六条、第三十八条规定的网络安全保护义务的，由有关主管部门责令改正，给予警告；拒不改正或者导致危害网络安全等后果的，处十万元以上一百万元以下罚款，对直接负责的主管人员处一万元以上十万元以下罚款。

第六十条 违反本法第二十二条第一款、第二款和第四十八条第一款规定，有下列行为之一的，由有关主管部门责令改正，给予警告；拒不改正或者导致危害网络安全等后果的，处五万元以上五十万元以下罚款，对直接负责的主管人员处一万元以上十万元以下罚款：

（一）设置恶意程序的；

（二）对其产品、服务存在的安全缺陷、漏洞等风险未立即采取补救措施，或者未按照规定及时告知用户并向有关主管部门报告的；

（三）擅自终止为其产品、服务提供安全维护的。

第六十一条 网络运营者违反本法第二十四条第一款规定，未要求用户提供真实身份信息，或者对不提供真实身份信息的用户提供相关服务的，由有关主管部门责令改正；拒不改正或者情节严重的，处五万元以上五十万元以下罚款，并可以由有关主管部门责令暂停相关业务、停业整顿、关闭网站、吊销相关业务许可证或者吊销营业执照，对直接负责的主管人员和其他直接责任人员处一万元以上十万元以下罚款。

第六十二条 违反本法第二十六条规定，开展网络安全认证、检测、风险评估等活动，或者向社会发布系统漏洞、计算机病毒、网络攻击、网络侵入等网络安全信息的，由有关主管部门责令改正，给予警告；拒不改正或者情节严重的，处一万元以上十万元以下罚款，并可以由有关主管部门责令暂停相关业务、停业整顿、关闭网站、吊销相关业务许可证或者吊销营业执照，对直接负责的主管人员和其他直接责任人员处五千元以上五万元以下罚款。

第六十三条 违反本法第二十七条规定，从事危害网络安全的活动，或者提供专门用于从事危害网络安全活动的程序、工具，或者为他人从事危害网络安全的活动提供技术支持、广告推广、支付结算等帮助，尚不构成犯罪的，由公安机关没收违法所得，处五日以下拘留，可以并处五万元以上五十万元以下罚款；情节较重的，处五日以上十五日以下拘留，可以并处十万元以上一百万元以下罚款。

单位有前款行为的，由公安机关没收违法所得，处十万元以上一百万元以下罚款，并对直接负责的主管人员和其他直接责任人员依照前款规定处罚。

违反本法第二十七条规定，受到治安管理处罚的人员，五年内不得从事网络安全管理和网络运营关键岗位的工作；受到刑事处罚的人员，终身不得从事网络安全管理和网络运营关键岗位的工作。

第六十四条 网络运营者、网络产品或者服务的提供者违反本法第二十二条第三款、第四十一条至第四十三条规定，侵害个人信息依法得到保护的权利的，由有关主管部门责令改正，可以根据情节单处或者并处警告、没收违法所得、处违法所得一倍以上十倍以下罚款，没有违法所得的，处一百万元以下罚款，对直接负责的主管人员和其他直接责任人员处一万元以上十万元以下罚款；情节严重的，并可以责令暂停相关业务、停业整顿、关闭网站、吊销相关业务许可证或者吊销营业执照。

违反本法第四十四条规定，窃取或者以其他非法方式获取、非法出售或者非法向他人提供个人信息，尚不构成犯罪的，由公安机关没收违法所得，并处违法所得一倍以上十倍以下罚款，没有违法所得的，处一百万元以下罚款。

第六十五条　关键信息基础设施的运营者违反本法第三十五条规定，使用未经安全审查或者安全审查未通过的网络产品或者服务的，由有关主管部门责令停止使用，处采购金额一倍以上十倍以下罚款；对直接负责的主管人员和其他直接责任人员处一万元以上十万元以下罚款。

第六十六条　关键信息基础设施的运营者违反本法第三十七条规定，在境外存储网络数据，或者向境外提供网络数据的，由有关主管部门责令改正，给予警告，没收违法所得，处五万元以上五十万元以下罚款，并可以责令暂停相关业务、停业整顿、关闭网站、吊销相关业务许可证或者吊销营业执照；对直接负责的主管人员和其他直接责任人员处一万元以上十万元以下罚款。

第六十七条　违反本法第四十六条规定，设立用于实施违法犯罪活动的网站、通讯群组，或者利用网络发布涉及实施违法犯罪活动的信息，尚不构成犯罪的，由公安机关处五日以下拘留，可以并处一万元以上十万元以下罚款；情节较重的，处五日以上十五日以下拘留，可以并处五万元以上五十万元以下罚款。关闭用于实施违法犯罪活动的网站、通讯群组。

单位有前款行为的，由公安机关处十万元以上五十万元以下罚款，并对直接负责的主管人员和其他直接责任人员依照前款规定处罚。

第六十八条　网络运营者违反本法第四十七条规定，对法律、行政法规禁止发布或者传输的信息未停止传输、采取消除等处置措施、保存有关记录的，由有关主管部门责令改正，给予警告，没收违法所得；拒不改正或者情节严重的，处十万元以上五十万元以下罚款，并可以责令暂停相关业务、停业整顿、关闭网站、吊销相关业务许可证或者吊销营业执照，对直接负责的主管人员和其他直接责任人员处一万元以上十万元以下罚款。

电子信息发送服务提供者、应用软件下载服务提供者，不履行本法第四十八条第二款规定的安全管理义务的，依照前款规定处罚。

第六十九条 网络运营者违反本法规定，有下列行为之一的，由有关主管部门责令改正；拒不改正或者情节严重的，处五万元以上五十万元以下罚款，对直接负责的主管人员和其他直接责任人员，处一万元以上十万元以下罚款：

（一）不按照有关部门的要求对法律、行政法规禁止发布或者传输的信息，采取停止传输、消除等处置措施的；

（二）拒绝、阻碍有关部门依法实施的监督检查的；

（三）拒不向公安机关、国家安全机关提供技术支持和协助的。

第七十条 发布或者传输本法第十二条第二款和其他法律、行政法规禁止发布或者传输的信息的，依照有关法律、行政法规的规定处罚。

第七十一条 有本法规定的违法行为的，依照有关法律、行政法规的规定记入信用档案，并予以公示。

第七十二条 国家机关政务网络的运营者不履行本法规定的网络安全保护义务的，由其上级机关或者有关机关责令改正；对直接负责的主管人员和其他直接责任人员依法给予处分。

第七十三条 网信部门和有关部门违反本法第三十条规定，将在履行网络安全保护职责中获取的信息用于其他用途的，对直接负责的主管人员和其他直接责任人员依法给予处分。

网信部门和有关部门的工作人员玩忽职守、滥用职权、徇私舞弊，尚不构成犯罪的，依法给予处分。

第七十四条 违反本法规定，给他人造成损害的，依法承担民事责任。

违反本法规定，构成违反治安管理行为的，依法给予治安管理处罚；构成犯罪的，依法追究刑事责任。

第七十五条 境外的机构、组织、个人从事攻击、侵入、干扰、破坏等危害中华人民共和国的关键信息基础设施的活动，造成严重后果的，依法追究法律责任；国务院公安部门和有关部门并可以决定对该机构、组织、个人采取冻结财产或者其他必要的制裁措施。

第七章　附则

第七十六条 本法下列用语的含义：

（一）网络，是指由计算机或者其他信息终端及相关设备组成的按照一定的规则和程序对信息进行收集、存储、传输、交换、处理的系统。

（二）网络安全，是指通过采取必要措施，防范对网络的攻击、侵入、干扰、破坏和非法使用以及意外事故，使网络处于稳定可靠运行的状态，以及保障网络数据的完整性、保密性、可用性的能力。

（三）网络运营者，是指网络的所有者、管理者和网络服务提供者。

（四）网络数据，是指通过网络收集、存储、传输、处理和产生的各种电子数据。

（五）个人信息，是指以电子或者其他方式记录的能够单独或者与其他信息结合识别自然人个人身份的各种信息，包括但不限于自然人的姓名、出生日期、身份证件号码、个人生物识别信息、住址、电话号码等。

第七十七条 存储、处理涉及国家秘密信息的网络的运行安全保护，除应当遵守本法外，还应当遵守保密法律、行政法规的规定。

第七十八条 军事网络的安全保护，由中央军事委员会另行规定。

第七十九条 本法自 2017 年 6 月 1 日起施行。

中华人民共和国数据安全法

（2021 年 6 月 10 日第十三届全国人民代表大会常务委员会第二十九次会议通过）

第一章 总 则

第一条 为了规范数据处理活动，保障数据安全，促进数据开发利用，保护个人、组织的合法权益，维护国家主权、安全和发展利益，制定本法。

第二条 在中华人民共和国境内开展数据处理活动及其安全监管，适用本法。

在中华人民共和国境外开展数据处理活动，损害中华人民共和国国家安全、公共利益或者公民、组织合法权益的，依法追究法律责任。

第三条 本法所称数据，是指任何以电子或者其他方式对信息的记录。

数据处理，包括数据的收集、存储、使用、加工、传输、提供、公开等。

数据安全，是指通过采取必要措施，确保数据处于有效保护和合法利用的状态，以及具备保障持续安全状态的能力。

第四条 维护数据安全，应当坚持总体国家安全观，建立健全数据安全治理体系，提高数据安全保障能力。

第五条 中央国家安全领导机构负责国家数据安全工作的决策和议事协调，研究制定、指导实施国家数据安全战略和有关重大方针政策，统筹协调国家数据安全的重大事项和重要工作，建立国家数据安全工作协调机制。

第六条 各地区、各部门对本地区、本部门工作中收集和产生的数据及数据安全负责。

工业、电信、交通、金融、自然资源、卫生健康、教育、科技等主管部门承担本行业、本领域数据安全监管职责。

公安机关、国家安全机关等依照本法和有关法律、行政法规的规定，在各自职责范围内承担数据安全监管职责。

国家网信部门依照本法和有关法律、行政法规的规定，负责统筹协调网络数据安全和相关监管工作。

第七条 国家保护个人、组织与数据有关的权益，鼓励数据依法合理有效利用，保障数据依法有序自由流动，促进以数据为关键要素的数字经济发展。

第八条 开展数据处理活动，应当遵守法律、法规，尊重社会公德和伦理，遵守商业道德和职业道德，诚实守信，履行数据安全保护义务，承担社会责任，不得危害国家安全、公共利益，不得损害个人、组织的合法权益。

第九条 国家支持开展数据安全知识宣传普及，提高全社会的数据安全保护意识和水平，推动有关部门、行业组织、科研机构、企业、个人等共同参与数据安全保护工作，形成全社会共同维护数据安全和促进发展的良好环境。

第十条 相关行业组织按照章程，依法制定数据安全行为规范和团体标准，加强行业自律，指导会员加强数据安全保护，提高数据安全保护水平，促进行业健康发展。

第十一条 国家积极开展数据安全治理、数据开发利用等领域的国际交流与合作，参与数据安全相关国际规则和标准的制定，促进数据跨境安全、自由流动。

第十二条 任何个人、组织都有权对违反本法规定的行为向有关主管部门投诉、举报。收到投诉、举报的部门应当及时依法处理。

有关主管部门应当对投诉、举报人的相关信息予以保密，保护投诉、举报人的合法权益。

第二章 数据安全与发展

第十三条 国家统筹发展和安全，坚持以数据开发利用和产业发展促进数据安全，以数据安全保障数据开发利用和产业发展。

第十四条 国家实施大数据战略，推进数据基础设施建设，鼓励和支持数据在各行业、各领域的创新应用。

省级以上人民政府应当将数字经济发展纳入本级国民经济和社会发展规划，并根据需要制定数字经济发展规划。

第十五条 国家支持开发利用数据提升公共服务的智能化水平。提供智能化公共服务，应当充分考虑老年人、残疾人的需求，避免对老年人、残疾人的日常生活造成障碍。

第十六条 国家支持数据开发利用和数据安全技术研究，鼓励数据开发利用和数据安全等领域的技术推广和商业创新，培育、发展数据开发利用和数据安全产品、产业体系。

第十七条 国家推进数据开发利用技术和数据安全标准体系建设。国务院标准化行政主管部门和国务院有关部门根据各自的职责，组织制定并适时修订有关数据开发利用技术、产品和数据安全相关标准。国家支持企业、社会团体和教育、科研机构等参与标准制定。

第十八条 国家促进数据安全检测评估、认证等服务的发展，支持数据安全检测评估、认证等专业机构依法开展服务活动。

国家支持有关部门、行业组织、企业、教育和科研机构、有关专业机构等在数据安全风险评估、防范、处置等方面开展协作。

第十九条 国家建立健全数据交易管理制度，规范数据交易行为，培育数据交易市场。

第二十条 国家支持教育、科研机构和企业等开展数据开发利用技术和数据安全相关教育和培训，采取多种方式培养数据开发利用技术和数据安全专业人才，促进人才交流。

第三章 数据安全制度

第二十一条 国家建立数据分类分级保护制度，根据数据在经济社会发展中的重要程度，以及一旦遭到篡改、破坏、泄露或者非法获取、非法利用，对国家安全、公共利益或者个人、组织合法权益造成的危害程度，对数据实行分类分级保护。国家数据安全工作协调机制统筹协调有关部门制定重要数据目录，加强对重要数据的保护。

关系国家安全、国民经济命脉、重要民生、重大公共利益等数据属于国家核心数据，实行更加严格的管理制度。

各地区、各部门应当按照数据分类分级保护制度，确定本地区、本部门以及相关行业、领域的重要数据具体目录，对列入目录的数据进行重点保护。

第二十二条 国家建立集中统一、高效权威的数据安全风险评估、报告、信息共享、监测预警机制。国家数据安全工作协调机制统筹协调有关部门加强数据安全风险信息的获取、分析、研判、预警工作。

第二十三条 国家建立数据安全应急处置机制。发生数据安全事件，有关主管部门应当依法启动应急预案，采取相应的应急处置措施，防止危害扩大，消除安全隐患，并及时向社会发布与公众有关的警示信息。

第二十四条 国家建立数据安全审查制度，对影响或者可能影响国家安全的数据处理活动进行国家安全审查。

依法作出的安全审查决定为最终决定。

第二十五条 国家对与维护国家安全和利益、履行国际义务相关的属于管制物项的数据依法实施出口管制。

第二十六条 任何国家或者地区在与数据和数据开发利用技术等有关的投资、贸易等方面对中华人民共和国采取歧视性的禁止、限制或者其他类似措施的，中华人民共和国可以根据实际情况对该国家或者地区对等采取措施。

第四章 数据安全保护义务

第二十七条 开展数据处理活动应当依照法律、法规的规定，建立健全全流程数据安全管理制度，组织开展数据安全教育培训，采取相应的技术措施和其他必要措施，保障数据安全。利用互联网等信息网络开展数据处理活动，应当在网络安全等级保护制度的基础上，履行上述数据安全保护义务。

重要数据的处理者应当明确数据安全负责人和管理机构，落实数据安全保护责任。

第二十八条 开展数据处理活动以及研究开发数据新技术，应当有利于促进经济社会发展，增进人民福祉，符合社会公德和伦理。

第二十九条 开展数据处理活动应当加强风险监测，发现数据安全缺陷、漏洞等风险时，应当立即采取补救措施；发生数据安全事件时，应当立即采取处置措施，按照规定及时告知用户并向有关主管部门报告。

第三十条 重要数据的处理者应当按照规定对其数据处理活动定期开展风险评估，并向有关主管部门报送风险评估报告。

风险评估报告应当包括处理的重要数据的种类、数量，开展数据处理活动的情况，面临的数据安全风险及其应对措施等。

第三十一条 关键信息基础设施的运营者在中华人民共和国境内运营中收集和产生的重要数据的出境安全管理，适用《中华人民共和国网络安全法》的规定；其他数据处理者在中华人民共和国境内运营中收集和产生的重要数据的出境安全管理办法，由国家网信部门会同国务院有关部门制定。

第三十二条 任何组织、个人收集数据，应当采取合法、正当的方式，不得窃取或者以其他非法方式获取数据。

法律、行政法规对收集、使用数据的目的、范围有规定的，应当在法律、行政法规规定的目的和范围内收集、使用数据。

第三十三条 从事数据交易中介服务的机构提供服务，应当要求数据提供方说明数据来源，审核交易双方的身份，并留存审核、交易记录。

第三十四条 法律、行政法规规定提供数据处理相关服务应当取得行政许可的，服务提供者应当依法取得许可。

第三十五条 公安机关、国家安全机关因依法维护国家安全或者侦查犯罪的需要调取数据，应当按照国家有关规定，经过严格的批准手续，依法进行，有关组织、个人应当予以配合。

第三十六条 中华人民共和国主管机关根据有关法律和中华人民共和国缔结或者参加的国际条约、协定，或者按照平等互惠原则，处理外国司法或者执法机构关于提供数据的请求。非经中华人民共和国主管机关批准，境内的组织、个人不得向外国司法或者执法机构提供存储于中华人民共和国境内的数据。

第五章　政务数据安全与开放

第三十七条 国家大力推进电子政务建设，提高政务数据的科学性、准确性、时效性，提升运用数据服务经济社会发展的能力。

第三十八条 国家机关为履行法定职责的需要收集、使用数据，应当在其履行法定职责的范围内依照法律、行政法规规定的条件和程序进行；对在履行职责中知悉的个人隐私、个人信息、商业秘密、保密商务信息等数据应当依法予以保密，不得泄露或者非法向他人提供。

第三十九条 国家机关应当依照法律、行政法规的规定，建立健全数据安全管理制度，落实数据安全保护责任，保障政务数据安全。

第四十条 国家机关委托他人建设、维护电子政务系统，存储、加工政务数据，应当经过严格的批准程序，并应当监督受托方履行相应的数据安全保护义务。受托方应当依照法律、法规的规定和合同约定履行数据安全保护义务，不得擅自留存、使用、泄露或者向他人提供政务数据。

第四十一条 国家机关应当遵循公正、公平、便民的原则，按照规定及时、准确地公开政务数据。依法不予公开的除外。

第四十二条 国家制定政务数据开放目录，构建统一规范、互联互通、安全可控的政务数据开放平台，推动政务数据开放利用。

第四十三条 法律、法规授权的具有管理公共事务职能的组织为履行法定职责开展数据处理活动，适用本章规定。

第六章 法律责任

第四十四条 有关主管部门在履行数据安全监管职责中，发现数据处理活动存在较大安全风险的，可以按照规定的权限和程序对有关组织、个人进行约谈，并要求有关组织、个人采取措施进行整改，消除隐患。

第四十五条 开展数据处理活动的组织、个人不履行本法第二十七条、第二十九条、第三十条规定的数据安全保护义务的，由有关主管部门责令改正，给予警告，可以并处五万元以上五十万元以下罚款，对直接负责的主管人员和其他直接责任人员可以处一万元以上十万元以下罚款；拒不改正或者造成大量数据泄露等严重后果的，处五十万元以上二百万元以下罚款，并可以责令暂停相关业务、停业整顿、吊销相关业务许可证或者吊销营业执照，对直接负责的主管人员和其他直接责任人员处五万元以上二十万元以下罚款。

违反国家核心数据管理制度，危害国家主权、安全和发展利益的，由有关主管部门处二百万元以上一千万元以下罚款，并根据情况责令暂停相关业务、停业整顿、吊销相关业务许可证或者吊销营业执照；构成犯罪的，依法追究刑事责任。

第四十六条 违反本法第三十一条规定，向境外提供重要数据的，由有关主管部门责令改正，给予警告，可以并处十万元以上一百万元以下罚款，对直接负责的主管人员和其他直接责任人员可以处一万元以上十万元以下罚款；情节严重的，处一百万元以上一千万元以下罚款，并可以责令暂停相关业务、停业整顿、吊销相关业务许可证或者吊销营业执照，对直接负责的主管人员和其他直接责任人员处十万元以上一百万元以下罚款。

第四十七条 从事数据交易中介服务的机构未履行本法第三十三条规定的义务的，由有关主管部门责令改正，没收违法所得，处违法所得一倍以上十倍以下罚款，没有违法所得或者违法所得不足十万元的，处十万元以上一百万元以下罚款，并可以责令暂停相关业务、停业整顿、吊销相关业务许可证或者吊销营业执照；对直接负责的主管人员和其他直接责任人员处一万元以上十万元以下罚款。

第四十八条 违反本法第三十五条规定，拒不配合数据调取的，由有关主管部门责令改正，给予警告，并处五万元以上五十万元以下罚款，对直接负责的主管人员和其他直接责任人员处一万元以上十万元以下罚款。

违反本法第三十六条规定，未经主管机关批准向外国司法或者执法机构提供数据的，由有关主管部门给予警告，可以并处十万元以上一百万元以下罚款，对直接负责的主管人员和其他直接责任人员可以处一万元以上十万元以下罚款；造成严重后果的，处一百万元以上五百万元以下罚款，并可以责令暂停相关业务、停业整顿、吊销相关业务许可证或者吊销营业执照，对直接负责的主管人员和其他直接责任人员处五万元以上五十万元以下罚款。

第四十九条 国家机关不履行本法规定的数据安全保护义务的，对直接负责的主管人员和其他直接责任人员依法给予处分。

第五十条 履行数据安全监管职责的国家工作人员玩忽职守、滥用职权、徇私舞弊的，依法给予处分。

第五十一条 窃取或者以其他非法方式获取数据，开展数据处理活动排除、限制竞争，或者损害个人、组织合法权益的，依照有关法律、行政法规的规定处罚。

第五十二条 违反本法规定，给他人造成损害的，依法承担民事责任。

违反本法规定，构成违反治安管理行为的，依法给予治安管理处罚；构成犯罪的，依法追究刑事责任。

第七章　附则

第五十三条 开展涉及国家秘密的数据处理活动，适用《中华人民共和国保守国家秘密法》等法律、行政法规的规定。

在统计、档案工作中开展数据处理活动，开展涉及个人信息的数据处理活动，还应当遵守有关法律、行政法规的规定。

第五十四条 军事数据安全保护的办法，由中央军事委员会依据本法另行制定。

第五十五条 本法自 2021 年 9 月 1 日起施行。

中华人民共和国个人信息保护法

（2021 年 8 月 20 日第十三届全国人民代表大会常务委员会第三十次会议通过）

第一章　总则

第一条　为了保护个人信息权益，规范个人信息处理活动，促进个人信息合理利用，根据宪法，制定本法。

第二条　自然人的个人信息受法律保护，任何组织、个人不得侵害自然人的个人信息权益。

第三条　在中华人民共和国境内处理自然人个人信息的活动，适用本法。

在中华人民共和国境外处理中华人民共和国境内自然人个人信息的活动，有下列情形之一的，也适用本法：

（一）以向境内自然人提供产品或者服务为目的；

（二）分析、评估境内自然人的行为；

（三）法律、行政法规规定的其他情形。

第四条　个人信息是以电子或者其他方式记录的与已识别或者可识别的自然人有关的各种信息，不包括匿名化处理后的信息。

个人信息的处理包括个人信息的收集、存储、使用、加工、传输、提供、公开、删除等。

第五条　处理个人信息应当遵循合法、正当、必要和诚信原则，不得通过误导、欺诈、胁迫等方式处理个人信息。

第六条 处理个人信息应当具有明确、合理的目的，并应当与处理目的直接相关，采取对个人权益影响最小的方式。

收集个人信息，应当限于实现处理目的的最小范围，不得过度收集个人信息。

第七条 处理个人信息应当遵循公开、透明原则，公开个人信息处理规则，明示处理的目的、方式和范围。

第八条 处理个人信息应当保证个人信息的质量，避免因个人信息不准确、不完整对个人权益造成不利影响。

第九条 个人信息处理者应当对其个人信息处理活动负责，并采取必要措施保障所处理的个人信息的安全。

第十条 任何组织、个人不得非法收集、使用、加工、传输他人个人信息，不得非法买卖、提供或者公开他人个人信息；不得从事危害国家安全、公共利益的个人信息处理活动。

第十一条 国家建立健全个人信息保护制度，预防和惩治侵害个人信息权益的行为，加强个人信息保护宣传教育，推动形成政府、企业、相关社会组织、公众共同参与个人信息保护的良好环境。

第十二条 国家积极参与个人信息保护国际规则的制定，促进个人信息保护方面的国际交流与合作，推动与其他国家、地区、国际组织之间的个人信息保护规则、标准等互认。

第二章 个人信息处理规则

第一节 一般规定

第十三条 符合下列情形之一的，个人信息处理者方可处理个人信息：

（一）取得个人的同意；

（二）为订立、履行个人作为一方当事人的合同所必需，或者按照依法制定的劳动规章制度和依法签订的集体合同实施人力资源管理所必需；

（三）为履行法定职责或者法定义务所必需；

（四）为应对突发公共卫生事件，或者紧急情况下为保护自然人的生命健康和财产安全所必需；

（五）为公共利益实施新闻报道、舆论监督等行为，在合理的范围内处理个人信息；

（六）依照本法规定在合理的范围内处理个人自行公开或者其他已经合法公开的个人信息；

（七）法律、行政法规规定的其他情形。

依照本法其他有关规定，处理个人信息应当取得个人同意，但是有前款第二项至第七项规定情形的，不需取得个人同意。

第十四条　基于个人同意处理个人信息的，该同意应当由个人在充分知情的前提下自愿、明确作出。法律、行政法规规定处理个人信息应当取得个人单独同意或者书面同意的，从其规定。

个人信息的处理目的、处理方式和处理的个人信息种类发生变更的，应当重新取得个人同意。

第十五条　基于个人同意处理个人信息的，个人有权撤回其同意。个人信息处理者应当提供便捷的撤回同意的方式。

个人撤回同意，不影响撤回前基于个人同意已进行的个人信息处理活动的效力。

第十六条　个人信息处理者不得以个人不同意处理其个人信息或者撤回同意为由，拒绝提供产品或者服务；处理个人信息属于提供产品或者服务所必需的除外。

第十七条　个人信息处理者在处理个人信息前，应当以显著方式、清晰易懂的语言真实、准确、完整地向个人告知下列事项：

（一）个人信息处理者的名称或者姓名和联系方式；

（二）个人信息的处理目的、处理方式，处理的个人信息种类、保存期限；

（三）个人行使本法规定权利的方式和程序；

（四）法律、行政法规规定应当告知的其他事项。

前款规定事项发生变更的，应当将变更部分告知个人。

个人信息处理者通过制定个人信息处理规则的方式告知第一款规定事项的，处理规则应当公开，并且便于查阅和保存。

第十八条 个人信息处理者处理个人信息，有法律、行政法规规定应当保密或者不需要告知的情形的，可以不向个人告知前条第一款规定的事项。

紧急情况下为保护自然人的生命健康和财产安全无法及时向个人告知的，个人信息处理者应当在紧急情况消除后及时告知。

第十九条 除法律、行政法规另有规定外，个人信息的保存期限应当为实现处理目的所必要的最短时间。

第二十条 两个以上的个人信息处理者共同决定个人信息的处理目的和处理方式的，应当约定各自的权利和义务。但是，该约定不影响个人向其中任何一个个人信息处理者要求行使本法规定的权利。

个人信息处理者共同处理个人信息，侵害个人信息权益造成损害的，应当依法承担连带责任。

第二十一条 个人信息处理者委托处理个人信息的，应当与受托人约定委托处理的目的、期限、处理方式、个人信息的种类、保护措施以及双方的权利和义务等，并对受托人的个人信息处理活动进行监督。

受托人应当按照约定处理个人信息，不得超出约定的处理目的、处理方式等处理个人信息；委托合同不生效、无效、被撤销或者终止的，受托人应当将个人信息返还个人信息处理者或者予以删除，不得保留。

未经个人信息处理者同意，受托人不得转委托他人处理个人信息。

第二十二条 个人信息处理者因合并、分立、解散、被宣告破产等原因需要转移个人信息的，应当向个人告知接收方的名称或者姓名和联系方式。接收方应当继续履行个人信息处理者的义务。接收方变更原先的处理目的、处理方式的，应当依照本法规定重新取得个人同意。

第二十三条 个人信息处理者向其他个人信息处理者提供其处理的个人信息的，应当向个人告知接收方的名称或者姓名、联系方式、处理目的、处理方式和个人信息的种类，并取得个人的单独同意。接收方应当在上述处理目的、处理方式和个人信息的种类等范围内处理个人信息。接收方变更原先的处理目的、处理方式的，应当依照本法规定重新取得个人同意。

第二十四条 个人信息处理者利用个人信息进行自动化决策，应当保证决策的透明度和结果公平、公正，不得对个人在交易价格等交易条件上实行不合理的差别待遇。

通过自动化决策方式向个人进行信息推送、商业营销，应当同时提供不针对其个人特征的选项，或者向个人提供便捷的拒绝方式。

通过自动化决策方式作出对个人权益有重大影响的决定，个人有权要求个人信息处理者予以说明，并有权拒绝个人信息处理者仅通过自动化决策的方式作出决定。

第二十五条 个人信息处理者不得公开其处理的个人信息，取得个人单独同意的除外。

第二十六条 在公共场所安装图像采集、个人身份识别设备，应当为维护公共安全所必需，遵守国家有关规定，并设置显著的提示标识。所收集的个人图像、身份识别信息只能用于维护公共安全的目的，不得用于其他目的；取得个人单独同意的除外。

第二十七条 个人信息处理者可以在合理的范围内处理个人自行公开或者其他已经合法公开的个人信息；个人明确拒绝的除外。个人信息处理者处理已公开的个人信息，对个人权益有重大影响的，应当依照本法规定取得个人同意。

第二节 敏感个人信息的处理规则

第二十八条 敏感个人信息是一旦泄露或者非法使用，容易导致自然人的人格尊严受到侵害或者人身、财产安全受到危害的个人信息，包括生物识别、宗教信仰、特定身份、医疗健康、金融账户、行踪轨迹等信息，以及不满十四周岁未成年人的个人信息。

只有在具有特定的目的和充分的必要性，并采取严格保护措施的情形下，个人信息处理者方可处理敏感个人信息。

第二十九条 处理敏感个人信息应当取得个人的单独同意；法律、行政法规规定处理敏感个人信息应当取得书面同意的，从其规定。

第三十条 个人信息处理者处理敏感个人信息的，除本法第十七条第一款规定的事项外，还应当向个人告知处理敏感个人信息的必要性以及对个人权益的影响；依照本法规定可以不向个人告知的除外。

第三十一条 个人信息处理者处理不满十四周岁未成年人个人信息的，应当取得未成年人的父母或者其他监护人的同意。

个人信息处理者处理不满十四周岁未成年人个人信息的，应当制定专门的个人信息处理规则。

第三十二条 法律、行政法规对处理敏感个人信息规定应当取得相关行政许可或者作出其他限制的，从其规定。

第三节 国家机关处理个人信息的特别规定

第三十三条 国家机关处理个人信息的活动，适用本法；本节有特别规定的，适用本节规定。

第三十四条 国家机关为履行法定职责处理个人信息，应当依照法律、行政法规规定的权限、程序进行，不得超出履行法定职责所必需的范围和限度。

第三十五条 国家机关为履行法定职责处理个人信息，应当依照本法规定履行告知义务；有本法第十八条第一款规定的情形，或者告知将妨碍国家机关履行法定职责的除外。

第三十六条 国家机关处理的个人信息应当在中华人民共和国境内存储；确

需向境外提供的，应当进行安全评估。安全评估可以要求有关部门提供支持与协助。

第三十七条　法律、法规授权的具有管理公共事务职能的组织为履行法定职责处理个人信息，适用本法关于国家机关处理个人信息的规定。

第三章　个人信息跨境提供的规则

第三十八条　个人信息处理者因业务等需要，确需向中华人民共和国境外提供个人信息的，应当具备下列条件之一：

（一）依照本法第四十条的规定通过国家网信部门组织的安全评估；

（二）按照国家网信部门的规定经专业机构进行个人信息保护认证；

（三）按照国家网信部门制定的标准合同与境外接收方订立合同，约定双方的权利和义务；

（四）法律、行政法规或者国家网信部门规定的其他条件。

中华人民共和国缔结或者参加的国际条约、协定对向中华人民共和国境外提供个人信息的条件等有规定的，可以按照其规定执行。

个人信息处理者应当采取必要措施，保障境外接收方处理个人信息的活动达到本法规定的个人信息保护标准。

第三十九条　个人信息处理者向中华人民共和国境外提供个人信息的，应当向个人告知境外接收方的名称或者姓名、联系方式、处理目的、处理方式、个人信息的种类以及个人向境外接收方行使本法规定权利的方式和程序等事项，并取得个人的单独同意。

第四十条　关键信息基础设施运营者和处理个人信息达到国家网信部门规定数量的个人信息处理者，应当将在中华人民共和国境内收集和产生的个人信息存储在境内。确需向境外提供的，应当通过国家网信部门组织的安全评估；法律、行政法规和国家网信部门规定可以不进行安全评估的，从其规定。

第四十一条 中华人民共和国主管机关根据有关法律和中华人民共和国缔结或者参加的国际条约、协定，或者按照平等互惠原则，处理外国司法或者执法机构关于提供存储于境内个人信息的请求。非经中华人民共和国主管机关批准，个人信息处理者不得向外国司法或者执法机构提供存储于中华人民共和国境内的个人信息。

第四十二条 境外的组织、个人从事侵害中华人民共和国公民的个人信息权益，或者危害中华人民共和国国家安全、公共利益的个人信息处理活动的，国家网信部门可以将其列入限制或者禁止个人信息提供清单，予以公告，并采取限制或者禁止向其提供个人信息等措施。

第四十三条 任何国家或者地区在个人信息保护方面对中华人民共和国采取歧视性的禁止、限制或者其他类似措施的，中华人民共和国可以根据实际情况对该国家或者地区对等采取措施。

第四章 个人在个人信息处理活动中的权利

第四十四条 个人对其个人信息的处理享有知情权、决定权，有权限制或者拒绝他人对其个人信息进行处理；法律、行政法规另有规定的除外。

第四十五条 个人有权向个人信息处理者查阅、复制其个人信息；有本法第十八条第一款、第三十五条规定情形的除外。

个人请求查阅、复制其个人信息的，个人信息处理者应当及时提供。

个人请求将个人信息转移至其指定的个人信息处理者，符合国家网信部门规定条件的，个人信息处理者应当提供转移的途径。

第四十六条 个人发现其个人信息不准确或者不完整的，有权请求个人信息处理者更正、补充。

个人请求更正、补充其个人信息的，个人信息处理者应当对其个人信息予以核实，并及时更正、补充。

第四十七条 有下列情形之一的，个人信息处理者应当主动删除个人信息；个人信息处理者未删除的，个人有权请求删除：

（一）处理目的已实现、无法实现或者为实现处理目的不再必要；

（二）个人信息处理者停止提供产品或者服务，或者保存期限已届满；

（三）个人撤回同意；

（四）个人信息处理者违反法律、行政法规或者违反约定处理个人信息；

（五）法律、行政法规规定的其他情形。

法律、行政法规规定的保存期限未届满，或者删除个人信息从技术上难以实现的，个人信息处理者应当停止除存储和采取必要的安全保护措施之外的处理。

第四十八条 个人有权要求个人信息处理者对其个人信息处理规则进行解释说明。

第四十九条 自然人死亡的，其近亲属为了自身的合法、正当利益，可以对死者的相关个人信息行使本章规定的查阅、复制、更正、删除等权利；死者生前另有安排的除外。

第五十条 个人信息处理者应当建立便捷的个人行使权利的申请受理和处理机制。拒绝个人行使权利的请求的，应当说明理由。

个人信息处理者拒绝个人行使权利的请求的，个人可以依法向人民法院提起诉讼。

第五章　个人信息处理者的义务

第五十一条 个人信息处理者应当根据个人信息的处理目的、处理方式、个人信息的种类以及对个人权益的影响、可能存在的安全风险等，采取下列措施确保个人信息处理活动符合法律、行政法规的规定，并防止未经授权的访问以及个人信息泄露、篡改、丢失：

（一）制定内部管理制度和操作规程；

（二）对个人信息实行分类管理；

（三）采取相应的加密、去标识化等安全技术措施；

（四）合理确定个人信息处理的操作权限，并定期对从业人员进行安全教育和培训；

（五）制定并组织实施个人信息安全事件应急预案；

（六）法律、行政法规规定的其他措施。

第五十二条 处理个人信息达到国家网信部门规定数量的个人信息处理者应当指定个人信息保护负责人，负责对个人信息处理活动以及采取的保护措施等进行监督。

个人信息处理者应当公开个人信息保护负责人的联系方式，并将个人信息保护负责人的姓名、联系方式等报送履行个人信息保护职责的部门。

第五十三条 本法第三条第二款规定的中华人民共和国境外的个人信息处理者，应当在中华人民共和国境内设立专门机构或者指定代表，负责处理个人信息保护相关事务，并将有关机构的名称或者代表的姓名、联系方式等报送履行个人信息保护职责的部门。

第五十四条 个人信息处理者应当定期对其处理个人信息遵守法律、行政法规的情况进行合规审计。

第五十五条 有下列情形之一的，个人信息处理者应当事前进行个人信息保护影响评估，并对处理情况进行记录：

（一）处理敏感个人信息；

（二）利用个人信息进行自动化决策；

（三）委托处理个人信息、向其他个人信息处理者提供个人信息、公开个人信息；

（四）向境外提供个人信息；

（五）其他对个人权益有重大影响的个人信息处理活动。

第五十六条 个人信息保护影响评估应当包括下列内容：

（一）个人信息的处理目的、处理方式等是否合法、正当、必要；

（二）对个人权益的影响及安全风险；

（三）所采取的保护措施是否合法、有效并与风险程度相适应。

个人信息保护影响评估报告和处理情况记录应当至少保存三年。

第五十七条 发生或者可能发生个人信息泄露、篡改、丢失的，个人信息处理者应当立即采取补救措施，并通知履行个人信息保护职责的部门和个人。通知应当包括下列事项：

（一）发生或者可能发生个人信息泄露、篡改、丢失的信息种类、原因和可能造成的危害；

（二）个人信息处理者采取的补救措施和个人可以采取的减轻危害的措施；

（三）个人信息处理者的联系方式。

个人信息处理者采取措施能够有效避免信息泄露、篡改、丢失造成危害的，个人信息处理者可以不通知个人；履行个人信息保护职责的部门认为可能造成危害的，有权要求个人信息处理者通知个人。

第五十八条 提供重要互联网平台服务、用户数量巨大、业务类型复杂的个人信息处理者，应当履行下列义务：

（一）按照国家规定建立健全个人信息保护合规制度体系，成立主要由外部成员组成的独立机构对个人信息保护情况进行监督；

（二）遵循公开、公平、公正的原则，制定平台规则，明确平台内产品或者服务提供者处理个人信息的规范和保护个人信息的义务；

（三）对严重违反法律、行政法规处理个人信息的平台内的产品或者服务提供者，停止提供服务；

（四）定期发布个人信息保护社会责任报告，接受社会监督。

第五十九条 接受委托处理个人信息的受托人，应当依照本法和有关法律、行政法规的规定，采取必要措施保障所处理的个人信息的安全，并协助个人信息处理者履行本法规定的义务。

第六章　履行个人信息保护职责的部门

第六十条 国家网信部门负责统筹协调个人信息保护工作和相关监督管理工作。国务院有关部门依照本法和有关法律、行政法规的规定，在各自职责范围内负责个人信息保护和监督管理工作。

县级以上地方人民政府有关部门的个人信息保护和监督管理职责，按照国家有关规定确定。

前两款规定的部门统称为履行个人信息保护职责的部门。

第六十一条 履行个人信息保护职责的部门履行下列个人信息保护职责：

（一）开展个人信息保护宣传教育，指导、监督个人信息处理者开展个人信息保护工作；

（二）接受、处理与个人信息保护有关的投诉、举报；

（三）组织对应用程序等个人信息保护情况进行测评，并公布测评结果；

（四）调查、处理违法个人信息处理活动；

（五）法律、行政法规规定的其他职责。

第六十二条 国家网信部门统筹协调有关部门依据本法推进下列个人信息保护工作：

（一）制定个人信息保护具体规则、标准；

（二）针对小型个人信息处理者、处理敏感个人信息以及人脸识别、人工智能等新技术、新应用，制定专门的个人信息保护规则、标准；

（三）支持研究开发和推广应用安全、方便的电子身份认证技术，推进网络身份认证公共服务建设；

（四）推进个人信息保护社会化服务体系建设，支持有关机构开展个人信息保护评估、认证服务；

（五）完善个人信息保护投诉、举报工作机制。

第六十三条 履行个人信息保护职责的部门履行个人信息保护职责，可以采取下列措施：

（一）询问有关当事人，调查与个人信息处理活动有关的情况；

（二）查阅、复制当事人与个人信息处理活动有关的合同、记录、账簿以及其他有关资料；

（三）实施现场检查，对涉嫌违法的个人信息处理活动进行调查；

（四）检查与个人信息处理活动有关的设备、物品；对有证据证明是用于违法个人信息处理活动的设备、物品，向本部门主要负责人书面报告并经批准，可以查封或者扣押。

履行个人信息保护职责的部门依法履行职责，当事人应当予以协助、配合，不得拒绝、阻挠。

第六十四条 履行个人信息保护职责的部门在履行职责中，发现个人信息处理活动存在较大风险或者发生个人信息安全事件的，可以按照规定的权限和程序对该个人信息处理者的法定代表人或者主要负责人进行约谈，或者要求个人信息处理者委托专业机构对其个人信息处理活动进行合规审计。个人信息处理者应当按照要求采取措施，进行整改，消除隐患。

履行个人信息保护职责的部门在履行职责中，发现违法处理个人信息涉嫌犯罪的，应当及时移送公安机关依法处理。

第六十五条 任何组织、个人有权对违法个人信息处理活动向履行个人信息保护职责的部门进行投诉、举报。收到投诉、举报的部门应当依法及时处理，并将处理结果告知投诉、举报人。

履行个人信息保护职责的部门应当公布接受投诉、举报的联系方式。

第七章 法律责任

第六十六条 违反本法规定处理个人信息，或者处理个人信息未履行本法规定的个人信息保护义务的，由履行个人信息保护职责的部门责令改正，给予警告，没收违法所得，对违法处理个人信息的应用程序，责令暂停或者终止提供服务；拒不改正的，并处一百万元以下罚款；对直接负责的主管人员和其他直接责任人员处一万元以上十万元以下罚款。

有前款规定的违法行为，情节严重的，由省级以上履行个人信息保护职责的部门责令改正，没收违法所得，并处五千万元以下或者上一年度营业额百分之五以下罚款，并可以责令暂停相关业务或者停业整顿、通报有关主管部门吊销相关业务许可或者吊销营业执照；对直接负责的主管人员和其他直接责任人员处十万元以上一百万元以下罚款，并可以决定禁止其在一定期限内担任相关企业的董事、监事、高级管理人员和个人信息保护负责人。

第六十七条 有本法规定的违法行为的，依照有关法律、行政法规的规定记入信用档案，并予以公示。

第六十八条 国家机关不履行本法规定的个人信息保护义务的，由其上级机关或者履行个人信息保护职责的部门责令改正；对直接负责的主管人员和其他直接责任人员依法给予处分。

履行个人信息保护职责的部门的工作人员玩忽职守、滥用职权、徇私舞弊，尚不构成犯罪的，依法给予处分。

第六十九条 处理个人信息侵害个人信息权益造成损害，个人信息处理者不能证明自己没有过错的，应当承担损害赔偿等侵权责任。

前款规定的损害赔偿责任按照个人因此受到的损失或者个人信息处理者因此获得的利益确定；个人因此受到的损失和个人信息处理者因此获得的利益难以确定的，根据实际情况确定赔偿数额。

第七十条 个人信息处理者违反本法规定处理个人信息，侵害众多个人的权益的，人民检察院、法律规定的消费者组织和由国家网信部门确定的组织可以依法向人民法院提起诉讼。

第七十一条 违反本法规定，构成违反治安管理行为的，依法给予治安管理处罚；构成犯罪的，依法追究刑事责任。

第八章 附则

第七十二条 自然人因个人或者家庭事务处理个人信息的，不适用本法。

法律对各级人民政府及其有关部门组织实施的统计、档案管理活动中的个人信息处理有规定的，适用其规定。

第七十三条 本法下列用语的含义：

（一）个人信息处理者，是指在个人信息处理活动中自主决定处理目的、处理方式的组织、个人。

（二）自动化决策，是指通过计算机程序自动分析、评估个人的行为习惯、兴趣爱好或者经济、健康、信用状况等，并进行决策的活动。

（三）去标识化，是指个人信息经过处理，使其在不借助额外信息的情况下无法识别特定自然人的过程。

（四）匿名化，是指个人信息经过处理无法识别特定自然人且不能复原的过程。

第七十四条 本法自 2021 年 11 月 1 日起施行。

中华人民共和国反电信网络诈骗法

（2022 年 9 月 2 日第十三届全国人民代表大会常务委员会第三十六次会议通过）

第一章 总则

第一条 为了预防、遏制和惩治电信网络诈骗活动，加强反电信网络诈骗工作，保护公民和组织的合法权益，维护社会稳定和国家安全，根据宪法，制定本法。

第二条 本法所称电信网络诈骗，是指以非法占有为目的，利用电信网络技术手段，通过远程、非接触等方式，诈骗公私财物的行为。

第三条 打击治理在中华人民共和国境内实施的电信网络诈骗活动或者中华人民共和国公民在境外实施的电信网络诈骗活动，适用本法。

境外的组织、个人针对中华人民共和国境内实施电信网络诈骗活动的，或者为他人针对境内实施电信网络诈骗活动提供产品、服务等帮助的，依照本法有关规定处理和追究责任。

第四条 反电信网络诈骗工作坚持以人民为中心，统筹发展和安全；坚持系统观念、法治思维，注重源头治理、综合治理；坚持齐抓共管、群防群治，全面落实打防管控各项措施，加强社会宣传教育防范；坚持精准防治，保障正常生产经营活动和群众生活便利。

第五条 反电信网络诈骗工作应当依法进行，维护公民和组织的合法权益。

有关部门和单位、个人应当对在反电信网络诈骗工作过程中知悉的国家秘密、商业秘密和个人隐私、个人信息予以保密。

第六条　国务院建立反电信网络诈骗工作机制，统筹协调打击治理工作。

地方各级人民政府组织领导本行政区域内反电信网络诈骗工作，确定反电信网络诈骗目标任务和工作机制，开展综合治理。

公安机关牵头负责反电信网络诈骗工作，金融、电信、网信、市场监管等有关部门依照职责履行监管主体责任，负责本行业领域反电信网络诈骗工作。

人民法院、人民检察院发挥审判、检察职能作用，依法防范、惩治电信网络诈骗活动。

电信业务经营者、银行业金融机构、非银行支付机构、互联网服务提供者承担风险防控责任，建立反电信网络诈骗内部控制机制和安全责任制度，加强新业务涉诈风险安全评估。

第七条　有关部门、单位在反电信网络诈骗工作中应当密切协作，实现跨行业、跨地域协同配合、快速联动，加强专业队伍建设，有效打击治理电信网络诈骗活动。

第八条　各级人民政府和有关部门应当加强反电信网络诈骗宣传，普及相关法律和知识，提高公众对各类电信网络诈骗方式的防骗意识和识骗能力。

教育行政、市场监管、民政等有关部门和村民委员会、居民委员会，应当结合电信网络诈骗受害群体的分布等特征，加强对老年人、青少年等群体的宣传教育，增强反电信网络诈骗宣传教育的针对性、精准性，开展反电信网络诈骗宣传教育进学校、进企业、进社区、进农村、进家庭等活动。

各单位应当加强内部防范电信网络诈骗工作，对工作人员开展防范电信网络诈骗教育；个人应当加强电信网络诈骗防范意识。单位、个人应当协助、配合有关部门依照本法规定开展反电信网络诈骗工作。

第二章　电信治理

第九条 电信业务经营者应当依法全面落实电话用户真实身份信息登记制度。

基础电信企业和移动通信转售企业应当承担对代理商落实电话用户实名制管理责任，在协议中明确代理商实名制登记的责任和有关违约处置措施。

第十条 办理电话卡不得超出国家有关规定限制的数量。

对经识别存在异常办卡情形的，电信业务经营者有权加强核查或者拒绝办卡。具体识别办法由国务院电信主管部门制定。

国务院电信主管部门组织建立电话用户开卡数量核验机制和风险信息共享机制，并为用户查询名下电话卡信息提供便捷渠道。

第十一条 电信业务经营者对监测识别的涉诈异常电话卡用户应当重新进行实名核验，根据风险等级采取有区别的、相应的核验措施。对未按规定核验或者核验未通过的，电信业务经营者可以限制、暂停有关电话卡功能。

第十二条 电信业务经营者建立物联网卡用户风险评估制度，评估未通过的，不得向其销售物联网卡；严格登记物联网卡用户身份信息；采取有效技术措施限定物联网卡开通功能、使用场景和适用设备。

单位用户从电信业务经营者购买物联网卡再将载有物联网卡的设备销售给其他用户的，应当核验和登记用户身份信息，并将销量、存量及用户实名信息传送给号码归属的电信业务经营者。

电信业务经营者对物联网卡的使用建立监测预警机制。对存在异常使用情形的，应当采取暂停服务、重新核验身份和使用场景或者其他合同约定的处置措施。

第十三条 电信业务经营者应当规范真实主叫号码传送和电信线路出租，对改号电话进行封堵拦截和溯源核查。

电信业务经营者应当严格规范国际通信业务出入口局主叫号码传送，真实、准确向用户提示来电号码所属国家或者地区，对网内和网间虚假主叫、不规范主叫进行识别、拦截。

第十四条 任何单位和个人不得非法制造、买卖、提供或者使用下列设备、软件：

（一）电话卡批量插入设备；

（二）具有改变主叫号码、虚拟拨号、互联网电话违规接入公用电信网络等功能的设备、软件；

（三）批量账号、网络地址自动切换系统，批量接收提供短信验证、语音验证的平台；

（四）其他用于实施电信网络诈骗等违法犯罪的设备、软件。

电信业务经营者、互联网服务提供者应当采取技术措施，及时识别、阻断前款规定的非法设备、软件接入网络，并向公安机关和相关行业主管部门报告。

第三章　金融治理

第十五条 银行业金融机构、非银行支付机构为客户开立银行账户、支付账户及提供支付结算服务，和与客户业务关系存续期间，应当建立客户尽职调查制度，依法识别受益所有人，采取相应风险管理措施，防范银行账户、支付账户等被用于电信网络诈骗活动。

第十六条 开立银行账户、支付账户不得超出国家有关规定限制的数量。

对经识别存在异常开户情形的，银行业金融机构、非银行支付机构有权加强核查或者拒绝开户。

中国人民银行、国务院银行业监督管理机构组织有关清算机构建立跨机构开户数量核验机制和风险信息共享机制，并为客户提供查询名下银行账户、支付账户的便捷渠道。银行业金融机构、非银行支付机构应当按照国家有关规定提供开户情况和有关风险信息。相关信息不得用于反电信网络诈骗以外的其他用途。

第十七条 银行业金融机构、非银行支付机构应当建立开立企业账户异常情形的风险防控机制。金融、电信、市场监管、税务等有关部门建立开立企业账户相关信息共享查询系统，提供联网核查服务。

市场主体登记机关应当依法对企业实名登记履行身份信息核验职责；依照规定对登记事项进行监督检查，对可能存在虚假登记、涉诈异常的企业重点监督检查，依法撤销登记的，依照前款的规定及时共享信息；为银行业金融机构、非银行支付机构进行客户尽职调查和依法识别受益所有人提供便利。

第十八条 银行业金融机构、非银行支付机构应当对银行账户、支付账户及支付结算服务加强监测，建立完善符合电信网络诈骗活动特征的异常账户和可疑交易监测机制。

中国人民银行统筹建立跨银行业金融机构、非银行支付机构的反洗钱统一监测系统，会同国务院公安部门完善与电信网络诈骗犯罪资金流转特点相适应的反洗钱可疑交易报告制度。

对监测识别的异常账户和可疑交易，银行业金融机构、非银行支付机构应当根据风险情况，采取核实交易情况、重新核验身份、延迟支付结算、限制或者中止有关业务等必要的防范措施。

银行业金融机构、非银行支付机构依照第一款规定开展异常账户和可疑交易监测时，可以收集异常客户互联网协议地址、网卡地址、支付受理终端信息等必要的交易信息、设备位置信息。上述信息未经客户授权，不得用于反电信网络诈骗以外的其他用途。

第十九条 银行业金融机构、非银行支付机构应当按照国家有关规定，完整、准确传输直接提供商品或者服务的商户名称、收付款客户名称及账号等交易信息，保证交易信息的真实、完整和支付全流程中的一致性。

第二十条 国务院公安部门会同有关部门建立完善电信网络诈骗涉案资金即时查询、紧急止付、快速冻结、及时解冻和资金返还制度，明确有关条件、程序和救济措施。

公安机关依法决定采取上述措施的，银行业金融机构、非银行支付机构应当予以配合。

第四章 互联网治理

第二十一条 电信业务经营者、互联网服务提供者为用户提供下列服务，在与用户签订协议或者确认提供服务时，应当依法要求用户提供真实身份信息，用户不提供真实身份信息的，不得提供服务：

（一）提供互联网接入服务；

（二）提供网络代理等网络地址转换服务；

（三）提供互联网域名注册、服务器托管、空间租用、云服务、内容分发服务；

（四）提供信息、软件发布服务，或者提供即时通讯、网络交易、网络游戏、网络直播发布、广告推广服务。

第二十二条 互联网服务提供者对监测识别的涉诈异常账号应当重新核验，根据国家有关规定采取限制功能、暂停服务等处置措施。

互联网服务提供者应当根据公安机关、电信主管部门要求，对涉案电话卡、涉诈异常电话卡所关联注册的有关互联网账号进行核验，根据风险情况，采取限期改正、限制功能、暂停使用、关闭账号、禁止重新注册等处置措施。

第二十三条 设立移动互联网应用程序应当按照国家有关规定向电信主管部门办理许可或者备案手续。

为应用程序提供封装、分发服务的，应当登记并核验应用程序开发运营者的真实身份信息，核验应用程序的功能、用途。

公安、电信、网信等部门和电信业务经营者、互联网服务提供者应当加强对分发平台以外途径下载传播的涉诈应用程序重点监测、及时处置。

第二十四条 提供域名解析、域名跳转、网址链接转换服务的，应当按照国家有关规定，核验域名注册、解析信息和互联网协议地址的真实性、准确性、规范域名跳转，记录并留存所提供相应服务的日志信息，支持实现对解析、跳转、转换记录的溯源。

第二十五条任何单位和个人不得为他人实施电信网络诈骗活动提供下列支持或者帮助：

（一）出售、提供个人信息；

（二）帮助他人通过虚拟货币交易等方式洗钱；

（三）其他为电信网络诈骗活动提供支持或者帮助的行为。

电信业务经营者、互联网服务提供者应当依照国家有关规定，履行合理注意义务，对利用下列业务从事涉诈支持、帮助活动进行监测识别和处置：

（一）提供互联网接入、服务器托管、网络存储、通讯传输、线路出租、域名解析等网络资源服务；

（二）提供信息发布或者搜索、广告推广、引流推广等网络推广服务；

（三）提供应用程序、网站等网络技术、产品的制作、维护服务；

（四）提供支付结算服务。

第二十六条公安机关办理电信网络诈骗案件依法调取证据的，互联网服务提供者应当及时提供技术支持和协助。

互联网服务提供者依照本法规定对有关涉诈信息、活动进行监测时，发现涉诈违法犯罪线索、风险信息的，应当依照国家有关规定，根据涉诈风险类型、程度情况移送公安、金融、电信、网信等部门。有关部门应当建立完善反馈机制，将相关情况及时告知移送单位。

第五章 综合措施

第二十七条 公安机关应当建立完善打击治理电信网络诈骗工作机制，加强专门队伍和专业技术建设，各警种、各地公安机关应当密切配合，依法有效惩处电信网络诈骗活动。

公安机关接到电信网络诈骗活动的报案或者发现电信网络诈骗活动，应当依照《中华人民共和国刑事诉讼法》的规定立案侦查。

第二十八条　金融、电信、网信部门依照职责对银行业金融机构、非银行支付机构、电信业务经营者、互联网服务提供者落实本法规定情况进行监督检查。有关监督检查活动应当依法规范开展。

第二十九条　个人信息处理者应当依照《中华人民共和国个人信息保护法》等法律规定，规范个人信息处理，加强个人信息保护，建立个人信息被用于电信网络诈骗的防范机制。

履行个人信息保护职责的部门、单位对可能被电信网络诈骗利用的物流信息、交易信息、贷款信息、医疗信息、婚介信息等实施重点保护。公安机关办理电信网络诈骗案件，应当同时查证犯罪所利用的个人信息来源，依法追究相关人员和单位责任。

第三十条　电信业务经营者、银行业金融机构、非银行支付机构、互联网服务提供者应当对从业人员和用户开展反电信网络诈骗宣传，在有关业务活动中对防范电信网络诈骗作出提示，对本领域新出现的电信网络诈骗手段及时向用户作出提醒，对非法买卖、出租、出借本人有关卡、账户、账号等被用于电信网络诈骗的法律责任作出警示。

新闻、广播、电视、文化、互联网信息服务等单位，应当面向社会有针对性地开展反电信网络诈骗宣传教育。

任何单位和个人有权举报电信网络诈骗活动，有关部门应当依法及时处理，对提供有效信息的举报人依照规定给予奖励和保护。

第三十一条　任何单位和个人不得非法买卖、出租、出借电话卡、物联网卡、电信线路、短信端口、银行账户、支付账户、互联网账号等，不得提供实名核验帮助；不得假冒他人身份或者虚构代理关系开立上述卡、账户、账号等。

对经设区的市级以上公安机关认定的实施前款行为的单位、个人和相关组织者，以及因从事电信网络诈骗活动或者关联犯罪受过刑事处罚的人员，可以按照国家有关规定记入信用记录，采取限制其有关卡、账户、账号等功能和停止非柜面业务、暂停新业务、限制入网等措施。对上述认定和措施有异议的，可以提出申诉，有关部门应当建立健全申诉渠道、信用修复和救济制度。具体办法由国务院公安部门会同有关主管部门规定。

第三十二条 国家支持电信业务经营者、银行业金融机构、非银行支付机构、互联网服务提供者研究开发有关电信网络诈骗反制技术，用于监测识别、动态封堵和处置涉诈异常信息、活动。

国务院公安部门、金融管理部门、电信主管部门和国家网信部门等应当统筹负责本行业领域反制技术措施建设，推进涉电信网络诈骗样本信息数据共享，加强涉诈用户信息交叉核验，建立有关涉诈异常信息、活动的监测识别、动态封堵和处置机制。

依据本法第十一条、第十二条、第十八条、第二十二条和前款规定，对涉诈异常情形采取限制、暂停服务等处置措施的，应当告知处置原因、救济渠道及需要提交的资料等事项，被处置对象可以向作出决定或者采取措施的部门、单位提出申诉。作出决定的部门、单位应当建立完善申诉渠道，及时受理申诉并核查，核查通过的，应当即时解除有关措施。

第三十三条 国家推进网络身份认证公共服务建设，支持个人、企业自愿使用，电信业务经营者、银行业金融机构、非银行支付机构、互联网服务提供者对存在涉诈异常的电话卡、银行账户、支付账户、互联网账号，可以通过国家网络身份认证公共服务对用户身份重新进行核验。

第三十四条 公安机关应当会同金融、电信、网信部门组织银行业金融机构、非银行支付机构、电信业务经营者、互联网服务提供者等建立预警劝阻系统，对预警发现的潜在被害人，根据情况及时采取相应劝阻措施。对电信网络诈骗案件应当加强追赃挽损，完善涉案资金处置制度，及时返还被害人的合法财产。对遭受重大生活困难的被害人，符合国家有关救助条件的，有关方面依照规定给予救助。

第三十五条 经国务院反电信网络诈骗工作机制决定或者批准，公安、金融、电信等部门对电信网络诈骗活动严重的特定地区，可以依照国家有关规定采取必要的临时风险防范措施。

第三十六条 对前往电信网络诈骗活动严重地区的人员，出境活动存在重大涉电信网络诈骗活动嫌疑的，移民管理机构可以决定不准其出境。

因从事电信网络诈骗活动受过刑事处罚的人员，设区的市级以上公安机关可以根据犯罪情况和预防再犯罪的需要，决定自处罚完毕之日起六个月至三年以内不准其出境，并通知移民管理机构执行。

第三十七条 国务院公安部门等会同外交部门加强国际执法司法合作，与有关国家、地区、国际组织建立有效合作机制，通过开展国际警务合作等方式，提升在信息交流、调查取证、侦查抓捕、追赃挽损等方面的合作水平，有效打击遏制跨境电信网络诈骗活动。

第六章 法律责任

第三十八条 组织、策划、实施、参与电信网络诈骗活动或者为电信网络诈骗活动提供帮助，构成犯罪的，依法追究刑事责任。

前款行为尚不构成犯罪的，由公安机关处十日以上十五日以下拘留；没收违法所得，处违法所得一倍以上十倍以下罚款，没有违法所得或者违法所得不足一万元的，处十万元以下罚款。

第三十九条 电信业务经营者违反本法规定，有下列情形之一的，由有关主管部门责令改正，情节较轻的，给予警告、通报批评，或者处五万元以上五十万元以下罚款；情节严重的，处五十万元以上五百万元以下罚款，并可以由有关主管部门责令暂停相关业务、停业整顿、吊销相关业务许可证或者吊销营业执照，对其直接负责的主管人员和其他直接责任人员，处一万元以上二十万元以下罚款：

（一）未落实国家有关规定确定的反电信网络诈骗内部控制机制的；

（二）未履行电话卡、物联网卡实名制登记职责的；

（三）未履行对电话卡、物联网卡的监测识别、监测预警和相关处置职责的；

（四）未对物联网卡用户进行风险评估，或者未限定物联网卡的开通功能、使用场景和适用设备的；

（五）未采取措施对改号电话、虚假主叫或者具有相应功能的非法设备进行监测处置的。

第四十条 银行业金融机构、非银行支付机构违反本法规定，有下列情形之一的，由有关主管部门责令改正，情节较轻的，给予警告、通报批评，或者处五万元以上五十万元以下罚款；情节严重的，处五十万元以上五百万元以下罚款，并可以由有关主管部门责令停止新增业务、缩减业务类型或者业务范围、暂停相关业务、停业整顿、吊销相关业务许可证或者吊销营业执照，对其直接负责的主管人员和其他直接责任人员，处一万元以上二十万元以下罚款：

（一）未落实国家有关规定确定的反电信网络诈骗内部控制机制的；

（二）未履行尽职调查义务和有关风险管理措施的；

（三）未履行对异常账户、可疑交易的风险监测和相关处置义务的；

（四）未按照规定完整、准确传输有关交易信息的。

第四十一条 电信业务经营者、互联网服务提供者违反本法规定，有下列情形之一的，由有关主管部门责令改正，情节较轻的，给予警告、通报批评，或者处五万元以上五十万元以下罚款；情节严重的，处五十万元以上五百万元以下罚款，并可以由有关主管部门责令暂停相关业务、停业整顿、关闭网站或者应用程序、吊销相关业务许可证或者吊销营业执照，对其直接负责的主管人员和其他直接责任人员，处一万元以上二十万元以下罚款：

（一）未落实国家有关规定确定的反电信网络诈骗内部控制机制的；

（二）未履行网络服务实名制职责，或者未对涉案、涉诈电话卡关联注册互联网账号进行核验的；

（三）未按照国家有关规定，核验域名注册、解析信息和互联网协议地址的真实性、准确性，规范域名跳转，或者记录并留存所提供相应服务的日志信息的；

（四）未登记核验移动互联网应用程序开发运营者的真实身份信息或者未核验应用程序的功能、用途，为其提供应用程序封装、分发服务的；

（五）未履行对涉诈互联网账号和应用程序，以及其他电信网络诈骗信息、活动的监测识别和处置义务的；

（六）拒不依法为查处电信网络诈骗犯罪提供技术支持和协助，或者未按规定移送有关违法犯罪线索、风险信息的。

第四十二条　违反本法第十四条、第二十五条第一款规定的，没收违法所得，由公安机关或者有关主管部门处违法所得一倍以上十倍以下罚款，没有违法所得或者违法所得不足五万元的，处五十万元以下罚款；情节严重的，由公安机关并处十五日以下拘留。

第四十三条　违反本法第二十五条第二款规定，由有关主管部门责令改正，情节较轻的，给予警告、通报批评，或者处五万元以上五十万元以下罚款；情节严重的，处五十万元以上五百万元以下罚款，并可以由有关主管部门责令暂停相关业务、停业整顿、关闭网站或者应用程序，对其直接负责的主管人员和其他直接责任人员，处一万元以上二十万元以下罚款。

第四十四条　违反本法第三十一条第一款规定的，没收违法所得，由公安机关处违法所得一倍以上十倍以下罚款，没有违法所得或者违法所得不足二万元的，处二十万元以下罚款；情节严重的，并处十五日以下拘留。

第四十五条　反电信网络诈骗工作有关部门、单位的工作人员滥用职权、玩忽职守、徇私舞弊，或者有其他违反本法规定行为，构成犯罪的，依法追究刑事责任。

第四十六条 组织、策划、实施、参与电信网络诈骗活动或者为电信网络诈骗活动提供相关帮助的违法犯罪人员，除依法承担刑事责任、行政责任以外，造成他人损害的，依照《中华人民共和国民法典》等法律的规定承担民事责任。

电信业务经营者、银行业金融机构、非银行支付机构、互联网服务提供者等违反本法规定，造成他人损害的，依照《中华人民共和国民法典》等法律的规定承担民事责任。

第四十七条 人民检察院在履行反电信网络诈骗职责中，对于侵害国家利益和社会公共利益的行为，可以依法向人民法院提起公益诉讼。

第四十八条 有关单位和个人对依照本法作出的行政处罚和行政强制措施决定不服的，可以依法申请行政复议或者提起行政诉讼。

第七章 附则

第四十九条 反电信网络诈骗工作涉及的有关管理和责任制度，本法没有规定的，适用《中华人民共和国网络安全法》《中华人民共和国个人信息保护法》、《中华人民共和国反洗钱法》等相关法律规定。

第五十条 本法自 2022 年 12 月 1 日起施行。

电信和互联网用户个人信息保护规定

（2013 年 7 月 16 日中华人民共和国工业和信息化部令第 24 号公布，自 2013 年 9 月 1 日起施行）

第一章　总则

第一条　为了保护电信和互联网用户的合法权益，维护网络信息安全，根据《全国人民代表大会常务委员会关于加强网络信息保护的决定》、《中华人民共和国电信条例》和《互联网信息服务管理办法》等法律、行政法规，制定本规定。

第二条　在中华人民共和国境内提供电信服务和互联网信息服务过程中收集、使用用户个人信息的活动，适用本规定。

第三条　工业和信息化部和各省、自治区、直辖市通信管理局（以下统称电信管理机构）依法对电信和互联网用户个人信息保护工作实施监督管理。

第四条　本规定所称用户个人信息，是指电信业务经营者和互联网信息服务提供者在提供服务的过程中收集的用户姓名、出生日期、身份证件号码、住址、电话号码、账号和密码等能够单独或者与其他信息结合识别用户的信息以及用户使用服务的时间、地点等信息。

第五条　电信业务经营者、互联网信息服务提供者在提供服务的过程中收集、使用用户个人信息，应当遵循合法、正当、必要的原则。

第六条　电信业务经营者、互联网信息服务提供者对其在提供服务过程中收集、使用的用户个人信息的安全负责。

第七条 国家鼓励电信和互联网行业开展用户个人信息保护自律工作。

第二章　信息收集和使用规范

第八条 电信业务经营者、互联网信息服务提供者应当制定用户个人信息收集、使用规则，并在其经营或者服务场所、网站等予以公布。

第九条 未经用户同意，电信业务经营者、互联网信息服务提供者不得收集、使用用户个人信息。

电信业务经营者、互联网信息服务提供者收集、使用用户个人信息的，应当明确告知用户收集、使用信息的目的、方式和范围，查询、更正信息的渠道以及拒绝提供信息的后果等事项。

电信业务经营者、互联网信息服务提供者不得收集其提供服务所必需以外的用户个人信息或者将信息用于提供服务之外的目的，不得以欺骗、误导或者强迫等方式或者违反法律、行政法规以及双方的约定收集、使用信息。

电信业务经营者、互联网信息服务提供者在用户终止使用电信服务或者互联网信息服务后，应当停止对用户个人信息的收集和使用，并为用户提供注销号码或者账号的服务。

法律、行政法规对本条第一款至第四款规定的情形另有规定的，从其规定。

第十条 电信业务经营者、互联网信息服务提供者及其工作人员对在提供服务过程中收集、使用的用户个人信息应当严格保密，不得泄露、篡改或者毁损，不得出售或者非法向他人提供。

第十一条 电信业务经营者、互联网信息服务提供者委托他人代理市场销售和技术服务等直接面向用户的服务性工作，涉及收集、使用用户个人信息的，应当对代理人的用户个人信息保护工作进行监督和管理，不得委托不符合本规定有关用户个人信息保护要求的代理人代办相关服务。

第十二条 电信业务经营者、互联网信息服务提供者应当建立用户投诉处理机制，公布有效的联系方式，接受与用户个人信息保护有关的投诉，并自接到投诉之日起十五日内答复投诉人。

第三章 安全保障措施

第十三条 电信业务经营者、互联网信息服务提供者应当采取以下措施防止用户个人信息泄露、毁损、篡改或者丢失：

（一）确定各部门、岗位和分支机构的用户个人信息安全管理责任；

（二）建立用户个人信息收集、使用及其相关活动的工作流程和安全管理制度；

（三）对工作人员及代理人实行权限管理，对批量导出、复制、销毁信息实行审查，并采取防泄密措施；

（四）妥善保管记录用户个人信息的纸介质、光介质、电磁介质等载体，并采取相应的安全储存措施；

（五）对储存用户个人信息的信息系统实行接入审查，并采取防入侵、防病毒等措施；

（六）记录对用户个人信息进行操作的人员、时间、地点、事项等信息；

（七）按照电信管理机构的规定开展通信网络安全防护工作；

（八）电信管理机构规定的其他必要措施。

第十四条 电信业务经营者、互联网信息服务提供者保管的用户个人信息发生或者可能发生泄露、毁损、丢失的，应当立即采取补救措施；造成或者可能造成严重后果的，应当立即向准予其许可或者备案的电信管理机构报告，配合相关部门进行的调查处理。

电信管理机构应当对报告或者发现的可能违反本规定的行为的影响进行评估；影响特别重大的，相关省、自治区、直辖市通信管理局应当向工业和信息化部报告。电信管理机构在依据本规定作出处理决定前，可以要求电信业务经营者和互联网信息服务提供者暂停有关行为，电信业务经营者和互联网信息服务提供者应当执行。

第十五条 电信业务经营者、互联网信息服务提供者应当对其工作人员进行用户个人信息保护相关知识、技能和安全责任培训。

第十六条 电信业务经营者、互联网信息服务提供者应当对用户个人信息保护情况每年至少进行一次自查，记录自查情况，及时消除自查中发现的安全隐患。

第四章　监督检查

第十七条 电信管理机构应当对电信业务经营者、互联网信息服务提供者保护用户个人信息的情况实施监督检查。

电信管理机构实施监督检查时，可以要求电信业务经营者、互联网信息服务提供者提供相关材料，进入其生产经营场所调查情况，电信业务经营者、互联网信息服务提供者应当予以配合。

电信管理机构实施监督检查，应当记录监督检查的情况，不得妨碍电信业务经营者、互联网信息服务提供者正常的经营或者服务活动，不得收取任何费用。

第十八条 电信管理机构及其工作人员对在履行职责中知悉的用户个人信息应当予以保密，不得泄露、篡改或者毁损，不得出售或者非法向他人提供。

第十九条 电信管理机构实施电信业务经营许可及经营许可证年检时，应当对用户个人信息保护情况进行审查。

第二十条 电信管理机构应当将电信业务经营者、互联网信息服务提供者违反本规定的行为记入其社会信用档案并予以公布。

第二十一条 鼓励电信和互联网行业协会依法制定有关用户个人信息保护的自律性管理制度，引导会员加强自律管理，提高用户个人信息保护水平。

第五章　法律责任

第二十二条 电信业务经营者、互联网信息服务提供者违反本规定第八条、第十二条规定的，由电信管理机构依据职权责令限期改正，予以警告，可以并处一万元以下的罚款。

第二十三条 电信业务经营者、互联网信息服务提供者违反本规定第九条至第十一条、第十三条至第十六条、第十七条第二款规定的，由电信管理机构依据职权责令限期改正，予以警告，可以并处一万元以上三万元以下的罚款，向社会公告；构成犯罪的，依法追究刑事责任。

第二十四条 电信管理机构工作人员在对用户个人信息保护工作实施监督管理的过程中玩忽职守、滥用职权、徇私舞弊的，依法给予处理；构成犯罪的，依法追究刑事责任。

第六章　附　则

第二十五条 本规定自 2013 年 9 月 1 日起施行。

关于清理规范互联网网络
接入服务市场的通知

工信部信管函〔2017〕32号

各省、自治区、直辖市通信管理局，中国信息通信研究院，中国电信集团公司、中国移动通信集团公司、中国联合网络通信集团有限公司、中国广播电视网络有限公司、中信网络有限公司，各互联网数据中心业务经营者、互联网接入服务业务经营者、内容分发网络业务经营者：

近年来，网络信息技术日新月异，云计算、大数据等应用蓬勃发展，我国互联网网络接入服务市场面临难得的发展机遇，但无序发展的苗头也随之显现，亟需整治规范。为进一步规范市场秩序，强化网络信息安全管理，促进互联网行业健康有序发展，工业和信息化部决定自即日起至2018年3月31日，在全国范围内对互联网网络接入服务市场开展清理规范工作。现将有关事项通知如下：

一、目标任务

依法查处互联网数据中心（IDC）业务、互联网接入服务（ISP）业务和内容分发网络（CDN）业务市场存在的无证经营、超范围经营、"层层转租"等违法行为，切实落实企业主体责任，加强经营许可和接入资源的管理，强化网络信息安全管理，维护公平有序的市场秩序，促进行业健康发展。

二、工作重点

（一）加强资质管理，查处非法经营

1. 各通信管理局要对本辖区内提供 IDC、ISP、CDN 业务的企业情况进行摸底调查，杜绝以下非法经营行为：

（1）无证经营。即企业未取得相应的电信业务经营许可证，在当地擅自开展 IDC、ISP、CDN 等业务。

（2）超地域范围经营。即企业持有相应的电信业务经营许可证，业务覆盖地域不包括本地区，却在当地部署 IDC 机房及服务器，开展 ISP 接入服务等。

（3）超业务范围经营。即企业持有电信业务经营许可证，但超出许可的业务种类在当地开展 IDC、ISP、CDN 等业务。

（4）转租转让经营许可证。即持有相应的电信业务经营许可证的企业，以技术合作等名义向无证企业非法经营电信业务提供资质或资源等的违规行为。

2. 在《电信业务分类目录（2015 年版）》实施前已持有 IDC 许可证的企业，若实际已开展互联网资源协作服务业务或 CDN 业务，应在 2017 年 3 月 31 日之前，向原发证机关书面承诺在 2017 年年底前达到相关经营许可要求，并取得相应业务的电信经营许可证。

未按期承诺的，自 2017 年 4 月 1 日起，应严格按照其经营许可证规定的业务范围开展经营活动，不得经营未经许可的相关业务。未按承诺如期取得相应电信业务经营许可的，自 2018 年 1 月 1 日起，不得经营该业务。

（二）严格资源管理，杜绝违规使用

各基础电信企业、互联网网络接入服务企业对网络基础设施和 IP 地址、带宽等网络接入资源的使用情况进行全面自查，切实整改以下问题：

1. 网络接入资源管理不到位问题。各基础电信企业应加强线路资源管理，严格审核租用方资质和用途，不得向无相应电信业务经营许可的企业和个人提供用于经营 IDC、ISP、CDN 等业务的网络基础设施和 IP 地址、带宽等网络接入资源。

2. 违规自建或使用非法资源问题。IDC、ISP、CDN 企业不得私自建设通信传输设施，不得使用无相应电信业务经营许可资质的单位或个人提供的网络基础设施和 IP 地址、带宽等网络接入资源。

3. 层层转租问题。IDC、ISP 企业不得将其获取的 IP 地址、带宽等网络接入资源转租给其他企业，用于经营 IDC、ISP 等业务。

4. 违规开展跨境业务问题。未经电信主管部门批准，不得自行建立或租用专线（含虚拟专用网络 VPN）等其他信道开展跨境经营活动。基础电信企业向用户出租的国际专线，应集中建立用户档案，向用户明确使用用途仅供其内部办公专用，不得用于连接境内外的数据中心或业务平台开展电信业务经营活动。

（三）落实相关要求，夯实管理基础

贯彻落实《工业和信息化部关于进一步规范因特网数据中心（IDC）业务和因特网接入服务（ISP）业务市场准入工作的通告》（工信部电管函〔2012〕552 号，以下简称《通告》）关于资金、人员、场地、设施、技术方案和信息安全管理的要求，强化事前、事中、事后全流程管理。

1.2012 年 12 月 1 日前取得 IDC、ISP 许可证的企业，应参照《通告》关于资金、人员、场地、设施、技术方案和信息安全管理等方面的要求，建设相关系统，通过评测，并完成系统对接工作。

当前尚未达到相关要求的企业，应在 2017 年 3 月 31 日之前，向原发证机关书面承诺在 2017 年年底前达到相关要求，通过评测，并完成系统对接工作。未按期承诺或者未按承诺如期通过评测完成系统对接工作的，各通信管理局应当督促相应企业整改。

其中，各相关企业应按照《关于切实做好互联网信息安全管理系统建设与对接工作的通知》、《关于通报全国增值 IDC/ISP 企业互联网信息安全管理系统对接情况的函》和《互联网信息安全管理系统使用及运行管理办法（试行）》（工信厅网安〔2016〕135号）要求，按期完成互联网信息安全管理系统建设、测评及系统对接工作。未按期完成的，企业2017年电信业务经营许可证年检不予通过。

2. 新申请 IDC（互联网资源协作服务）业务经营许可证的企业需建设 ICP/IP 地址 / 域名信息备案系统、企业接入资源管理平台、信息安全管理系统，落实 IDC 机房运行安全和网络信息安全要求，并通过相关评测。

3. 新申请 CDN 业务经营许可证的企业需建设 ICP/IP 地址 / 域名信息备案系统、企业接入资源管理平台、信息安全管理系统，落实网络信息安全要求，并通过相关评测。

4. 现有持证 IDC 企业申请扩大业务覆盖范围或在原业务覆盖范围新增机房、业务节点的，需要在新增范围内达到《通告》关于 IDC 机房运行安全和网络信息安全管理的要求，并通过相关评测。

5. 现有持证 ISP（含网站接入）企业申请扩大业务覆盖范围的，需要在新增业务覆盖地区内达到《通告》关于网络信息安全管理的要求，并通过相关评测。

6. 现有持证 CDN 企业申请扩大业务覆盖范围或在原业务覆盖范围增加带宽、业务节点的，需要在新增范围内达到《通告》关于网络信息安全管理的要求，并通过相关评测。

三、保障措施

（一）政策宣贯引导，做好咨询服务

各通信管理局要利用各种方式做好政策宣贯和解读工作，公布电话受理相关举报和解答企业问题咨询，引导企业按照要求合法开展经营活动。中国信息通信研究院要做好相关评测支撑工作，协助部和各通信管理局做好政策宣贯、举报受理、企业问题解答等工作。

（二）全面开展自查，自觉清理整顿

各基础电信企业集团公司要组织下属企业全面自查，统一业务规程和相关要求，从合同约束、用途复查、违规问责等全流程加强规范管理，严防各类接入资源违规使用；对存在问题的要立即予以改正，并追究相关负责人责任。

各 IDC、ISP、CDN 企业要落实主体责任，按照本通知要求全面自查清理，及时纠正各类违规行为，确保经营资质合法合规，网络设施和线路资源使用规范，加强各项管理系统建设并通过评测。

（三）加强监督检查，严查违规行为

各通信管理局加强对企业落实情况的监督检查，发现违规问题要督促企业及时整改，对拒不整改的企业要依法严肃查处；情节严重的，应在年检工作中认定为年检不合格，将其行为依法列入企业不良信用记录，经营许可证到期时依法不予续期，并且基础电信企业在与其开展合作、提供接入服务时应当重点考虑其信用记录。工业和信息化部将结合信访举报、舆情反映等情况适时组织开展监督抽查。

（四）完善退出机制，做好善后工作

对未达到相关许可要求或被列入因存在违规行为被列入不良信用记录的企业，不得继续发展新用户。发证机关督促相关企业在此期间按照《电信业务经营许可管理办法》有关规定做好用户善后工作。向发证机关提交经营许可证注销申请的，发证机关应依法注销该企业的 IDC、ISP 经营许可证。

（五）完善信用管理，加强人员培训

积极发挥第三方机构优势，研究建立 IDC/ISP/CDN 企业信用评价机制，从基础设施、服务质量、网络和信息安全保障能力等多维度综合评定，引导企业重视自身信用状况、完善管理制度建设、规范市场经营行为。各通信管理局要加强对相关从业人员的技能培训，不断提高从业人员的业务素质和能力水平。

四、工作要求

（一）提高认识，加强组织领导

开展互联网网络接入服务市场规范清理工作是加强互联网行业管理和基础管理的重要内容，对夯实管理基础、促进行业健康有序发展具有重要意义。各相关单位要指定相关领导牵头负责，加强组织保障，抓好贯彻落实。

（二）分工协作，落实各方责任

各通信管理局、基础电信企业集团公司、互联网网络接入服务企业要落实责任，按照本通知要求，制定工作方案，明确任务分工、工作进度和责任，细化工作、责任到人，确保本次规范清理工作各项任务按期完成。

（三）加强沟通，定期总结通报

各通信管理局、各基础电信企业集团公司要加强沟通协作，及时总结工作经验，每季度末向部（信息通信管理局）报送工作进展情况，发生重大问题随时报部。部（信息通信管理局）将建立情况通报制度，并定期向社会公示规范清理工作进展情况。

工业和信息化部

2017 年 1 月 17 日